申港证券
SHENGANG SECURITIES

申港证券实务指导丛书

丛书主编 / 刘化军

证券公司资产管理

业务操作实务

吴万华 / 编著

法律出版社 | LAW PRESS

作者简介

吴万华

华中理工大学工学学士，上海交通大学工学硕士，西安交通大学经济与金融学院博士。现任申港证券资产管理总部董事总经理，曾任国泰君安证券研究员，东北证券资产管理总部营销经理和高级投资经理，证券公司资产管理总部总经理助理兼投资主办人，从事证券资产管理行业近二十年，在证券资产管理业务上经验丰富，熟悉金融产品设计、市场营销、投资管理和风险控制。

交流邮箱：wuwave@ hotmail. com

总　序

2013年8月中央政府与香港特区和澳门特区签署《关于建立更紧密经贸关系的安排》(CEPA)补充协议十。根据此协议的规定,允许内地证券公司对港澳地区进一步开放:一是允许符合条件的港资、澳资金融机构分别在上海市、广东省、深圳市各设立1家两地合资全牌照证券公司,港资、澳资持股比例最高可达51%,内地股东不限于证券公司。二是允许符合条件的港资、澳资金融机构分别在内地批准的在金融改革方面先行先试的若干改革试验区内,各新设1家两地合资全牌照证券公司,内地股东不限于证券公司,港资、澳资持股比例不超过49%,且取消内地单一股东须持股49%的限制。2015年8月21日,中国证券监督管理委员会发布《落实CEPA补充协议十有关政策　进一步扩大证券经营机构对外开放》,启动该项审批工作。

为了抓住这一战略机遇,赛领国际投资基金(上海)有限公司联合3家香港持牌金融机构、10家国内相关企业等机构投资者,在上海自贸区共同发起设立申港证券股份有限公司。2016年3月14日,申港证券股份有限公司设立获得中国证券监督管理委员会批复,成为根据CEPA补充协议十设立的首家两地合资多牌照证券公司,也是自1998年以来国内首次批准新设的综合性券商。公司设立时的业务范围为证券经纪、证券承销与保荐、证券自营、证券资产管理等,持续合规经营满1年后,可以按规定申请其他证券业务牌照,成为牌照齐全的证券公司。

公司注册资本35亿元人民币,其中港资投资额合计12.2亿元人民币,占总股份的34.86%。公司根植上海、服务全国、联动两地,立足差异化、特色化经营,致力于打造机制灵活、治理完善、服务卓越、绩效优良,具有独特核心竞争力的现代投资银行。业务发展上秉持"专业化、市场化、国际化"的企业使命,"以客户为中心"的服务理念,积极拥抱互联网金融,以"大经纪+大资管+大投行"业务为核心,努力探索其他多元化的创新业务,构建独具特色的"3+X"业务格局,积极培育产品设计和风险定价两大核心业务能力以及资本补充和风险管理两大核心管理能力,以轻资本、轻资产为方向保持适度发展规模,走一条更加注重质量和效益的集约化、特色化经营之路。

申港证券股份有限公司虽然是一家新券商,但其优良的管理机制和企业文化,迅速吸引、汇聚了各种人才,已经初步拥有了一支具备丰富经验和良好职业素养的精英团队,人员均来自知名金融机构,毕业于国内外著名高校,涵盖经济、金融、法律、管理、信息技术等专业领域。为将专业知识和实务经验予以记录和传承,打造学习型组织,规范各项业务流程,提升专业能力,奠定"专业化、市场化、国际化、规范化"的发展方向,牢筑风控防线、稳健合规经营,公司特邀请公司各业务领域专业技能过硬,实务经验丰富的骨干人才,组织编写《申港证券实务指导丛书》,作为员工教育的培训教材和各项业务的操作手册。

丛书内容涵盖IPO、并购重组、上市公司收购、新三板、债务融资、资产管理等业务,包括分析持续盈利能力、独立性、财务核算、规范运行、信息披露等监管关注点,为客户上市中的常见问题提供解决思路和对策的《公司IPO实务操作指南》;结合最新法律、法规对重大资产重组、上市公司收购、借壳上市等问题进行全面解读的《上市公司并购重组实务指引》;对现有上市公司收购重要法律进行整理,通过案例分析帮助和指导读者做好上市公司收购这个"技术活"的《上市公司收购实务操作指引》;对三板挂牌标准、流程、尽职调查、股份制改造、信息披露、价值发现等重大事项进行全面梳理的《"新三板"实务操作指引》;汇集了企业债、公司债、可转债、优先股、可交债、中期票据等各类债务融资方式的方案设计和发行操作的《企业债务融资方式》;在"兴利除弊、回归本质"的总体监管原则下引导资产管理业务回归本源,平稳有序地化解资管业务风险的《证券公司资产管理业务操作实务》等。

丛书汇聚了奋战在市场和业务一线的申港人的实践经验和聪明智慧,经过审慎的推敲,最后做到质而不俚、辩而不华才予以面世。丛书的初衷是为申港员工和客户提供实务指导，帮助他们了解业务操作的流程、核心问题和解决方案，但也奉献给其他正在从事和有志于从事金融行业的朋友，打算和正在通过股权、债权方式融资的企业家。

伴随着资本市场的日趋活跃，监管政策及监管理念也发生着深刻的变化，丛书作者基于对现行有效的法规及政策的理解完成了本书的编写，部分内容可能随着时间的推移监管形势的变化而失效，我们会不定期的对丛书内容进行更新和修正，以期与时俱进，恳请各位读者不吝批评指正。

最后，感谢丛书撰稿人在百忙之中挤出时间写作，将自己多年积累下来的实务经验在书中毫无保留地倾囊相授。公司其他同事在丛书编写过程中，做了大量的资料整理、案例筛选工作，在此表示衷心的感谢。另外，本书能够顺利出版，离不开隋平先生和法律出版社对选题和创作给予的大力支持，在此一并致谢！

申港证券总裁　刘化军

2017 年 4 月

序　言

证券资产管理业务一直以来都是证券行业的重点业务，从“变相借贷进行股票投资”，到资产管理业务“断臂求生”，再到资产管理业务“全面放开，通道崛起”，最后到“统一监管，回归本源”。其在发展过程中，内涵发生过较大的变化，业务经历过较大的波折，行业经历过较大的收缩，这个是其他证券类别没有发生过的。

目前，中国证监会对资产管理行业进行总体监管的整体原则为“兴利除弊、回归本质”，引导资产管理业务回归本源，“强化底线、稳中求进”，平稳有序地化解风险。同时，根据资产管理业务定位，分类处理现有多类业务，即明确禁止产品刚性兑付和结构化配资业务，禁止资金池；限制通道类业务和非标融资业务；加大对投资顾问产品和结构化产品的规范力度；鼓励有能力的机构拓展主动投资管理类业务。中国证监会、基金业协会等多次强调并要求资产管理业务“减少监管套利，脱虚向实、坚守主业，围绕并服务于实体经济”，并指出“通道业务不是资产管理业务重点，早晚要消亡”，要求资产管理机构应在有效控制风险的前提下，回归主业，围绕自身资源禀赋，审慎开展资产管理业务。可以说，资产管理行业面临转型的艰难抉择。

重新审视证券资产管理业务，选择明确的前进方向，在业界抛砖引玉，能给资产管理行业的从业人员一个参考，是笔者莫大的荣幸。

本人尽管证券资产管理从业经验有近二十年，但编写此书仍然是惴惴不安，因为证券资产管理业务涵盖面非常广泛，而且创新与监管不断交替，很多地方还是不能完全了解，一直是以学生的心态在做业务。因此，本书依然难免挂一漏万，不妥和不足之处请有识之士批评指正！

吴万华

2017 年 3 月

目　录

第一章　概述

第一节　证券资产管理业务范畴

古语云:“索物于暗室者,莫良于火;索道于当世者,莫良于诚。”证券资产管理业务可以说是建立在“诚信”基础上的投资管理行为。

证券资产管理,是指证券公司或者基金公司作为资产管理人,依照有关法律、法规与客户签订资产管理合同,根据合同约定的方式、条件、要求及限制,对客户资产进行经营运作,为客户提供证券及其他金融产品的投资管理服务的行为。

证券资产管理业务要求证券公司或基金公司借助其自身在人才、技术和信息等方面的专业优势,为客户管理资产,实现资产的保值增值。证券公司接受各类投资人以现金为主的高流动性金融资产的委托。通过这种业务,资产管理人获得管理费或相应的业绩报酬,资产所有人(客户)获得资产的保值增值。证券资产管理的实质是一种代客理财的行为,它与银行理财、证券投资信托和投资顾问等业务均有相似之处。

由于证券资产管理是一项涉及面很广的金融活动,因此,它已成为资本市场一种最为普遍的间接投资方式和金融服务方式,很多其他的金融投资活动也都是通过资产管理的方式来实现的。

证券资产管理是从事证券业务的机构，特别是证券公司、基金公司竞相争夺的主要业务内容。证券资产管理业务是证券公司的核心业务，也是正在崛起的利润增长点，其在证券公司的利润结构中占据越来越大的比重，该业务的拓展对于证券公司的意义非常重大，其地位和作用体现在：

1. 资产保值增值的客观需求将推动资产管理业务的发展，其在证券公司的收入结构中占据越来越大的比重。发达国家的资产管理早已成为证券公司业务的核心，其基础业务主导发展模式有逐渐被证券资产管理业务主导发展模式所取代的趋势。

2. 证券资产管理业务能提高证券公司的综合服务能力，密切证券公司与机构客户的业务关系，提高证券公司核心竞争力。资产管理业务自身的特点，要求证券公司全面了解各类投资者的需求，掌握委托资金的个性和风险偏好，对投资者进行分类并给予指导，进而将委托资金进行相应组合投资。资产管理业务中证券公司与市场投资者密切的业务关系为其开展其他业务打下良好基础，还可以整合并拓展证券公司的传统业务，密切证券公司与客户的业务关联性，增强核心竞争力，提升公司形象。

3. 与自营业务相比，目前的证券资产管理属于典型的低风险业务，是证券公司或基金公司稳定的利润增长新来源。因为规范的证券资产管理业务体现的应该是一种委托与代理关系，证券公司依靠专业投资知识充当资金与金融产品的中介来获取相对稳定的管理费和一定的业绩报酬。虽然一些集合资产管理品种也有证券公司部分资金参与，与客户共同承担风险和分享收益，但其比例不高，最高为产品资金总额的20%，投资风险的大小和性质完全不能和全部用自身资本金去博弈的自营业务相提并论。

4. 我国证券行业目前已具备进一步拓展证券资产管理业务的客观基础。首先，经过前几年发行业务的快速发展，各类证券资产管理机构与许多企业和客户建立了广泛的联系和业务网络，这些企业都是资产管理业务的潜在客户；其次，许多机构在人才储备上下了功夫，已经拥有一批优秀的投资理财专家和高级研究人员。

证券资产管理业务的拓展对于各类证券资产管理机构的意义非常重大，在我国证券资产管理业务的拓展有着巨大的潜力。目前曾经是国内证券公司贡献度最大的传统经纪业务收入比重呈现下降的趋势。所以积极开拓新的利润增长点，业务重心齐头并进，已成为证券行业的共识。

第二节 因证券资产管理业务而关闭的证券公司

南方证券股份有限公司前身为南方证券有限公司,成立于1992年12月21日,注册资本10亿元人民币,是当时最大的证券公司之一。

1998年到2001年,中国证券市场牛气最盛的时候,南方证券是这一时期中国证券市场中最具光芒的主力之一。统计显示,1999年南方证券公司实现了A股加基金交易总额位列全国同行第二名、主承销募集资金总额位列第三名的好成绩。

到2000年底,经过增资扩股,南方证券股本已达到34.5亿元,资产规模在当时无出其右。此时,较好的市场行情致使南方证券开展了大量的证券资产管理业务,并签订了大量保底合约,这使南方证券背上沉重的包袱,为倒闭埋下了伏笔。

随后,证券市场的行情不断下跌,南方证券的资金链越来越紧张,不断有南方证券出现支付困难的消息出现。2002年1月19日,南方证券有限公司获得中国证监会批准进行增资扩股并改制成为股份有限公司,原来的一些进行证券资产管理的客户被迫将委托资金转化为股本金进行入股。但由于证券资产管理业务没有很好地进一步规范,及时进行清理,反而变本加厉,扩大资产管理规模以维持资金链,加上管理的混乱、内控及风险控制不力,后来导致了财务、资金状况出现持续恶化。2003年11月,南方证券爆发了大范围的信用危机,无论机构客户还是个人投资者纷纷撤离南方证券,证券资产管理客户更是天天上门索债。证监会、深圳市政府于2004年1月2日宣布对南方证券实施行政接管。2005年4月29日,中国证监会宣布关闭南方证券。

受南方证券清算组委托的德勤华永会计师事务所在随后的审计中查出:截至2005年12月31日,南方证券的资产总额为106.31亿元,负债总额为228.08亿元,资不抵债金额为121.77亿元,资产负债率高达214.55%,已严重资不抵债。

其实,因证券资产管理风险而关门的证券公司还有很多,如大鹏证券、汉唐证券、天同证券等,受证券资产管理业务拖累的证券公司则比比皆是。

随着经济的全球化及投资的自由化趋势,金融市场的波动性日趋加剧,经营风险控制已成为金融机构资产管理业务的核心内容。

第三节 发达国家证券资产管理业务的发展情况

一、国外证券资产管理业务的沿革

证券资产管理作为证券公司的核心业务之一，发端于18世纪的英国的基金管理业务，发展于20世纪的美国。1975年5月1日年美国废除股票交易固定佣金制度，各证券公司展开激烈的价格竞争。在这种情况下，资产管理业务作为以收费为基础的业务创新，使证券公司得以摆脱传统的以交易为基础的经纪业务的限制，成为证券公司收入的重要来源。国外证券公司的业务报告中的 Asset management and portfolio service fees 翻译成中文就是资产管理或代客理财。参照美林证券2014年度财务报告，可以发现该机构资产管理业务收入包含了代客管理资产的收益、代客进行投资组合服务的收益、代客管理流动资产的收益、代客管理营运资本的收益和代客管理现金的收益这5个部分。

证券资产管理在美国是指证券公司接受客户资产委托而代其投资，证券公司选择资产类型（股票、债券或房地产）决定投向以及买卖时机。证券公司为客户开设资产管理账户，这些账户既可以单独设立，实行专户管理，也可以加以汇总，通过共同基金或混合基金（commingled funds）的形式来进行管理；既可以是全权委托型的可支配账户，也可以是授权委托型的不可支配账户。客户根据委托管理资产的规模和管理绩效付给证券公司相应的管理费和绩效费。

随着美国金融资产逐步向个人集中、个人金融资产结构的显著变化、银行存款的大幅减少、证券投资尤其是以共同基金占主体的信托投资的大幅增加、新的金融品种不断涌现，个人资产管理业务得到迅速发展，证券公司也对资产管理尤其是个人资产管理业务极为重视，将其视为业务发展的核心之一。1975年5月1日美国证券交易委员会（SEC）废除股票交易固定佣金制度，激烈的价格竞争之下，经纪佣金一降再降。佣金收入曾占证券公司总收入的60%左右，佣金竞争直接威胁到证券公司的生存。正是在这种背景下，资产管理作为以收费为基础（fee based）的业务创新使证券公司得以摆脱传统的以交易为基础（transaction based）的经纪业务的限制。资产管理作为新的收益渠道成为证券公司业务创新的目标之所在，资产管理收费也逐渐成为证券公司收入的重要来源。美林、高盛等证券公司都设有专门的个人、机构资产管理部门，办理单独开户的资产管理业务，此类业务所管理的资产市值和利润贡献率都有上升的趋势。相比之下，我国证券市场现有的资产管理业务在称呼上含义非常广泛，涵盖各种的代客理财业务。

发达国家投资银行业务发展的实践表明，随着证券市场的不断成熟，资产管理业务在证券公司业务中的地位不断提升。从1995年到1997年，美国四大证券公司摩根士丹利（Morgan Stanley）、美林（Merrill Lynch）、雷曼兄弟（Leman Brother）和潘·韦伯（Painewebber）资产管理业务收入年均增长24.37%，仅次于投资银行业务（包括购并业务）收入，对总收入的贡献率平均达到19.33%。从单项业务看，资产管理业务对整个公司成长的贡献率远远超过其他业务，绝对稳居第一。由此可见，在发达国家，委托资产管理业务早已成为现代投资银行业务的核心，投资银行的基础业务主导模式早已被资产管理业务主导发展的模式所取代。

2008年国际金融危机爆发以来，投资者的风险偏好越发趋于保守，对绝对收益产品的需求走向旺盛，行业整合和并购加剧，新兴市场业务快速成长。在此背景下，产品种类丰富、投资区域广泛的资产管理机构显示出更强的市场竞争力和适应性。在欧美各国，基本上都没有针对资产管理业务制定专门的法律法规，有关监管的措施和要求都分散在规范资本市场运作的各类法律条文中。各国对证券资产管理业务监管的重点是防范由信息不对称产生的代理人问题及代理人的道德风险，以维护受托人的利益，保证证券资产管理业务正常进行。

二、与欧美国家发达资产管理业相比，中国仍相距甚远

表1-1 2015年底全球最大45家资产管理公司排名

单位：千亿美元

排名	公司名称	国 家	管理资产额
1	BlackRock 贝莱德（黑岩）	美国	45.06
2	Vanguard Group 领航集团	美国	32.99
3	State Street 道富	美国	22.64
4	Fidelity 富达	美国	20.72
5	Allianz 安联	德国	20.31

续表

排名	公司名称	国 家	管理资产额
6	UBS 瑞士联合银行	瑞士	19.67
7	J. P. Morgan Asset Management 摩根大通资产管理	美国	17.80
8	BNY Mellon 纽约梅隆银行	美国	16.30
9	PIMCO 太平洋投资管理公司	美国	15.70
10	Credit Agricole 法国农业信贷银行	法国	15.27
11	Credit Suisse 瑞士信贷	瑞士	14.65
12	AXA Group 安盛集团	法国	13.97
13	Capital Group 美国资本集团	美国	13.83
14	Deutsche Asset Management 德意志银行资产管理	德国	12.20
15	Prudential Financial 保德信金融集团	美国	11.71
16	Goldman Sachs Asset Management 高盛资产管理	美国	10.80
17	Amundi 东方汇理	法国	10.72
18	Legal & General Investment Management 法通保险	英国	10.61
19	Natixis Global Asset Management 法国外贸银行资产管理	法国	9.04
20	Wellington Management Company 惠灵顿管理公司	美国	8.98
21	Northern Trust 北方信托	美国	8.87
22	Bank of America 美国银行	美国	8.77
23	TIAA－CREF 美国教师退休基金会	美国	8.34
24	Prudential Plc 保城	英国	7.94
25	Met Life 大都会人寿	美国	7.72
26	Franklin Templeton 富兰克林邓普顿	美国	7.71
27	Invesco Ltd. 景顺资产管理	美国	7.56
28	T. Rowe Price 普信	美国	7.26
29	Manulife Financial 宏利金融	加拿大	7.11
30	Legg Mason, Inc. 美盛集团	美国	6.72
31	Sumitomo Mitsui Trust 三井住友	日本	6.71
32	Mass Mutual 美国万通	美国	6.51
33	Affiliated Managers Group AMG 公司	美国	6.50
34	Sun Life Financial 加拿大永明金融集团	加拿大	6.42
35	Ameriprise Financial 阿莫普莱斯金融	美国	6.22
36	BNP Paribas Investment Partners 法国巴黎银行投资	法国	5.97

续表

排名	公司名称	国 家	管理资产额
37	Generali Group 忠利集团	意大利	5.56
38	Principal Financial 信安金融	美国	5.16
39	New York Life 纽约人寿保险	美国	5.09
40	Old Mutual 英国耆卫保险	英国	4.84
41	Aberdeen Asset Management 安本资产管理	英国	4.83
42	Wells Fargo 富国	美国	4.80
43	Great – West Lifeco 大西人寿	加拿大	4.69
44	HSBC Global Asset Management 汇丰全球资产管理	英国	4.47
45	Schroders 施罗德集团	英国	4.46

根据2015年底全球资产管理规模最大的前45位资产管理公司的数据,可以看出,全球庞大的资产管理公司主要分为以下几类:

1. 专业基金公司。榜单上分别排名第1、2、4名的贝莱德、领航、富达,以及以固定收益类产品闻名的PIMCO(排名第9)等都属于专业投资管理公司,以向个人或机构提供基金管理服务为主要业务。

2. 保险公司旗下的资产管理业务,如排名第5的安联、排名第12的法国安盛等。

3. 商业银行、投资银行和证券公司等金融机构专门设立的资产管理业务部或分公司,如排名第3的道富、第6的UBS、第7的摩根大通、第8的纽约梅隆银行(由纽约银行与梅隆合并而成)、第10的法国农业信贷银行等。

而随着这些金融机构开展的业务越来越多样化、综合化,各个业务之间互相渗透,公司之间的合作、兼并收购层出不穷,这几类公司间的差别也越来越模糊。

从业务定位来看,欧美大型银行的资产管理部门主要承担资产配置和投资咨询职责,根据客户的期望回报、风险偏好、流动性和限制条件等因素进行组合投资,提供跨地域、跨渠道、跨产品的多样化选择,投资工具涵盖传统市场和另类市场,经过相互搭配形成多层次组合策略。

此次入围全球前45的资产管理公司以欧美公司为主,其中美国占据大部分。唯一上榜的非欧美公司为日本的三井住友(日本第二大商业银行),而中国则无资产管理公司上榜。

中国资产管理行业的参与者主要为基金公司、保险公司旗下资产管理部门/子公司及证券公司等金融机构旗下的资产管理部门/子公司。

基金公司里资产管理规模最大的是天弘基金，根据其近期公布的数据，截至2015年12月31日其管理资产规模达到10,742亿元，成为国内历史上首个破万亿元的基金公司。然而，如果换算成美元（按照1∶6.5汇率计算），天弘基金的资产管理规模只是排名第45的英国施罗德集团的1/3，或者是贝莱德的1/27。

保险公司里资产管理规模最大的为平安，截至2015年，其管理资产规模在1.6万亿元左右（为贝莱德的1/18）。

证券公司系里资产管理规模最大的是中信证券。据中国证券投资基金业协会2015年9月的统计，其资管规模为11,538亿元（为贝莱德的1/25），也是唯一一家突破万亿元的证券公司。

天弘基金、平安保险和中信证券的资产管理虽然在国内各自领域独领风骚，但相比于榜单中排名第1的贝莱德（管理4.5万亿美元资产，约30万亿元人民币），以及排名第45的施罗德集团4465亿美元（约2.9万亿元人民币）的规模来说，仍然有很大的提升空间。

第四节　我国证券资产管理业务发展

一、基本情况

我国资产管理业务主要包括银行理财业务、信托计划、证券公司、期货公司资产管理业务、基金管理、基金子公司资产管理业务、保险公司资产管理业务和私募基金等。截至2016年6月末，银行理财余额26.3万亿元，信托计划15.3万亿元，公募基金8.4万亿元，基金专户16.5万亿元，证券公司资产管理计划14.8万亿元，私募基金5.6万亿元，保险资产管理2万亿元，简单相加后的规模总计88万亿元。由于金融市场上广泛的“通道业务”，部分资产管理产品互相借用“通道”，产品互相嵌套、交叉持有等，若剔除重复计算因素，我国资产管理业务规模为60万亿元左右，大体接近2015年国内生产总值（GDP）总量，约为广义货币供应量的40%。这些资产管理产品投资标的为金融市场标准化资产，以及非标准化资产，对金融市场利率、流动性、货币供应量规模与结构均产生了系统性的影响。

从1990年12月19日上海证券交易所成立至今，国内证券公司伴随着中国证券市场已经走过了26个年头。从最初的经纪业务，到后来的投资银行、自营和资产管理等业务，国内证券公司不断开拓业务新领域，试图构建合理的收入、风险结构。近年来，证券公司系证券资产管理业务迅速发展，成为业务突破的重点选择方向。目前，我国证券公司资产管理业务已成为与经纪业务、自营业务、投行业务并列的四大业务之一。

资产管理业务是在隐性刚性兑付潜规则下发展壮大的，因此西方成熟市场“卖者有责、买者自负”的行业文化还没有真正形成。无论是发行资产管理产品的金融机构或其附属子公司，还是购买资产管理产品的投资者，都还没有完全清晰认识各自的权利与义务。特别是部分发行资产管理产品的金融机构，将表外的资产管理业务与表内业务混同运作，没有完全承担起资产管理人应尽的义务和责任。在这种情况下，投资者要求刚性兑付的理由似乎也无可厚非。可见我国金融机构资产管理业务的核心竞争力、诚信守规意识与风险控制能力亟待提升，而相应的法律及监管框架、监管能力有待完善和提高。

二、我国资产管理业务的发展特征

由于分业经营、分业监管的制度原因，资产管理业务群雄逐鹿。

我国资产管理行业被分割成具有明显界限的分支派系，就是市场称谓的银行系、信托系、证券公司系、基金系、私募系资产管理。其中，证券公司系资产管理就是证券公司或其子公司作为经营主体的资产管理业务，相对于其他系资产管理，证券公司资产管理有其自身的业务发展特点。

自2005年第一只证券公司集合理财产品诞生至今，证券公司资产管理业务已经经历11年的发展历程。这11年间是我国资产管理业务的大发展时期，各类资产管理业务都取得了长足进步。经过11年的市场演变，证券公司资产管理业务也形成了自身的发展特征。

（一）以证券公司既有资源为依托建立和开展资产管理业务

证券公司资产管理业务的建立和发展紧紧依托于证券公司各类资源，证券公司在客户、渠道、资产来源、后台营运等各方面为资产管理业务提供了必要支持。证券公司资产管理业务的发展渠道主要依靠证券公司的营业部，服务的客户也主要是各营业部的客户；资产管理业务投资的资产可以通过投资银行部、证券研究所获得，而资金划拨、清算估值、系统等方面需要借助于证券公司的营运管理部。至少在资产管理业务发展的前期，这种支持效果是非常显著的。正因为借助于证券公司的资源，证券公司资产管理业务短短几年间获得快速发展，并成为市场上独树一帜的一支力量。

（二）成为业务种类最丰富、产品线最齐全的资产管理业务

经过不断地进行业务实践，证券公司资产管理业务目前具备了自主开发、投资管理、营销服务各类产品的实力，包括货币类、债券类、权益类（包括PE、新三板、交易所、国外产品）、量化对冲类、融资类等。在实践中，很多综合性大证券公司资产管理业务推出的产品已经覆盖了上述全部产品线，并已经形成一定的规模。为什么证券公司资产管理业务能够自主研发和交投这么广泛的产品线，这主要得益于良好的人才建设和人才引进机制、灵活的产品创设机制、强大的产品创新能力、较好的营运支持。而银行系、信托系、基金系、保险系、私募资产管理，或多或少在某个方面欠缺一点。

（三）与其他资产管理业务相互承接、密切合作

证券公司资产管理与银行理财、信托、保险资产管理、基金专户的合作日益紧密，合作形式包括：一是互为交易对手，二是通道业务，三是项目共享，四是管理人业务。由于风险偏好的接近性，证券公司资产管理与银行理财、信托的合作显得尤为深入和广泛，已经达到了“你中有我，我中有你”密不可分的程度，证券公司资产管理资金绝大部分来自于银行和信托。在与其他资产管理业务的合作过程中，证券公司资产管理的业务无形中获得延伸，同时能够通过互通有无、互相借鉴、互相学习、互相影响，共同推进资产管理行业的发展。

（四）目标成为现代资产管理公司

证券公司资产管理业务近几年开始尝试公司制的组织形式，并有日趋扩大之势。随着资产管理规模的不断增加，成立独立的资产管理公司已经成为证券公司应对的必要选择，从2010年成立首家独立的证券公司资产管理公司至今，已经累计成立16家独立的证券公司资产管理公司。

这16家公司分别为：上海东方证券资产管理公司、上海光大证券资产管理公司、广发证券资产管理（广东）公司、上海海通证券资产管理公司、长江证券（上海）资产管理公司、银河金汇证券资产管理公司、招商证券资产管理公司、财通证券资产管理公司、东证融汇证券资产管理公司、华泰证券（上海）资产管理公司、国盛证券资产管理公司、齐鲁证券(上海)资产管理公司、上海国泰君安证券资产管理公司、兴证证券资产管理公司、浙江浙商证券资产管理公司、渤海汇金证券资产管理有限公司。

后续有望诞生更多独立的证券公司资产管理公司。公司制的出现必将推动证券公司资产管理业务更加专业、高效、可持续性发展,相信在不久的将来,上市公司中也会有证券公司资产管理公司的一席之地。

三、证券资产管理业务分类

为了后面对资产管理的业务名称有一个概念,我们先了解一下证券资产管理业务分类。

(一)证券资产管理业务范畴

1. 按照业务范围,可以将资产管理分为广义和狭义两种:广义的资产管理泛指代客理财的行为。资产管理的管理人可以是具有行为能力的任何自然人、法人,如保险公司、投资公司、商人银行、私人银行和投资银行等,而资产管理的管理标的也可以是任何有价值的有形资产和无形资产,如股票、债券、金融衍生产品甚至是各类实物资产。狭义的资产管理指限定的金融机构通过委托和信托的关系为客户进行金融资产的投资和管理。资产管理的管理人仅指限定的金融机构(特别是证券公司、基金公司和私募机构),而管理标的也仅指货币资金和证券资产。

2. 按照运作模式,证券资产管理可以分为基金型和非基金型两类:基金型的资产管理是通过发行基金股份或基金受益单位来集合资金,由基金管理人通过专家管理来实现的投资方式;而非基金型的资产管理是指投资者与管理人签订契约,由委托人和资产管理人共同参与决策的投资方式。

3. 按资金募集的方式,证券资产管理可分为公募式和私募式两类:公募式资产管理主要指通过基金的方式来集合资金的资产管理,它的资金募集对象是非特定的一般公众(包括机构和个人);而私募式的资产管理的资金募集针对特定的对象,在运作模式上可以是基金式(如对冲基金),也可以是非基金式的(如委托契约)。我国证券公司的证券资产管理业务属于私募范畴。

(二)证券资产管理业务中的委托方式

国内机构开展证券资产管理中的委托方式以往分为固定回报型、保本保息型、保本分成型、风险共担型、风险自担型五类。发展到目前,第一种和第二种模式已被禁止和淘汰,取而代之的是保本分成型、风险共担型和风险自担型,见表1-2。

固定回报型:选择这种委托方式的客户通常提出的目标收益率相对较高,曾经在8%~15%之间,这类客户往往能从银行等渠道拿到资金成本较低的贷款(如银行贷款利率5.6%),或其他回报要求较低的资金,这样的客户相对保守,将资金委托给证券公司的主要目的就是从中赚取利差。证券公司采用这种委托方式接受资产管理资金所占比例较大。而证券公司采取这种委托方式接受资产管理实质上就是变相融资,且这种相对较高的融资成本在市场进入熊市时会成为证券公司难以承受的负担。

保本保息型:这是一种介于固定回报型和保本分成型之间的委托方式。选择这种委托方式的客户既希望证券公司能在市场不景气时保证较低的回报水平,又希望证券公司在市场景气时能为其赚取更多的利润,如签订协议保3%年收益,超过部分5:5分成。相比固定回报型,证券公司的投资压力相对较轻,投资策略的制定也会更加理性,但仍然无法对抗市场的系统性下跌引至的风险,"保本保息"始终还是有一定压力的。

表1-2 证券资产管理的委托方式

类 型	固定回报型	保本保息型	保本分成型	风险共担型	风险自担型
客户分成方式	到期支付固定收益,不足部分由管理方补足(禁止)。	管理方保证委托方的保底收益,不足部分由管理方补足(禁止)。	管理方保证委托方本金安全,本金亏损部分由管理方补足。	管理方存入一定比例资金,盈利与亏损共担。	风险由委托方承担,收益由委托方享受。
证券公司管理费收取方式	超过固定收益部分的收益作为管理费,全部归管理方。	超出保底收益的部分管理方按一定比例提取管理费。	盈利部分按协议提取一定比例的管理费,即业绩报酬。	盈利和亏损都按一定比例分摊。	管理方只收取管理费或适当提取业绩报酬。

保本分成型:这种委托方式通常建立在客户对所选择的证券公司的高度信任上,双方的渊源往往较深,客户对该证券公司的投资能力和诚信有很强的信心。客户委托资金往往属于自有资金,没有过多的成本压力。分成方式可以是2:8(客户获取大部分收益),也可以是3:7,这样可以充分调动管理人的积极性。实际业务中采取这种委托方式的比例较小。证券公司采取这种方式接受资产管理资金的投资压力最轻,但"保本"带来的风险依然存在。

这三类业务模式的共同特点就是都把证券公司放到一个不平等的地位上，当承诺的投资收益不能实现时，为了市场信誉，证券公司只有拆东墙、补西墙，采取借新还旧或协议展期来应付到期的资产管理资金，造成风险的不断累积。随着行情的持续低迷，证券公司承诺的收益率虽不断下降，但这种业务模式始终没有得到根本性扭转，主要原因一方面是资产管理竞争日趋激烈，另一方面原因在于一些证券公司需要维护其资金链，已很难摆脱原来的业务模式。

无论是固定回报型、保本保息型还是保本分成型，同委托方相比，证券公司在接受资产管理的资金时都处于风险收益不对等的地位。由于这种资产管理规模的扩大实质上类似于证券公司负债的增加，当资产管理规模膨胀到一定程度时，一旦市场有变，风险会加倍放大，证券公司很快会陷入危机。

此外，这种保底或保本的方式与先行法律、法规存在明显冲突。1998 年 12 月 29 日公布的《中华人民共和国证券法》（以下简称《证券法》）第 143 条规定，证券公司不得以任何方式对客户证券买卖的收益或者赔偿证券买卖的损失作出承诺。此外，2003 年 12 月 18 日，中国证监会公布了《证券公司客户资产管理业务试行办法》（已失效），重申证券公司在证券资产管理中不得向客户做出保证其资产本金不受损失或取得最低收益的承诺。

风险共担型：证券公司将一部分资本金拿出来，与客户资产捆绑在一起，投资风险和收益共同承担，这比较符合“利益共享，风险共担”的原则。目前有许多集合资产管理产品中加入自有资金就是采取这种模式。

风险自担型：证券公司管理客户资产，风险由委托方完全承担，证券公司只提取管理费或适当提取业绩报酬。

因此，风险共担型和风险自担型正成为证券公司证券资产管理的主流。这也意味着证券资产管理由信托或借贷转向真正的代客理财。

（三）证券公司证券资产管理业务分类

根据 2003 年 12 月 18 日颁布的《证券公司客户资产管理业务试行办法》（证监会令第 17 号）（此《试行办法》于 2012 年 10 月 18 日改为《证券公司客户资产管理业务管理办法》，2013 年 6 月 26 日中国证券监督管理委员会发布《关于修改〈证券公司客户资产管理业务管理办法〉的决定》对其进行了修订），证券资产管理业务分为三种类型：定向资产管理业务、集合资产管理业务和专项资产管理业务。

定向资产管理业务是指证券公司为单一客户办理投资业务,与客户签订定向资产管理合同,通过该客户的账户为客户提供资产管理服务。

集合资产管理业务是指证券公司为多个客户办理统一账户的资产管理,通过推广机构进行推广(如商业银行),与客户签订集合资产管理合同,将客户资产交由具有客户交易结算资金法人存管业务资格的商业银行或者中国证监会认可的其他机构进行托管,通过指定的专门账户为客户提供资产管理服务。

集合资产管理计划应当面向合格投资者推广,合格投资者累计不得超过200人。合格投资者是指具备相应风险识别能力和承担所投资集合资产管理计划风险能力且符合下列条件之一的单位和个人:

(1)个人或者家庭金融资产合计不低于100万元人民币;

(2)公司、企业等机构净资产不低于1000万元人民币。

专项资产管理业务是指证券公司为客户办理特定目的的投资业务,签订专项资产管理合同,针对客户的特殊要求和资产的具体情况,设定特定投资目标,通过专门账户为客户提供资产管理服务。证券公司可以通过设立综合性的集合资产管理计划办理专项资产管理业务。

取得证券资产管理业务资格的证券公司,可以办理定向资产管理业务。办理集合资产管理业务、专项资产管理业务的,还须按照本办法的规定,向中国证监会提出逐项申请。

《证券公司集合资产管理业务实施细则》和《证券公司定向资产管理业务实施细则》于2012年10月18日以中国证券监督管理委员会公告〔2012〕29号公布,根据2013年6月26日中国证券监督管理委员会公告〔2013〕28号《关于修改〈证券公司集合资产管理业务实施细则〉的决定》修订。

挪用客户委托资产是证券公司违规证券资产管理的历史教训之一,保护客户合法权益和资产安全,为客户提供适当的资产管理服务是细则制度安排的突出特点,两个《细则》对保护客户委托资产安全作了具体规定。一是对客户委托资产实施托管;二是客户委托资产独立;三是强化内部、外部监督;四是保障集合计划推广期间客户资金安全。两个细则是《证券公司客户资产管理业务管理办法》(证监会令第17号)的延伸,并明确规范了证券资产管理业务的相关条款。

证券公司通过完善投资决策体系,加强对交易执行环节的控制,保证客户在投资研究、投资决策、交易执行等各环节得到公平对待。证券公司要对资产管理业务的投资交易行为进行监控、分析、评估和核查，有效监督投资交易过程和结果，保证公平交易原则的实现。

由于风险控制在证券资产管理业务中显得尤为重要，因此证券公司有必要将风险控制作为发展证券资产管理的基础。

四、我国证券公司资产管理业务发展阶段

我国证券公司证券资产管理业务始于1993年，证券公司资产管理业务从业务品种丰富程度、发展速度、业务规模等方面来考察，大体上可以分为三个阶段：2012年之前，可以称为“探索期”；2012年6月～2013年12月期间，可以称为快速发展期；2014年初至今，可以认为是稳步发展期。

1. 探索期

我国的证券资产管理业务（最早称代客理财）始于1993年，在股市大规模扩容的背景下，投资群体的快速发展与市场的低迷形成了鲜明的反差，为了保证经纪业务的顺利进行并有效地吸引客户，证券公司开展了最初的证券资产管理业务。资产类型主要是股票和债券，债券又以国债为主。这时资产管理业务的主要服务对象是个人投资者，业务规模很小。

由于我国对金融机构的业务管理实行许可证管理制度。1996年9月25日，中国人民银行深圳分行发布的《深圳市证券经营机构管理暂行办法》把资产管理明确地列入证券公司经营范围；1996年中国人民银行发给证券经营机构的“金融机构业务许可证”中也明确规定证券资产管理业务是证券公司的主要业务之一。

然而在1997年5月，中国证监会开始下文严令禁止国有企业和上市公司买卖股票。1998年中国证监会下发的《证券经营机构管理暂行办法》征求意见稿中，在证券公司的业务范围内却没有证券资产管理这项业务。政策的不明朗使证券公司的证券资产管理业务由此陷入了低谷。

1999年3月，中国证监会颁布实施的《关于进一步加强证券公司监管的若干意见》（以下简称《若干意见》）中明确规定了综合类证券公司可以开展资产管理业务。以此为标志，证券资产管理业务开始了新的发展阶段。

1999年7月1日起正式实施的《证券法》中将证券公司分为综合类和经纪类两大类，在1999年证监会的14号文件（《若干意见》）中又明确规定综合

类证券公司经批准除可从事经纪类证券公司业务外,还可从事证券资产管理、发起设立基金与基金管理公司等业务。1999 年底财政部颁布的《证券公司财务制度》和《证券公司会计制度会计科目和会计报表》中对原先不明确的证券资产管理业务作出了相应的会计规范。

由于政策上的支持和认可,加之"三类企业"(国有企业、国有控股企业和上市公司)入市禁令的解除,以及 1996 年到 1997 年银行利率的连续下调为股市提供了充沛的资金来源,在 1999 年下半年到 2000 年初中国证券市场的牛市阶段,证券公司的证券资产管理业务开始兴起和迅速发展。以机构为主要客户的保底业务模式由于可以在大行情中获得超额利润,从而得以迅速发展并成为证券公司证券资产管理业务的主要模式。到 2001 年底,全行业共 55 家证券公司有受托业务,受托资金总额达 559 亿元。

2001 年证券市场经历了历史上最为急剧的一次连续下跌,使迅速膨胀的委托资产管理业务遭到重创,给国内证券公司带来了巨大的经营压力。2001 年,全行业证券资产管理业务收入仅为 0.45 亿元,只占主营业务总收入的 0.13%。2002 年末,全行业受托资金总额为 634 亿元,但根据 20 家证券公司损益报表分析,全行业受托客户资产浮亏达 68 亿元。针对证券资产管理业务中的市场不规范和巨大风险以及行业亏损严重的局面,2001 年 1 月 31 日证监会发布《证券公司内部控制指引》对证券公司的证券资产管理业务规定了一系列风险控制措施。2001 年 11 月 28 日,中国证监会发布《关于规范证券公司受托投资管理业务的通知》,对证券公司在证券资产管理业务中的业务范围、业务资格、双方权利义务、业务的运作与监督管理作出了详细规定,是证券公司证券资产管理业务的第一个规范性文件。

2003 年 12 月 18 日,中国证监会正式下发《证券公司客户资产管理业务试行办法》,除了允许证券公司从事定向资产管理业务外,还允许证券公司从事集合资产管理业务和特定目的的专项资产管理业务。2004 年 10 月 21 日,中国证监会发布《关于证券公司开展集合资产管理业务有关问题的通知》,允许创新试点证券公司试行集合资产管理业务。2005 年 3 月 9 日,光大证券阳光集合资产管理计划开始发行,拉开了证券公司集合证券资产管理业务的序幕,2006 年该项业务继续快速增长,截止到 2007 年 2 月 28 日,19 家创新试点证券公司已经有 14 家创新试点证券公司发行 26 只集合资产管理产品,首次募集资金总规模达 380 亿元,超过证券公司的自营规模。按照 2006 年底的

19 家创新类证券公司净资本累计约 514.78 亿元这个基数计算，创新类证券公司 2007 年的集合资产管理发行上限将达到 5147.8 亿元，证券公司集合资产管理业务潜力巨大，成为继 QFII、证券投资资金入市后证券市场的一支新锐力量。

2008 年 5 月 31 日，中国证监会出台《证券公司集合资产管理业务实施细则》和《证券公司定向资产管理业务实施细则》，这表明，运行了四年多的证券公司集合资产管理业务日趋成熟，证券公司的资产管理业务为持有人奉献了并不比基金水平差的业绩回报。更为关键的是，在投资的规范性和风险控制方面取得了明显的进步，彻底告别了十几年来证券公司投资的不规范和“做庄”行为。步入了有“细则”可依、范围更广泛的新时代，证券公司集合资产管理计划在募集资金时拥有较强的竞争优势，它将为具有不同偏好的资金提供更多的个性选择，也将使证券公司的理财方式变得多样化起来。

2012 年之前，证券公司资产管理业务规模较小，到 2011 年底全行业受托规模仅为 2818.68 亿元。该阶段的证券公司资产管理业务种类、产品品种比较单一，投资投向主要是传统的标准化资产，产品形态接近于基金，受制于监管规定，创新力度也较弱。

2. 快速发展期

2012 年为证券公司资产管理业务的转折年。2012 年 5 月证券公司创新大会召开，拉开了证券公司资产管理业务放松管制、大力推进业务创新的序幕，同年 10 月证监会修改了相应的资产管理业务管理办法，从制度上保障证券公司创新业务的开展。自此证券公司资产管理开始募集和承接来自银行的巨额委托资金，2012 年底全行业管理规模猛增到 1.89 万亿元，比 2011 年底增加了 1.6 万亿元，增幅高达 5.7 倍。2013 年底增幅虽然有所降低，但是仍然比 2012 年底增长了 1.75 倍。这个阶段证券公司资产管理业务迎来了爆发式增长，但是主动管理的资金占比较小。业务品种进一步丰富，定向、大集合、小集合、专项计划等各类产品的规模持续增长，产品创新尤其是集合产品形态创新迭出，结构化、期限分层、预期收益率报价等产品设计相比前期来说都是重要的突破点。

3. 稳步发展期

从 2014 年开始，由于银行委托资金增量的大幅减少，证券公司资产管理全行业管理规模增幅快速降低，2014 年增幅为 53%。预见到被动管理模式的不可持续性，很多证券公司把业务侧重点转到了主动管理业务，并纷纷加大力度推出主动管理产品。2014 年可以说是证券公司资产管理的业务转型开始年，这个阶段主动管理的资金占比开始有所提高。

2016 年前三季度证券行业资产管理业务收入 200.17 亿元，超过 2015 年同期收入。从资产管理业务规模构成来看，定向资产管理比重最高，2015 年为 11.84 万亿元，专项资产管理规模最小，2015 年为 1868 亿元。从增速来看，专项资产管理业务成长最快，2015 年同比增速 373%，定向资产管理增速最低，2015 年同比增速 40%。从资金投向来看，定向资产管理业务大部分以通道类非标债权投资为主。截至 2015 年末，定向资产管理业务规模达到 10.16 万亿元，其中通道类业务为 8.85 万亿元。

预计 2017 年集合资产管理、定向资产管理和专项资产管理规模同比增速分别为 10%、10% 和 150%，对应规模分别为 2.29 万亿元、15.42 万亿元和 1.4 万亿元，整体规模将达到 19.12 万亿元。

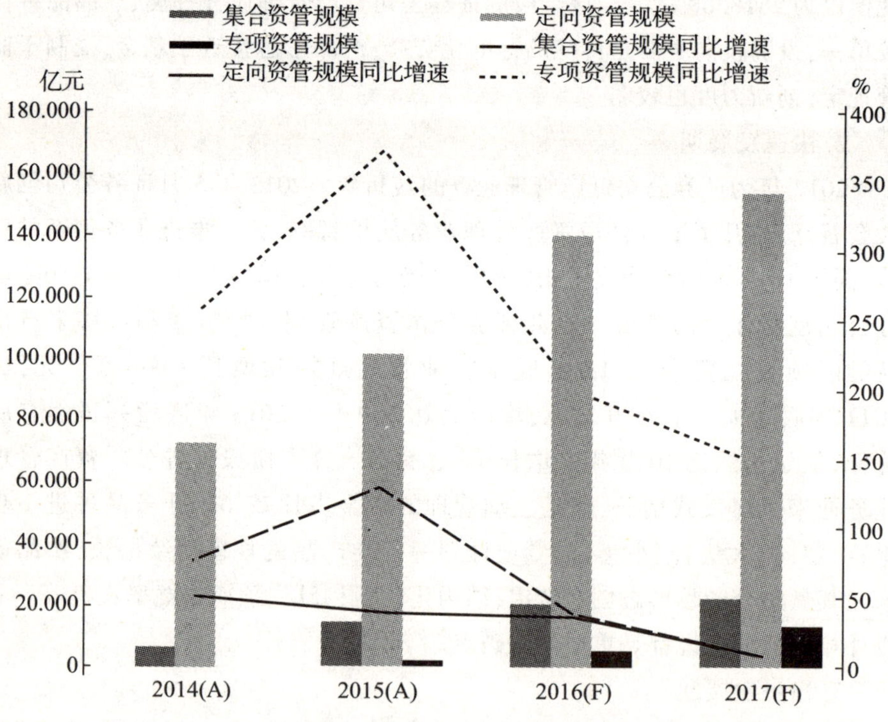

图 1－1　2014～2017 年各类资产管理规模（亿元）及同比增速

五、证券公司资产管理业务模式、现状及与银行间市场的关系

（一）业务模式

资产管理业务以“受人之托、代客理财”为基本宗旨，但本质上跟其他金融活动一样，无非是投融资金行为，只不过资产管理业务一般会把投资风险转移到资金方，所以它是一项中间业务，而不是资产负债业务。证券公司资产管理业务完全体现了资产管理的本质，任何显性或隐性的保本或保收益行为都是相关法规禁止的，资金方唯一的筛选标准是管理人的历史业绩和市场品牌，而不能期望管理人在投资行为上会对资金方做出背书。

可根据资金的流转前后顺序来分析证券公司资产管理业务模式，资金的流程即从最初获得资金到资金接收，再到资金运用、回收，最后到资金兑付。证券公司资产管理公司组织架构据此来设置，一般包括前台业务承揽、承销部门、中台产品承做部门、投资管理部门、后台营运部门。业务承揽、承销部门负责接洽联络资产端或资金方，通过产品营销负责获得资金；产品承做部门负责产品开发与创设，通过产品这个载体来接收资金，产品形态包括定向、集合和专项；投资管理部门负责资产运作和产品日常管理，即负责运用资金；后台营运部门负责资金划拨、清算估值、系统支持等，即负责监管资金和回收、兑付资金。一项资产管理业务的顺利完成，需要各部门分工合作、密切衔接、互相配合。

证券公司资产管理的主营业务就是通过不断地获得和运用资金、相应地投资资产，获取相应的管理费或业绩报酬，即资产管理业务收入。据统计，2014 年证券公司资产管理业务收入 124.35 亿元，资产管理业务收入对证券公司收入的贡献度达 4.8%。

（二）发展现状

1. 根据基金业协会统计，截至 2016 年 12 月 31 日，129 家证券公司总资产为 5.79 万亿元，净资产为 1.64 万亿元。资产管理业务受托资金总额为 17.82 万亿元，比 2015 年底 11.89 万亿元的规模增长了 5.69 万亿元，增幅达到 48%。从分布看，以通道为主的定向资产管理计划资产规模仍占最大比例，占资产管理总规模的 83%。

2. 证券公司资产管理规模已经超越基金业务，并缩小与信托的差距。截至 2014 年末，证券公司资产管理存续产品 1.25 万只（含集合和定向），规模

7.95 万亿元，同时间银行理财 15 万亿元、信托 13.97 万亿元、基金 6.68 万亿元，证券公司资产管理规模超越基金，成为第三大资产管理子模块。

3. 主动管理规模和占比上升。2014 年末，主动管理规模 1.35 万亿元，比 2013 年增加 5600 亿元，增长 70.95%；占比 17%，占比比 2013 年提高 2 个百分点；被动管理规模 6.6 万亿元，增长 49%，占比 83%。

4. 集合类产品规模和占比上升。2014 年末，集合类产品规模 6555 亿元，比 2013 年增加 2986 亿元，增长 83.7%，占比 8.24%，比 2013 年增加 1.4 个百分点；定向 7.25 万亿元，比 2013 年增加 2.42 万亿元，增长 49.9%。

5. 标准类资产投向占比较小。截至 2014 年底，投向交易所和银行间市场标准类资产规模约 1.48 万亿元，占比不足 20%，占比较小。但是在主动管理业务中，标准类资产投向占比超越其他资产类别。

6. 集中度较高。2014 年底，排名前 10 的证券公司资产管理业务规模占全行业规模比例为 45.4%，前 20 占比为 67.6%。

7. 机构资金来源占比具有绝对优势。从资金来源上看，个人户数 171 万户，占比 99%；机构 1.68 万户，占比 1%。但个人委托资金 4300 亿元，仅占 4.5%；机构委托资金 7.52 万亿元，占比 94.5%。

（三）与银行间市场的关系

无论从国外发达国家还是从国内实践情况来看，债券市场都是资产管理业务的主要投资场所，固定收益产品是资产管理业务的主要产品种类。证券公司资产管理业务的固定收益产品占有绝对的比例优势。因此，证券公司资产管理业务的健康发展，离不开债券市场尤其是银行间市场的发展壮大，而后者也需要前者的入市以进一步完善投资者结构、增加市场深度、扩大市场影响力，两者互相依赖、互相影响、相辅相成。

1. 对证券公司资产管理来说，作为资产管理业务的主要资产市场，债券市场尤其是银行间市场为证券公司资产管理主动业务提供了主要的资产来源。根据 2014 年底的统计数据，证券公司集合产品中投向债券的资金比例约为 31%，主动定向业务中投债的比例约为 34.85%，主动管理业务中投债的比例明显高于其他种类的投资。证券公司资产管理业务规模中占绝对比例的是固定收益产品，随着固定收益产品规模的持续增长，迫切需要具有最大市场容量的债券市场尤其是银行间市场来满足投资需求。

2. 债券市场尤其是银行间市场是证券公司资产管理业务流动性的主要

来源，为证券公司资产管理业务提供了赖以生存的血液。目前证券公司资产管理业务没有信用拆借资格，但是具有回购资格，这就决定了证券公司资产管理业务尤其是固定收益的流动性主要来自债券市场尤其是银行间市场。证券公司资产管理通过资产回购交易，每天从银行间获得流动性来支持业务发展。

3. 银行间市场需要证券公司资产管理的参与。作为银行间市场的重要参与力量，证券公司资产管理的发展壮大有助于提升银行间市场的深度和广度，并进一步完善投资者结构。近几年，随着资产管理行业的持续发展，资产管理产品在银行间市场的参与程度日益加深，以基金类债券托管量占比作为参与度的一个近似指标来看，该指标近几年逐年增长，2011 年 6 月底为 6.58%，2012 年 12 月底提高到 9.95%，2013 年底为 10.33%，2014 年底上升到 11.36%，并进一步上升到目前的 11.6%。证券公司资产管理目前约占全部资产管理业务规模的 17%，对银行间市场的参与度不断增长。

2013 年上半年～2014 年上半年银行间乙类户开户暂停期间，证券公司资产管理业务对银行间市场的参与度受到较大程度的影响，大量的新增资金无法进入银行间市场，只能辗转到交易所市场，在此期间，交易所债券市场迎来了一次快速发展期。

4. 证券公司资产管理参与银行间市场有助于增强银行间市场的价格发现功能。相对于银行、保险、信托等金融机构，证券公司及其资产管理的固定收益资产交易盘属性更为显著，交投活动更为活跃，换手率也明显高于其他机构，有时甚至还承担了资本中介的功能。因此，总体上而言，证券公司资产管理通过积极参与银行间市场，在提升市场深度和广度的同时，也提高了银行间市场的交易活跃度，增强了债券类资产和货币类资产的价格发现功能。此外，证券公司资产管理独自成立了研究所或借助于证券公司母公司的研究所，对市场的研究投入明显多于其他机构，通过深入的市场研究并发布研究报告，有助于进一步增强银行间市场的价格发现功能。

5. 就宏观意义上而言，证券公司资产管理与银行间市场一起支持实体经济。证券公司资产管理是市场参与者，银行间市场是债券一级和二级市场，两者通过资金价格紧密衔接，互相配合，共同参与投融资活动，共同服务于实体经济。证券公司资产管理业务一方面募集资金规模不断攀升，另一方面不断增加对包括银行间市场在内的固定收益资产的投资，实际上进一步打通了储蓄—投资的管道，为实体经济增加资金供给，增加社会融资额。同时，管理人通过筛选债券品种，将资金配向优质企业、朝阳行业、国家支持领域，有助于实现资源的优化配置。

六、证券公司开展资产管理业务的优劣势分析

（一）业务优势

1. 证券公司的各种资源是推动业务发展的强大后盾

证券公司资产管理业务在证券公司各条线中属于“后起之秀”，起步较晚，但是发展快，收入利润贡献度也越来越大，日渐成为证券公司重要的业务模块。正因为起步晚，所以可以借助证券公司既有的各种资源；也正因为收入利润贡献度日益提高，证券公司也愿意加大对资产管理业务的投入，独立子公司的纷纷建立就是明证。尤其值得一提的是，证券公司各营业部成为资产管理业务的天然销售网点，成为证券公司资产管理业务制胜基金、信托、私募资产管理的重要法宝。

2. 较早建立了各类投资人才的储备库

证券公司资产管理业务具备最丰富的业务种类和产品线，这主要归功于各类投资人才的培养和引进。资本市场、固定收益领域、量化对冲领域是传统的资产管理业务，证券公司资产管理在这些领域已经深耕细作多年，因此投资人才济济。2012 年之后，随着大资产管理时代的到来，一些证券公司资产管理公司及时拓展业务领域，从信托公司引入大量的项目经理，开始拓展融资性业务，在此基础上逐渐建立了从投资类到融资类的各类产品。证券公司资产管理业务能够大放异彩，主要依靠各类专业的投资人员。可以说，各类投资人才的培养和引进，是证券公司资产管理业务保持竞争力的核心所在。

3. 运行机制日益独立化，具有较强的灵活性和便捷性

证券公司资产管理业务一向以高效率著称，这与证券公司做其他业务的风格一脉相承。随着独立子公司的纷纷成立，资产管理业务决策权下放到子公司层面，证券公司资产管理业务独立性进一步增强；而随着决策机制链条减少，业务管理朝着扁平化发展，业务灵活性和便捷性也随之进一步提升。证券公司资产管理业务的高效性在资产管理业务中算是首屈一指，也因为这个原因，银行资金在选择合作对手的时候往往会优先选择证券公司资产管理。

4. 交易所场内股票质押业务的专属性

根据上交所、深交所发布的交易所股票质押回购业务办法，交易所股票质押回购业务的资金融出方只能是证券公司自营资金或证券公司资产管理资金，这就排斥了其他资产管理资金直接参与交易所股票质押回购业务。交易所股票质押回购业务目前来说基本上是固定收益市场性价比最高的一个投资品种，这项资产预期收益率高，目前在 7% ~8.5%；安全性高，因为是以最具流动性的股票质押，并且质押率较低，当触及相关平仓线时，可以以最快的速度变现质押股票来保障资金安全。在全资产管理行业中，这块香馍馍为证券公司资产管理业务所独享，具有较强的竞争优势。

（二）业务劣势

1. 私募性质的定位

2013 年 6 月新修改的《证券公司客户资产管理业务管理办法》规定，证券公司集合资产管理业务的委托人不超过 50 个。这意味着证券公司新增集合产品划入私募基金的范畴，投资者人数受到严格限定。而银行理财、公募基金、信托 300 万元以上投资者，都不受人数限制。投资者人数的限制，将影响证券公司产品规模的增长潜力以及后续的资产运作，因此，证券公司集合资产管理业务将因此受到较大的制约。

2. 市场品牌建设和影响力的培养任重道远

相较于银行理财、基金、信托，证券公司资产管理的品牌认知度还较低，市场影响力较小。既不像银行理财，有银行信用隐性背书的天然优势；也不像基金，具有公募资格，可以公开宣传、公开募集；也不像信托公司历史悠久，且有信托法的保护。证券公司资产管理的先天条件并不算十分良好，证券公司资产管理的客户群目前主要来自营业部，因此，受众范围相对较小，又不能公开宣传产品，业务开展时间也就 10 年左右，不算太长。以上种种原因造成证券公司资产管理的社会影响力还不强，客户尤其是零售客户对证券公司资产管理的认知度不够，市场品牌更无从谈起。个人客户资金占比一定程度上反映了受众范围的大小，2014 年底个人客户资金仅占证券公司资产管理业务总规模的 4.5%，而同期银行理财规模中个人客户资金占比将近 60%。

展望未来，可以预见大资产管理时代正在来临，制度或监管造成的不公平竞争正在逐渐减少，各类资产管理公司将置于同一个平台上竞争，牌照价值将不复存在，制度红利将削减，竞争的重点将放在管理业绩、营销能力、服务质量、客户体验等方面。竞争优势最终都要依靠“人”来体现,从长期来看,证券公司资产管理业务如果要在未来的竞争中立于不败之地,必须做好人才建设、人才引进、人才使用、人才集聚等以人为本的工作。

(三)需要从以下几个方面来进一步提升竞争力

1. 进一步整合和利用好证券公司的资源,尤其是要发挥营业部的资源优势

证券公司是除银行之外分支机构最多的金融机构,这些分支机构天然成为资产管理业务的销售网点,证券公司资产管理业务必须进一步发挥分支机构的作用,以获得更多更好的客户资源和项目资源。

2. 把投资管理业务作为提升竞争力的基础

投资业绩是反映一家证券公司资产管理业务管理能力的“晴雨表”,也是吸引客户、增加客户黏度的首要武器,营销、营运工作都建立在投资管理业务基础之上,因此,投资业务的好坏,是资产管理业务成败的关键。证券公司资产管理在传统投资领域具有较强的竞争优势,但在融资性业务上还欠缺不少,如项目储备较少、项目管理经验不足,为此,必须全面强化投资管理能力。

3. 加强产品创新,获得先发优势

要加强对市场需求的研究,大力创设符合市场需求、符合投资规律的产品。一个好的产品能够持续很长的生命周期,能够为投资者创造良好的客户体验,能够源源不断地为资产管理公司创造利润来源,并且在创设之后的一段时间内还可以获得由于创新带来的“红利”。在同质化竞争日益严重的环境下,产品创新尤其应该引起证券公司资产管理的关注。

4. 优化内部管理,保持运行效率

证券公司资产管理一向以“高效”取胜于其他资产管理业务,而随着业务规模的不断增长,这种高效率的运行特点难免会受到影响。为此,必须通过优化流程、完善系统,使内部管理适应于不断增长的业务体量,在做大做强业务的同时又能够保持高效性不受损失。

5. 注重品牌建设,提高市场认可度,增加市场影响力

品牌建设对证券公司资产管理而言尤其显得重要,但是,品牌建设又非一朝一夕之功,需要从点滴做起。改进对客户的服务态度、改善客户体验、增加客户回报率、提高客户购买产品的便捷性等,无一不是品牌建设的具体内

容。建立品牌、扩大受众面、提高社会认知度,是大资产管理时代来临后任何一家想做大做强业务的证券公司资产管理必然要走的道路。

第五节 国内外证券公司证券资产管理业务对比

证券资产管理在美国是指证券公司接受客户资产委托而代其投资,证券公司选择资产类型(股票、债券或房地产)决定投向以及买卖时机。证券公司为客户开设资产管理账户,这些账户既可以单独设立,实行专户管理,也可以加以汇总,通过共同基金或混合基金(Commingled Funds)的形式来进行管理;既可以是全权委托型的可支配账户,也可以是授权委托型的不可支配账户。客户根据委托管理资产的规模和管理绩效付给证券公司相应的管理费和绩效费。

资产管理业务,根据客户类型分为私人财富管理业务(Private Wealth Management)和机构客户的资产管理业务(Asset Management)。私人财富管理业务主要是根据高净值客户和富有家族的投资需求和风险偏好,设计投资组合策略,提供投资咨询服务,帮助客户打理金融资产,实现保值增值,与商业银行的私人银行业务相似;机构客户的资产管理业务主要是为机构客户(包括养老金、主权基金等)提供不同类型的金融产品、投资渠道和投资组合策略,包括股票投资、固定收益产品投资、货币市场产品投资以及房地产投资、PE 投资等另类投资,表 1-3 列示了高盛和摩根士丹利管理资产的种类和规模。

表 1-3 高盛和摩根士丹利管理资产的种类和规模

单位:亿美元

管理的资产类型	高 盛	摩根士丹利
股 票	1260	1040
固定收益产品	3400	570
房地产投资、PE 投资等另类投资	1420	520
货币市场产品	2200	740
总 计	8280	2870

随着美国金融资产逐步向个人集中、个人金融资产结构的显著变化、银行

存款的大幅减少、证券投资尤其是以共同基金占主体的信托投资的大幅增加、新的金融品种不断涌现,个人资产管理业务迅速发展,证券公司也对资产管理尤其是个人资产管理业务极为重视,将其视为业务发展的核心之一。

表1-4 国内10家证券公司和美国证券业务收入构成对比

国内证券公司	所占比重(%)	美国证券业	所占比重(%)
手续费收入	44.59	佣金收入	23.7
自营证券差价收入	29.53	自营交易收入	22.28
证券发行收入	5.72	投资银行收入	13.82
利息收入	5.07	顾问费、资产管理	11.66
金融企业往来收入	7.69	利息及其他证券相关收入	9.68
其他收入	7.40	研究、期货、基金销售及其他收入	18.86

注:国内数据为10家证券公司1999年收入构成;美国证券公司数据为2001年证券业整体数据。

美林证券是美国有代表性的投资银行,而中国的证券公司内部业务结构都比较相似。

以美林为代表的金融集团其资产管理不仅仅在打着资产管理名字的公司内进行,还常常依托集团内的其他公司进行管理,这就发挥了金融控股集团的优势,通过其他子公司吸引具有不同要求的客户的委托资产。

美林单纯从资产管理业务获得的收入占到1/3左右。而实际上,资产管理业务对集团其他收入的间接贡献非常大。良好的资产管理业务带来的是长久稳定的客户资源,有利于投资银行经济业务的开展。

美林提供的资产管理或待客理财内容非常广泛,包括了代客管理资产、代客进行组合投资、代客管理流动资产、代客管理营运资本、代客管理现金等。与之相比,国内证券公司的资产管理内容则非常单一,基本就是代理客户进行投资,而方向也一般是风险较大的股票市场。

国外资产管理业务的收入主要来源是管理费和业绩提成费(Incentive fees/Performance-based fees),据统计,2010年,其收入占营业收入的10%~20%,平均费率0.67%(我国是0.78%)。如高盛,其资产管理业务收入占比为18%,受托资产为8000亿美元,相当于高盛公司总资产的89%。在美国,商业银行、证券公司、专业资产管理公司(包括公募基金)都从事资产管理业务,但侧重点有所不同。

我国的证券公司规模相对比较小,组织结构比较相似,综合类证券公司会专门成立资产管理部门或子公司从事资产管理业务。从国际资产管理的发展看，资产管理业务与经纪业务、投行业务和其他业务有融合的趋势。

国内证券公司目前的业务日益多元化，根据中国证券业协会 2017 年 1 月对证券公司财务经营情况的统计，可以得知 129 家证券公司总收入 179. 10 亿元，其中代理买卖证券业务净收入 51. 70 亿元，占 28. 87%，证券承销与保荐业务净收入 29. 31 亿元，占 16. 36%，财务顾问净收入 7. 01 亿元，占 3. 92%，资产管理业务净收入 21. 17 亿元，占 11. 82%，证券投资收益 38. 07 亿元，占 21. 25%，利息净收入 20. 66 亿元，占 11. 54%，其他业务收入 11. 18 亿元，占 6. 24%。

以证券公司的龙头企业中信证券为例，了解一下国内证券公司的收入结构。截至 2016 年 12 月 31 日，中信证券资产管理规模约为 1. 8 万亿元，市场份额 10. 5%。其中，集合理财产品规模、定向资产管理业务规模（含企业年金、全国社保基金）与专项资产管理业务的规模分别为人民币 1815. 97 亿元、15, 900. 82 亿元和 435. 01 亿元。公司资产管理规模及行业占比继续保持行业第一。

从主营来看，经纪业务和资产管理业务为中信证券贡献了逾一半的营业收入，达 192. 7 亿元，其中资产管理业务实现 71. 6 亿元的收入，在营收中占比为 18. 8%。

证券资产管理作为资产管理行业中的新生力量，依托综合业务的管理优势，演化出丰富的业务生态与生长模式，业务收入呈现逐步上升的态势。

第二章　公募基金

公募基金即为证券投资基金，是向社会公众，即普通投资者公开募集的资金。目前，国内公募基金市场处于起步期，市场的需求远远得不到满足。公募基金是最透明、最规范的基金。公募基金对基金管理公司的资格有严格的规定，对基金资产的托管人也有严格的规定，基金托管人在中国实际上就是银行，它的注册资本必须达到80亿元。封闭式公募基金每周还要公布一次资产净值，每季度还要公布投资组合。此外，公募基金还要受到监管部门的严格监督，所以，一般公募基金的资产安全性更高。

第一节　概　　况

一、基金发展历程

最早的基金究竟诞生于何时何地并没有一致的看法。有人认为，1822年由荷兰国王威廉一世所创立的私人信托投资基金可能是最早的。更有人认为，1774年荷兰商人凯特威士（Ketwich）最早已经付诸实践，创办了一只信托基金。

一般认为1868年的英国的"国外及殖民地政府信托基金"是世界上第一只基金（封闭基金）；而1924年诞生于美国的"马萨诸塞投资信托基金"是世界上的第一只开放式基金。

基金是在18世纪末19世纪初产业革命的推动后产生的,而后兴盛于美国,已经风靡于全世界。

在不同的国家,投资基金的称谓有所区别。英国和中国香港称之为"单位信托投资基金",美国称为"共同基金",日本和中国台湾地区则称为"证券投资信托基金"。这些不同的称谓在内涵和运作上无太大区别。投资基金在西方国家早已成为一种重要的融资、投资手段,并在当代得到了进一步发展。20世纪60年代以来,一些发展中国家积极仿效,越来越运用投资基金这一形式吸收国内外资金,促进本国经济的发展。

1997年11月14日,我国颁布《证券投资基金管理暂行办法》,2004年6月1日颁布施行了《证券投资基金法》。以这两部法律为法规界限,我国的基金行业主要分为三个阶段,即早期探索阶段(20世纪70年代~1997年11月)、试点发展阶段(1997年~2004年6月)、快速发展阶段(2004年6月1日至今)。

2014年7月颁布《公开募集证券投资基金运作管理办法》,目的是切实保护投资者,贯彻落实基金的注册制。

按照新基金法要求,结合运作办法的规定,基金行业监管发生以下几个方面的变化:一是调整监管理念,将产品审查转向以保护投资者为导向,以信息披露为中心,注册审查以风险合规为基础,保护投资者知情权,强调市场主体归位尽责,落实投资者适当性原则。二是调整监管方式,减少对微观活动的干预,释放市场主体的市场活力,不限制产品发行数量,不人为调控审查节奏,不干预产品发行时间。三是优化许可程序,建立标准明确、运作规范的公募基金注册审查制度,建立产品电子审查体系,提高审查效率,对成熟产品实行20个工作日完成审查的简易程序,及时向市场公示审查标准和审查结果。四是加强事中事后监管,实行放而不乱的新机制,辅以风险为导向的现场检查,建立注册许可与日常监管的联动机制。

截至2015年12月底,我国境内共有基金管理公司101家,其中中外合资公司45家,内资公司56家,取得公募基金管理资格的证券公司或证券公司资产管理子公司共12家,保险资产管理公司1家。以上机构管理的公募基金资产合计8.4万亿元。

目前已取得公募基金管理资格的证券公司或证券公司资管子公司达12家,分别为东方证券资产管理、华融证券、山西证券、国都证券、浙商证券资产管理、渤海汇金、东兴证券、高华证券、中银国际证券、财通证券资产管理、长江证券资产管理、华泰证券资产管理。

表 2－1　2011～2015 年公募基金市场总规模

年份	基金数量(只)	基金份额(亿份)	基金净值(亿元)
2011	914	26,464.65	21,879.79
2012	1173	31,708.41	28,661.81
2013	1552	31,179.84	30,020.71
2014	1897	42,011.99	45,353.61
2015	2722	76,674.1	83,971.8

资料来源:中国证券投资基金业协会。

截至 2016 年底,公募基金行业总规模达到 9.18 万亿元,年度基金规模历史上首次突破 9 万亿元大关。天弘、工银瑞信、易方达在管资产规模排名前三,其中天弘基金 2016 年规模 8449.67 亿元,工银瑞信规模 4603.78 亿元,易方达基金规模 4287.48 亿元。

表 2－2　2016 年不同类型公募基金产品市场数据

类别	基金数量(只)	份额(亿份)	净值(亿元)
封闭式基金	164	1669.54	1947.72
开放式基金	2558	75,004.59	82,024.11
股票基金	633	5988.13	7657.13
混合基金	1795	17,948.31	21,139.06
货币基金	283	43,303.62	44,443.36
债券基金	943	17,159.67	17,874.03
QDII 基金	123	800.64	662.53
合计	6499	161,874.5	175,747.94

资料来源:wind 数据。

二、基金特点

根据证券投资基金的含义,可以看出其性质体现在以下几个方面:

1. 证券投资基金是一种集合投资制度

证券投资基金是一种积少成多的整体组合投资方式,它从广大的投资者那里聚集巨额资金,组建投资管理公司进行专业化管理和经营。在这种制度下,资金的运作受到多重监督。

2. 证券投资基金是一种信托投资方式

它与一般金融信托关系一样,主要有委托人、受托人、受益人三个关系人,其中受托人与委托人之间订有信托契约。但证券基金作为金融信托业务的一种形式,又有自己的特点。如从事有价证券投资的主要当事人中还有一个不可缺少的托管机构,它与受托人(基金管理公司)不能由同一机构担任,而且基金托管人一般是法人。基金管理人并不对每个投资者的资金都分别加以运用,而是将其集合起来,形成一笔巨额资金再加以运作。

3. 证券投资基金是一种金融中介机构

它存在于投资者与投资对象之间,起着把投资者的资金转换成金融资产,通过专门机构在金融市场上再投资,从而使货币资产得到增值的作用。证券投资基金的管理者对投资者所投入的资金负有经营、管理的职责,而且必须按照合同(或契约)的要求确定资金投向,保证投资者的资金安全和收益最大化。

4. 证券投资基金是一种证券投资工具

它发行的凭证即基金券(或受益凭证、基金单位、基金股份)与股票、债券一起构成有价证券的三大品种。投资者通过购买基金券完成投资行为,并凭借分享证券投资基金的投资收益,承担证券投资基金的投资风险。

三、基金发行主体

基金参与主体一般包括三类,即基金当事人、市场服务机构、行业监管自律组织。

1. 基金当事人:份额持有人(投资者)、基金管理人、基金托管人(一般为商业银行)

2. 市场服务机构:基金销售机构、基金注册登记机构、律师事务所和会计事务所

3. 监管自律组织:基金监管机构(证监会)、基金自律机构(证券业协会)

四、基金功能

基金作为一种现代化的投资工具,主要具有以下三个特征:

1. 集合投资

基金是这样一种投资方式:它将零散的资金巧妙地汇集起来,交给专业机构投资于各种金融工具,以谋取资产的增值。基金对投资的最低限额要求不

高，投资者可以根据自己的经济能力决定购买数量，有些基金甚至不限制投资额大小，完全按份额计算收益的分配，因此，基金可以最广泛地吸收社会闲散资金，集腋成裘，汇成规模巨大的投资资金。在参与证券投资时，资本越雄厚，优势越明显，而且可能享有大额投资在降低成本上的相对优势，从而获得规模效益的好处。

2. 分散风险

以科学的投资组合降低风险、提高收益是基金的另一大特点。在投资活动中，风险和收益总是并存的，因此，“不能将所有的鸡蛋都放在一个篮子里”，这是证券投资的箴言。但是，要实现投资资产的多样化，需要一定的资金实力，对小额投资者而言，由于资金有限，很难做到这一点，而基金则可以帮助中小投资者解决这个困难。基金可以凭借其雄厚的资金，在法律规定的投资范围内进行科学的组合，分散投资于多种证券，借助于资金庞大和投资者众多的公有制使每个投资者面临的投资风险变小，另一方面又利用不同的投资对象之间的互补性，达到分散投资风险的目的。

3. 专业理财

基金实行专家管理制度，这些专业管理人员都经过专门训练，具有丰富的证券投资和其他项目投资经验。他们善于利用基金与金融市场的密切联系，运用先进的技术手段分析各种信息资料，能对金融市场上各种品种的价格变动趋势作出比较正确的预测，最大限度地避免投资决策的失误，提高投资成功率。对于那些没有时间，或者对市场不太熟悉，没有能力专门研究投资决策的中小投资者来说，投资于基金，实际上就可以获得专家们在市场信息、投资经验、金融知识和操作技术等方面所拥有的优势，从而尽可能地避免盲目投资带来的失败。

第二节　基金的分类

一、按基金的组织方式分类

1. 契约型基金

契约型基金又称为单位信托基金，是指把投资者、管理人、托管人三者作为基金的当事人，通过签订基金契约的形式，发行受益凭证而设立的一种基金。契约型基金起源于英国，后在新加坡、印度尼西亚等国家及中国香港地区十分流行。

契约型基金是基于契约原理而组织起来的代理投资行为,没有基金章程,也没有董事会,而是通过基金契约来规范三方当事人的行为。基金管理人负责基金的管理操作。基金托管人作为基金资产的名义持有人,负责基金资产的保管和处置,对基金管理人的运作实行监督。

2. 公司型基金

公司型基金是按照公司法以公司形态组成的,该基金公司以发行股份的方式募集资金,一般投资者则为认购基金而购买该公司的股份,也就成为该公司的股东,凭其持有的股份依法享有投资收益。这种基金要设立董事会,重大事项由董事会讨论决定。

公司型基金的特点是:基金公司的设立程序类似于一般股份公司,基金公司本身依法注册为法人,但不同于一般股份公司的是,它是委托专业的财务顾问或管理公司来经营与管理;基金公司的组织结构也与一般股份公司类似,设有董事会和持有人大会,基金资产由公司所有,投资者则是这家公司的股东,承担风险并通过股东大会行使权利。

3. 契约型基金与公司型基金的区别

(1)法律依据不同。契约性基金是依照基金契约组建,信托法是其设立的依据,基金本身不具有法律资格。公司型基金是按照公司法组建的,具有法人资格。

(2)资金的性质不同。契约型基金的资金是通过发行基金份额筹集起来的信托财产;公司型基金的资金是通过发行普通股票筹集的公司法人的资本。

(3)投资者的地位不同。契约型基金的投资者购买基金份额后成为基金契约的当事人之一,投资者既是基金的委托人,即基于对基金管理人的信任,将自己的资金委托给基金管理人管理和营运,又是基金的受益人,即享有基金的受益权;公司型基金的投资者购买基金的股票后成为该公司的股东。因此,契约型基金的投资者没有管理基金资产的权力,而公司型基金的股东通过股东大会享有管理基金公司的权力。

(4)基金的营运依据不同。契约型基金依据基金契约营运基金;公司型基金依据基金公司章程营运基金。

由此可见,契约型基金和公司型基金在法律依据、组织形态以及有关当事人扮演角色上是不同的。但对投资者来说,投资于公司型基金和契约型基金并无多大区别，它们的投资方式都是把投资者的资金集中起来，按照基金设立时所规定的投资目标和策略，将基金资产分散投资于众多的金融产品上，获取收益后再分配给投资者。

从世界基金业的发展趋势看，公司型基金除了比契约型基金多了一层基金公司组织外，其他各方面都与契约型基金有趋同化的倾向。

二、按基金运作方式分类

1. 封闭式基金

封闭式基金是指基金的发起人在设立基金时，限定了基金单位的发行总额，筹集到这个总额后，基金即宣告成立，并进行封闭，在一定时期内不再接受新的投资，又称为固定型投资基金。基金单位的流通采取在证券交易所上市的办法，投资者日后买卖基金单位都必须通过证券经纪商在二级市场上进行竞价交易。

封闭式基金的期限是指基金的存续期，即基金从成立起到终止之间的时间。决定基金期限长短的因素主要有两个：一是基金本身投资期限的长短，一般如果基金目的是进行中长期投资（如创业基金），其存续期就可长一些；反之，如果基金目的是进行短期投资（如货币市场基金），其存续期可短一些。二是宏观经济形势，一般经济稳定增长，基金存续期可长一些，若经济波浪起伏，则应相对地短一些。当然，在现实中，存续期还应考虑基金发起人和众多投资者的要求来确定。

基金期限届满即为基金终止，管理人应组织清算小组对基金资金进行清产核资，并将清产核资后的基金净资产按照投资者的出资比例进行公正合理地分配。

如果基金在运行过程中，因为某些特殊的情况，使基金的运作无法进行，报经主管部门批准，可以提前终止。提前终止的一般情况有：

（1）国家法律和政策的改变使得该基金的继续存在为非法或者不适宜；

（2）管理人因故退任或被撤换，无新的管理人承继的；

（3）托管人因故退任或被撤换，无新的托管人承继的；

（4）基金持有人大会上通过提前终止基金的决议。

2. 开放式基金

开放式基金是指基金管理公司在设立基金时，发行基金单位的总份额不固定,可视投资者的需求追加发行。投资者也可根据市场状况和各自的投资决策,或者要求发行机构按现期净资产值扣除手续费后赎回股份或受益凭证,或者再买入股份或受益凭证,增持基金单位份额。为了应付投资者中途抽回资金、实现变现的要求,开放式基金一般都从所筹资金中拨出一定比例,以现金形式保持这部分资产。这虽然会影响基金的盈利水平,但作为开放式基金来说,这是必需的。

3. 封闭式基金与开放式基金的区别

(1)期限不同。封闭式基金通常有固定的封闭期,通常在 5 年以上,一般为 10 年或 15 年,经受益人大会通过并经主管机关同意可以适当延长期限。而开放式基金没有固定期限,投资者可随时向基金管理人赎回基金单位。

(2)发行规模限制不同。封闭式基金在招募说明书中列明其基金规模,在封闭期限内未经法定程序认可不能再增加发行。开放式基金没有发行规模限制,投资者可随时提出认购或赎回申请,基金规模就随之增加或减少。

(3)基金单位交易方式不同。封闭式基金的基金单位在封闭期限内不能赎回,持有人只能寻求在证券交易场所出售给第三者。开放式基金的投资者则可以在首次发行结束一段时间(多为 3 个月)后,随时向基金管理人或中介机构提出购买或赎回申请,买卖方式灵活,除极少数开放式基金在交易所作名义上市外,通常不上市交易。

(4)基金单位的交易价格计算标准不同。封闭式基金与开放式基金的基金单位首次发行价都是按面值加一定百分比的购买费计算,但以后的交易计价方式不同。封闭式基金的买卖价格受市场供求关系的影响,常出现溢价或折价现象,并不必然反映基金的净资产值。开放式基金的交易价格则取决于基金每单位净资产值的大小,其申购价一般是基金单位资产值加一定的购买费,赎回价是基金单位净资产值减去一定的赎回费,不直接受市场供求影响。

(5)投资策略不同。封闭式基金的基金单位数不变,资本不会减少,因此基金可进行长期投资,基金资产的投资组合能有效在预定计划内进行。开放式基金因基金单位可随时赎回,为应付投资者随时赎回兑现,基金资产不能全部用来投资,更不能把全部资本用来进行长线投资,必须保持基金资产的流动性,在投资组合上需保留一部分现金和高流动性的金融商品。

从发达国家金融市场来看,开放式基金已成为世界投资基金的主流。世界基金发展史从某种意义上说就是从封闭式基金走向开放式基金的历史。

三、按投资目标分类

1. 成长型基金

成长型基金是基金中最常见的一种，它追求的是基金资产的长期增值。为了达到这一目标，基金管理人通常将基金资产投资于信誉度较高、有长期成长前景或长期盈余的所谓成长公司的股票。成长型基金又可分为稳健成长型基金和积极成长型基金。

2. 收入型基金

收入型基金主要投资于可带来现金收入的有价证券，以获取当期的最大收入为目的。收入型基金资产成长的潜力较小，损失本金的风险相对也较低，一般可分为固定收入型基金和股票收入型基金。固定收入型基金的主要投资对象是债券和优先股，因而尽管收益率较高，但长期成长的潜力很小，而且当市场利率波动时，基金净值容易受到影响。股票收入型基金的成长潜力比较大，但易受股市波动的影响。

3. 平衡型基金

平衡型基金将资产分别投资于两种不同特性的证券上，并在以取得收入为目的的债券及优先股和以资本增值为目的的普通股之间进行平衡。这种基金一般将25% ~50%的资产投资于债券及优先股，其余的投资于普通股。平衡型基金的主要目的是从其投资组合的债券中得到适当的利息收益，与此同时又可以获得普通股的升值收益。投资者既可获得当期收入，又可得到资金的长期增值，通常是把资金分散投资于股票和债券。平衡型基金的特点是风险比较低，缺点是成长的潜力不大。

四、按投资标的分类

1. 债券基金

债券基金以债券为主要投资对象，债券比例须在80%以上。

由于债券的年利率固定，因而这类基金的风险较低，适合于稳健型投资者。

通常债券基金收益会受货币市场利率的影响，当市场利率下调时，其收益就会上升；反之，若市场利率上调，则基金收益率下降。除此以外，汇率也会影响基金的收益,管理人在购买非本国货币的债券时,往往还在外汇市场上做套期保值。

2. 股票基金

股票基金以股票为主要投资对象,股票比例须在60%以上。

股票基金的投资目标侧重于追求资本利得和长期资本增值。基金管理人拟定投资组合,将资金投放到一个或几个国家,甚至是全球的股票市场,以达到分散投资、降低风险的目的。

投资者之所以钟爱股票基金,原因在于可以有不同的风险类型供选择,而且可以克服股票市场普遍存在的区域性投资限制的弱点。此外,还具有变现性强、流动性强等优点。由于聚集了巨额资金,几只甚至一只基金就可以引发股市动荡,所以各国政府对股票基金的监管都十分严格,不同程度地规定了基金购买某一家上市公司的股票总额不得超过基金资产净值的一定比例,防止基金过度投机和操纵股市。

3. 货币市场基金

货币市场基金是以货币市场工具为投资对象的一种基金。货币市场基金通常被认为是无风险或低风险的投资。其投资对象一般期限在一年内,包括银行短期存款、国库券、公司债券、银行承兑票据及商业票据等。通常,货币基金的收益会随着市场利率的下跌而降低,与债券基金正好相反。

4. 混合型基金

混合基金主要从资产配置的角度看,股票、债券和货币的投资比例没有固定的范围。

五、按投资理念分类

1. 主动型基金

一般主动型基金以寻求取得超越市场的业绩表现为目标。其基金管理者一般认为证券市场是无效的,存在着错误定价的股票。

2. 被动型基金(指数型基金)

被动型基金一般选取特定的指数成份股作为投资的对象,不主动寻求超越市场的表现,而是试图复制指数的表现。其投资管理者认为,市场是有效的,投资者不可能超越市场。

六、按资本来源和流向分类

1. 国内基金

国内基金是基金资本来源于国内并投资于国内金融市场的投资基金。一般而言，国内基金在一国基金市场上应占主导地位。

2. 国际基金

国际基金是基金资本来源于国内但投资于国外金融市场的投资基金。由于各国经济和金融市场发展的不平衡性，因而在不同国家会有不同的投资回报，通过国际基金的跨国投资，可以为本国资本带来更多的投资机会以及可以在更大范围内分散投资风险，但国际基金的投资成本和费用一般也较高。国际基金有国际股票基金、国际债券基金和全球商品基金等种类。

3. 离岸基金

离岸基金是基金资本从国外筹集并投资于国外金融市场的基金。离岸基金的特点是两头在外。离岸基金的资产注册登记不在母国，为了吸引全球投资者的资金，离岸基金一般都在素有“避税天堂”之称的地方注册，如卢森堡、开曼群岛、百慕大等，因为这些国家和地区对个人投资的资本利得、利息和股息收入都不收税。

4. 海外基金

海外基金是基金资本从国外筹集并投资于国内金融市场的基金。利用海外基金通过发行受益凭证，把筹集到的资金交由指定的投资机构集中投资于特定国家的股票和债券，把所得收益进行再投资或作为红利分配给投资者，它所发行的受益凭证则在国际著名的证券市场挂牌上市。海外基金已成为发展中国家利用外资的一种较为理想的形式，一些资本市场没有对外开放或实行严格外汇管制的国家可以利用海外基金。

除了上述几种类型的基金，证券投资基金还可以按募集对象不同分为公募基金和私募基金；按投资货币种类不同分为美元基金、英镑基金、日元基金等；按收费与否分为收费基金和不收费基金；按投资计划可变更性分为固定型基金、半固定型基金、融通型基金；还有专门支持高科技企业、中小企业的风险基金；还有因交易技巧而著称的对冲基金、套利基金以及投资于其他基金的基金中基金等。

七、其他特殊类型

1. 指数基金(被动型基金)

指数基金是20世纪70年代以来出现的新的基金品种。为了使投资者能获取与市场平均收益相接近的投资回报,产生了一种功能上近似或等于所编制的某种证券市场价格指数的基金。其特点是它的投资组合等同于市场价格指数的权数比例,收益随着当期的价格指数上下波动。当价格指数上升时基金收益增加,反之收益减少。基金因始终保持当期的市场平均收益水平,因而收益不会太高,也不会太低。指数基金的优势是:第一,费用低廉。指数基金的管理费较低,尤其交易费用较低。第二,风险较小。由于指数基金的投资非常分散,可以完全消除投资组合的非系统风险,而且可以避免由于基金持股集中带来的流动性风险。第三,以机构投资者为主的市场中,指数基金可获得市场平均收益率,可以为股票投资者提供更好的投资回报。第四,指数基金可以作为避险套利的工具。对于投资者尤其是机构投资者来说,指数基金是他们避险套利的重要工具。指数基金由于其收益率的稳定性和投资的分散性,特别适用于社保基金等数额较大、风险承受能力较低的资金投资。

2. ETF(Exchange Traded Funds,交易型开放式指数基金)

交易型开放式指数基金属于开放式基金的一种特殊类型,它综合了封闭式基金和开放式基金的优点,投资者既可以向基金管理公司申购或赎回基金份额,同时,又可以像封闭式基金一样在证券市场上按市场价格买卖ETF份额,不过,申购赎回必须以一揽子股票换取基金份额或者以基金份额换回一揽子股票。由于同时存在证券市场交易和申购赎回机制,投资者可以在ETF市场价格与基金单位净值存在差价时进行套利交易。套利机制的存在,使ETF避免了封闭式基金普遍存在的折价问题。

3. LOF(上市开放式基金)

LOF,英文全称是“Listed Open-Ended Fund”,汉语称为“上市型开放式基金”。也就是上市型开放式基金发行结束后,投资者既可以在指定网点申购与赎回基金份额,也可以在交易所买卖该基金。不过投资者如果是在指定网点申购的基金份额,想要上网抛出,须办理一定的转托管手续;同样,如果是在交易所网上买进的基金份额,想要在指定网点赎回,也要办理一定的转托管手续。根据深圳证券交易所已经开通的基金场内申购赎回业务,在场内认购的

LOF 不需办理转托管手续,可直接抛出。

4. 黄金基金

黄金基金是指以黄金或者其他贵金属及其相关产业的证券为主要投资对象的基金。其收益率一般随贵金属的价格波动而变化。

5. 衍生证券基金

衍生证券基金是指以衍生证券为投资对象的证券投资基金,主要包括:期货基金、期权基金和认购权证基金。由于衍生证券一般是高风险的投资品种,因此,投资这种基金的风险较大,但预期的收益水平比较高。

第三节　基金的募集发行

按照 2003 年 10 月 28 日制定的《证券投资基金法》的要求,2014 年 7 月发布《公开募集证券投资基金运作管理办法》,将公募基金审查由核准制改为注册制。

一、募集发行

基金的募集发行,一般经过四个步骤,即申请、核准、发售、基金合同生效。

基金的发行是指投资基金管理公司在基金发行申请经有关部门批准之后,将基金受益凭证向个人投资者、机构投资者或向社会推销出去的经济活动。一般基金公司在得到证监会的审批之后,开始募集资金,一般募集日期为一个月,最长不超过三个月。

基金的发行方式主要两种:

(一)基金管理公司自行发行(直接销售方式)

基金的直接销售方式是指投资基金的股份不通过任何专门的销售组织而直接面向投资者销售。

(二)通过代销机构代发行

在这种方式下,投资基金主要是通过银行和证券公司的分支机构代销。我国的基金的销售大部分是这种方式。银行和证券公司的分支机构收取代销费和每年的尾随佣金,或者收取佣金分成。

二、基金产品注册程序

(一)基金管理人申请募集基金,需提交《证券投资基金法》要求的文件:

(1)申请报告;

(2)基金合同草案;

(3)基金托管协议草案;

(4)基金招募说明书草案;

(5)律师事务所出具的法律意见书;

(6)中国证监会规定提交的其他文件。

(二)申请报告包括但不限于以下内容:

(1)基金符合注册条件的说明;

(2)基金与本公司已获批产品及行业同类产品的差异,以及对基金投资运作和投资者的影响评估;

(3)其他需要监管机构特别关注的事项。

对于复杂或者创新产品,中国证监会将根据基金的特征与风险,要求基金管理人补充提交证券交易所和证券登记结算机构的授权函、投资者适当性安排、技术准备情况和主要业务环节的制度安排等文件。

(三)中国证监会采用电子化系统对基金进行注册审查,并鼓励基金管理人根据基金合同填报指引通过电子化平台在线填报。

(四)中国证监会对常规基金产品,按照简易程序注册,注册审查时间原则上不超过20个工作日;对其他产品,按照普通程序注册,注册审查时间不超过6个月。

适用于简易程序的产品包括常规股票基金、混合基金、债券基金、指数基金、货币基金、发起式基金、合格境内机构投资者(QDII)基金、理财基金和交易型指数基金(含单市场、跨市场/跨境ETF)及其联接基金。分级基金及中国证监会认定的其他特殊产品暂不实行简易程序。

(五)简易程序的产品注册流程为受理、反馈意见、申请人修改完善材料、注册决定。

普通程序的产品注册流程为:受理、召开评审会、书面反馈意见、答复反馈意见(申请人修改完善材料)、注册决定。

(六)基金管理人向中国证监会提交的注册申请材料存在明显差错的,中国证监会将视情况在3~6个月内对申请人上报的产品决定不适用简易程序。违反相关规定的,依照法律、法规予以处罚。

第四节　基金的设立和交易

一、基金的设立

证券投资基金的设立包括四个主要步骤。

1. 确定基金性质。按组织形态不同,基金有公司型和契约型之分;按基金券可否赎回,又可分为开放型和封闭型两种,基金发起人首先应对此进行选择。

2. 选择共同发起人、基金管理人与托管人,制定各项申报文件。根据有关对基金发起人资格的规定慎重选择共同发起人,签订"合作发起设立证券投资基金协议书",选择基金保管人,制定各种文件,规定基金管理人、托管人和投资人的责、权、利关系。

3. 向主管机关提交规定的报批文件。同时,积极进行人员培训工作,为基金成立做好各种准备。

4. 发表基金招募说明书,确定发行渠道。一旦招募的资金达到有关法规规定的数额或百分比,基金即告成立,否则,基金发起便告失败。

二、申请文件

1. 申请设立基金应提交的文件和内容

根据《证券投资基金管理公司管理办法》及其实施细则,基金发起人在申请设立基金时应当向证监会提供的文件有:

(1) 申请报告

主要内容包括基金名称、拟申请设立基金的必要性和可行性、基金类型、基金规模、存续时间、发行价格、发行对象、基金的交易或申购和赎回安排、拟委托的托管人和管理人以及重要发起人签字、盖章。

(2) 发起人情况

包括发起人的基本情况、法人资格与业务资格证明文件。

(3) 发起人协议

主要内容包括拟设立基金名称、类型、规模、募集方式和存续时间;基金发起人的权利和义务,并具体说明基金未成立时各发起人的责任、义务;发起人认购基金单位的出资方式、期限以及首次认购和在存续期间持有的基金单位份额;拟聘任的基金托管人和基金管理人;发起人对主要发起人的授权等。

(4)基金契约与托管协议。

(5)招募说明书。

(6)发起人财务报告。

包括主要发起人经具有从事证券相关业务资格的会计师事务所及其注册会计师审计的3年的财务报表和审计报告,以及其他发起人实收资本的验资证明。

(7)法律意见书

具有从事证券法律业务资格的律师事务所及其律师对发起人资格、发起人协议、基金契约、托管协议、招募说明书、基金管理公司章程、拟委任的基金托管人和管理人的资格、本次发行的实质条件、发起人的重要财务状况等问题出具法律意见。

(8)募集方案

包括基金发行基本情况及发行公告。

申请设立开放式基金时,除应报送上述材料外,基金管理人还应向中国证监会报送开放式基金实施方案及相关文件。

三、销售申购

(一)申购程序

投资者在认购封闭式基金的基金份额时,须开设证券交易账户或基金账户,在指定的发行时间内通过证券交易所的各个交易网点以公布的价格和符合规定的申购数量进行申购。如果有效申购总量超过封闭式基金发行总量,则以抽签配号方式决定投资者实际认购量。改制基金的扩募由原基金持有人按照规定比例和价格在规定时间内配售。投资者投资开放式基金时,应先到基金管理公司或其指定的代销机构开设专用基金账户及相应的资金账户;一名投资者只能在一个销售网点开户,且只能开设一个基金账户;投资由不同基金管理公司管理的不同的开放式基金时,应该到不同的基金管理公司或其代理机构分别办理手续。

(二)基金份额

我国封闭式基金都是采用自办发行方式通过证券交易所交易系统进行基金券发行的,但开放式基金由于其交易(认购、申购、赎回)是在投资者与基金管理人或其代理人之间进行的,故开放式基金券除了由基金管理人自办发行外，一般还选择一些机构（如银行、证券公司等）代理销售。

按照规定，证券投资基金的发行只有在符合以下条件时才能成立：

1. 封闭式基金的募集期限为自该基金批准之日起计算的3个月，只有在募集期限内募集的资金超过该基金批准规模的80%时，该基金方可成立。

2. 开放式基金的募集期限也是3个月，在募集期限内净销售额超过2亿元时，基金方可成立。

如果基金的募集未达到上述要求，基金的发行即告失败，基金发起人应承担募集费用，并将已募集资金加计银行活期存款利息于30日内退还给基金认购人。

四、基金变更终止

（一）基金存续期

我国《证券投资基金管理公司管理办法》规定，封闭式基金的存续期不得少于5年，在具备下列条件时，经中国证监会审查批准可以扩募或者续期：

（1）年收益率高于全国基金平均收益率。

（2）基金托管人、基金管理人在3年内无重大违法、违规行为。

（3）基金持有人大会或基金托管人同意扩募或者续期。

（4）中国证监会规定的其他条件。

申请基金扩募或续期时，应当按照中国证监会的要求提交有关文件。

对开放式基金而言，除非出现导致基金终止的情况，否则基金将长期存续。

（二）基金的变更

以下情况属于基金的变更，但事前必须报经主管机关核准：

（1）改变基金券的认购办法、交易方式及净资产值的计算方法。

（2）基金扩募或续期。

（3）更换基金管理人或基金托管人等。

（三）基金的终止

在下列情况下，经主管机关批准，基金应该终止，结束营业：

（1）基金封闭期满，未获批准续期的。

（2）因原基金管理人或原基金托管人退任而无新的基金管理人或基金托管人承接的，或在基金存续期内有超过基金招募说明书规定的连续数量工作日以上，基金持有人数量不足100人或基金资产净额低于5000万元的。

（3）经基金持有人大会表决终止的。

(4)因重大违法违规行为,被中国证监会责令终止的。

(5)由于投资方向变更而引起基金合并、撤销的。

(6)法律、法规或中国证监会允许的其他情况。

(四)基金的清算

基金终止时,必须组成清算小组对基金资产进行清算,清算结果应当报中国证监会批准并予以公告。

五、基金的交易

(一)交易方式

基金交易方式因基金性质不同而不同。封闭式基金因有封闭期规定,在封闭期内基金规模稳定不变,既不接受投资者的申购也不接受投资者的赎回,因此,为满足投资者的变现需要,封闭式基金成立后通常申请在证券交易所挂牌,交易方式类似股票,即是在投资者之间转手交易。而开放式基金因其规模是“开放”的,在基金存续期内其规模是变动的,除了法规允许基金成立满3个月期间,依基金契约和招募说明书规定,可只接受申购不办理赎回外,其余时间如无特别原因,应在每个交易日接受投资者的申购与赎回。因此,开放式基金的交易方式为场外交易,在投资者与基金管理人或其代理人之间进行交易,投资者可至基金管理公司或其代理机构的营业网点进行基金券的买卖,办理基金单位的随时申购与赎回。

(二)封闭式基金的交易及交易价格

1. 封闭式基金的上市申请及审批

封闭式基金的交易方式为在证券交易所挂牌上市,因此,封闭式基金在募集成立后,应及时向证券交易所申请上市。上市申请及主管机关审批的主要内容包括:

基金的管理和投资情况;

基金管理人提交的上市可行性报告;

信息披露的充分性;

内部机制是否健全,能否确保基金章程及信托契约的贯彻实施等。

上述材料必须真实可靠,无重大遗漏。

2. 封闭式基金的交易规则

(1)基金单位的买卖遵循“公开、公平、公正”的“三公”原则和“价格优先、时间优先”的原则。

(2)以标准手数为单位进行集中无纸化交易,电脑自动撮合,跟踪过户。

(3)基金单位的价格以基金单位资产净值为基础,受市场供求关系的影响而波动,行情即时揭示。

(4)基金单位的交易成本相对低廉。

3.影响封闭式基金价格变动的因素

基金单位净资产和市场供求关系是影响封闭式基金市场价格的主要因素,但其他因素也会导致其价格波动。

(1)基金单位净资产值

基金单位净资产值是指某一时点上某一基金每份基金单位实际代表的价值,是基金单位的内在价值。由于基金单位净资产值直接反映一个基金的经营业绩和相对于其他证券品种的成长性,同时,也由于基金单位净资产值是基金清盘时,投资者实际可得到的价值补偿,因此,基金单位净资产值构成影响封闭式基金市场价格的最主要因素。在一般情况下,基金单位的市场价格应围绕基金单位净资产值而上下波动。

(2)市场供求关系

由于封闭式基金成立后,在存续期内其基金规模是稳定不变的,因此,市场供求状况对基金交易价格产生重要影响。一般而言,当市场需求增加时,基金单位的交易价格就上升;反之,就下跌,从而使基金价格相对其单位净值而言经常出现溢价或折价交易的现象。

(3)市场预期

市场预期通过影响供求关系而影响基金价格。当投资者预期证券市场行情看涨,或基金利好政策将出台,或基金管理人经营水平提高基金净资产值将增加,或基金市场将“缩容”等,将增加基金需求从而导致基金价格上涨;反之,将减少基金需求从而导致基金价格下跌。

(4)操纵

如同股票市场一样,基金市场也存在着“坐庄”操纵现象。由于封闭式基金的“盘子”是既定的,因此资金实力大户往往通过人为放大交易量或长期单向操作来达到影响市场供求关系及交易价格从中获利的目的。

(5)开放式基金的出现及基金清算

由于开放式基金的交易价格是完全由基金单位净资产值决定的,因此,当同为证券投资基金的开放式基金出现时,封闭式基金的投资将逐渐趋向理性,基金交易价格将逐渐与基金净资产值趋于一致。同样,随着封闭式基金存续期逐渐走向完结,基金终止清算期的来临,基金交易价格也将逐渐回复到其净资产值的水平上。

(三)开放式基金的交易及交易价格

1. 开放式基金的认购、申购、赎回

投资者在开放式基金募集期间基金尚未成立时购买基金单位的过程称为认购。通常认购价为基金单位面值(1元)加上一定的销售费用。基金初次发行时一般会对投资者有费率上的优惠。投资者在认购基金时,应在基金销售点填写认购申请书,交付认购款项,注册登记机构办理有关手续并确认认购。只有当开放式基金宣布成立后,经过规定的日期,基金才能进行日常的申购和赎回。

在基金成立后,投资者通过基金管理公司或其销售代理机构申请购买基金单位的过程称为申购。投资者办理申购时,应填写申购申请书并交付申购款项。申购基金单位的金额是以申购日的基金单位资产净值为基础计算的。

投资者为变现其基金资产,将手持基金单位按一定价格卖给基金管理人,并收回现金的过程称为赎回。赎回金额是以当日的单位基金资产净值为基础计算的。

2. 开放式基金申购、赎回的限制

根据有关法规及基金契约的规定,开放式基金的申购与赎回主要有如下两个限制:

(1)基金申购限制

基金在刊登招募说明书等法律文件后,开始向法定的投资者进行招募。从国内基金管理公司已披露的开放式基金方案来看,首期募集规模一般都有一个上限。在首次募集期内,若最后一天的认购份额加上在此之前的认购份额超过规定的上限时,则投资者只能按比例进行公平分摊,无法足额认购。开放式基金除规定有认购价格外,通常还规定有最低认购额。另外,根据有关法律和基金契约的规定,对单一投资者持有基金的总份额还有一定的限制,如不得超过本基金总份额的10%等。

(2)基金赎回限制

开放式基金赎回方面的限制,主要是对巨额赎回的限制。根据《开放式证券投资基金试点办法》(已失效)的规定,开放式基金单个开放日中,基金净赎回申请超过基金总份额的10%时,将被视为巨额赎回。巨额赎回申请发生时,基金管理人在当日接受赎回比例不低于基金总份额的10%的前提下,可以对其余赎回申请延期办理。也就是说,基金管理人根据情况可以给予赎回,也可以拒绝这部分的赎回,被拒绝赎回的部分可延迟至下一个开放日办理,并以该开放日当日的基金资产净值为依据计算赎回金额。当然,发生巨额赎回并延期支付时,基金管理人应当通过邮寄、传真或者招募说明书规定的其他方式,在招募说明书规定的时间内通知基金投资人,说明有关处理方法,同时在指定媒体及其他相关媒体上公告。通知和公告的时间,最长不得超过3个证券交易日。

3. 开放式基金的申购、赎回价格

开放式基金的交易价格即为申购、赎回价格。开放式基金申购和赎回的价格是建立在每份基金净值基础上的,以基金净值再加上或减去必要的费用,就构成了开放式基金的申购和赎回价格。

基金的申购价格,是指基金申购申请日当天每份基金单位净资产值再加上一定比例的申购费所形成的价格,它是投资者申购每份基金时所要付出的实际金额。基金的赎回价格,是指基金赎回申请日当天每份基金单位净资产值再减去一定比例的赎回费所形成的价格,它是投资者赎回每份基金时可实际得到的金额。

第五节　基金投资分析

一、分析方法

从研究范式来划分,股票投资领域的分析方法主要有如下三种:基本分析、技术分析、演化分析。这三种分析方法基于完全不同的理论体系和逻辑结构,其主要研究对象都只侧重于市场运作的某一特定方面或者范畴,都有其合理性和局限性,但它们对于全面认识和深入探索股市运行规律,又都是必不可少的。它们所依赖的理论基础、前提假设、范式特征各不相同,在实际应用中既相互联系,又有重要区别。

1. 基本分析(Fundamental Analysis)

基本分析法以传统经济学理论为基础,以企业价值作为主要研究对象,通过对决定企业内在价值和影响股票价格的宏观经济形势、行业发展前景、企业经营状况等进行详尽分析(一般经济学范式),从而大概测算上市公司的长期投资价值和安全边际,并与当前的股票价格进行比较,形成相应的投资建议。基本分析认为股价波动不可能被准确预测,而只能在有足够安全边际的情况下买入股票并长期持有。

2. 技术分析(Technical Analysis)

技术分析法以传统证券学理论为基础,以股价涨跌的直观行表现作为主要研究对象,以预测股价波动趋势为主要目的,从股价变化的历史图表入手(数理或牛顿范式),对股票市场波动规律进行分析。技术分析认为市场行为包容消化一切,股价波动可以定量分析和预测,如道氏理论、波浪理论、江恩理论等。

3. 演化分析(Evolutionary Analysis)

演化分析法以演化证券学理论为基础,将股市波动的生命运动特性作为主要研究对象,从股市的代谢性、趋利性、适应性、可塑性、应激性、变异性和节律性等方面入手(生物学或达尔文范式),对市场波动方向与空间进行动态跟踪研究,为股票交易决策提供机会和风险评估。演化分析认为股价波动无法准确预测,因此它属于模糊分析范畴,并不试图为股价波动轨迹提供定量描述和预测,而是着重为投资人建立一种科学观察和理解股市波动逻辑的全新的分析框架。

二、基金与股票、债券的区别

证券投资基金与股票、债券的区别:

1. 反映的经济关系不同

股票反映的是所有权关系,债券反映的是债权债务关系,而基金反映的则是信托关系,但公司型基金除外。

2. 筹集资金的投向不同

股票和债券是直接投资工具,筹集的资金主要投向实业,而基金是间接投资工具,筹集的资金主要投向有价证券等金融工具。

3. 风险水平不同

股票的直接收益取决于发行公司的经营效益,不确定性强,投资于股票有较大的风险。债券的直接收益取决于债券利率,而债券利率一般是事先确定的，投资风险较小。基金主要投资于有价证券，投资选择灵活多样，从而使基金的收益有可能高于债券，投资风险又可能小于股票。因此，基金能满足那些不能或不宜直接参与股票、债券投资的个人或机构的需要。

第六节　基金的其他事项

一、收入来源

证券投资基金收入是基金资产在运作过程中所产生的各种收入，主要包括利息收入、管理费收入以及约定的业绩报酬分成。基金资产估值引起的资产价格变动作为公允价值变动损益计入当期损益。

二、利润分配

证券投资基金利润是指基金在一定会计期间的经营成果。利润包括收入减去费用后的净额、直接计入当期利润的利得和损失等，也称为基金收益。证券投资基金在获取投资收入和扣除费用后，须将利润分配给受益人。基金利润（收益）分配通常有两种方式：一是分配现金，这是最普遍的分配方式；二是分配基金份额，即将应分配的净利润折为等额的新的基金份额送给受益人。

按照《证券投资基金管理公司管理办法》的规定，封闭式基金的收益分配每年不得少于一次，封闭式基金年度收益分配比例不得低于基金年度已实现收益的90%。封闭式基金一般采用现金方式分红。

开放式基金的基金合同应当约定每年基金利润分配的最多次数和基金利润分配的最低比例。开放式基金的分红方式有现金分红和分红再投资转换为基金份额两种。根据规定，基金利润分配应当采用现金方式。开放式基金的基金份额持有人可以事先选择将所获分配的现金利润按照基金合同有关基金份额申购的约定转为基金份额；基金份额持有人事先未作出选择的，基金管理人应当支付现金。

对货币市场基金的利润分配，中国证监会有专门的规定。《货币市场基金监督管理办法》规定：对于每日按照面值进行报价的货币市场基金，可以在基金合同中将受益分配的方式约定为红利再投资，并应当每日进行收益分配。2005年3月25日中国证监会下发的《关于货币市场基金投资等相关问题的通知》规定："当日申购的基金份额自下一个工作日起享有基金的分配权益，当日赎回的基金份额自下一个工作日起不想有基金的分配权益。”具体而言，货币市场基金每周五进行利润分配时，将同时分配周六和周日的利润；每周一至周四进行分配时，则仅对当日利润进行分配。投资者与周五申购或转换转入的基金份额不享有周五和周六、周日的利润；投资者与周五赎回或转换转出的基金份额享有周五和周六、周日的利润。

三、投资范围和风险

1. 投资范围

我国《证券投资基金法》规定，基金财产应当用于下列投资：第一，上市交易的股票、债券；第二，国务院证券监督管理机构规定的其他证券品种。因此，证券投资基金的投资范围为股票、债券等金融工具。目前我国的基金主要投资于国内依法公开发行上市的股票、非公开发行股票、国债、企业债券、金融债券、公司债券、货币市场工具、资产支持证券、权证等。

2. 投资风险

证券投资基金是一种集中资金、专家管理、分散投资、降低风险的投资工具，但投资者投资于基金仍有可能面临风险。证券投资基金存在的风险主要有：

(1)市场风险

基金主要投资于证券市场，投资者购买基金，相对于购买股票而言，由于能有效地分散投资和利用专家优势可能对控制风险有利。分散投资虽能在一定程度上消除来自个别公司的非系统性风险，但无法消除市场的系统性风险。因此，证券市场价格因经济因素、政治因素等各种因素的影响而产生波动时，将导致基金收益水平和净值发生变化，从而给基金投资者带来风险。

(2)管理能力风险

基金管理人作为专业投资机构，虽然比普通投资者在风险管理方面确实有某些优势，如能较好地认识风险的性质、来源和种类，能较准确地度量风险，并通常能够按照自己的投资目标和风险承受能力构造有效的证券组合，在市场变动的情况下，及时地对投资组合进行更新，从而将基金资产风险控制在预定的范围内，但是，不同的基金管理人的基金投资管理水平、管理手段和管理技术存在差异，从而对基金收益水平产生影响。

(3)技术风险

当计算机、通信系统、交易网络等技术保障系统或信息网络支持出现异常情况时,可能导致基金日常的申购或赎回无法按正常时限完成、注册登记系统瘫痪、核算系统无法按正常时限显示基金净值、基金的投资交易指令无法即时传输等风险。

(4)流动性风险,即巨额赎回风险

这是开放式基金所特有的风险。若因市场剧烈波动或其他原因而连续出现巨额赎回,并导致基金管理人出现现金支付困难时,基金投资者申请巨额赎回基金份额,可能会遇到部分顺延赎回或暂停赎回等风险。

四、信息披露

为了加强对基金投资运作的监管,提高基金运作的透明度,保障基金份额持有人合法权益,基金必须履行严格的信息披露义务。我国《证券投资基金法》规定,基金管理人、基金托管人和其他基金信息披露义务人应当依法披露基金信息,并保证所披露信息的真实性、准确性、完整性和及时性。

公开披露的基金信息包括:

(1)基金招募说明书、基金合同、基金托管协议、基金份额发售公告;

(2)基金募集情况;

(3)基金份额上市交易公告书;

(4)基金资产净值和基金份额净值公告;

(5)基金份额申购、赎回价格;

(6)基金财产的资产组合季度报告、财务会计报告及中期和年度基金报告;

(7)临时报告;

(8)基金份额持有人大会决议;

(9)基金管理人、基金托管人的专门基金托管部门的重大人事变动;

(10)涉及基金管理人、基金财产、基金托管业务的诉讼或仲裁;

(11)依照法律、行政法规有关规定,由国务院证券监督管理机构规定应予披露的其他信息。

公开披露基金信息,不得有下列行为:

(1)虚假记载、误导性陈述或者重大遗漏;

(2)对证券投资业绩进行预测;

(3)违规承诺收益或者承担损失;

(4)诋毁其他基金管理人、基金托管人或者基金份额发售机构;

(5)依照法律、行政法规有关规定,由国务院证券监督管理机构规定禁止的其他行为。

第七节　公募基金行业发展情况

一、新基金法实施,公募参与机构扩容

2013 年 12 月 30 日,首只“证券公司基金”——东方红新动力开始发售。该基金由东方证券资产管理有限公司发行和管理,作为国内首只由证券公司担任管理人发行的基金产品,东方红新动力具有里程碑的意义。

自 2013 年 6 月 1 日《中华人民共和国证券投资基金法》(修订稿)正式实施以来,已经有一家证券公司和一家保险系基金管理有限公司申请了 3 只公募基金产品,除上述的东方红新动力,另外两只产品为东方红产业升级和国寿安保基金管理有限公司的国寿安保货币市场基金。其实如今不只是证券公司和保险资产管理公司可以发行公募基金产品,私募证券投资基金管理机构也可以参与。公募业务牌照的放开增加了公募市场的竞争,同时也是中国基金行业走向成熟的必经之路。

中国证监会在 2013 年相继发布了一系列新基金法配套法律、法规,如《资产管理机构开展公募证券投资基金管理业务暂行规定》《公开募集证券投资基金管理人管理办法》(征求意见稿)、《保险机构投资设立基金管理公司试点办法》等。这些法律法规明确了保险资管、证券公司、私募证券投资基金公司可以申请成为公募基金管理人,公募参与机构扩容将为这个行业带来新的活力。

二、快速扩张的基金子公司

在传统公募业务竞争越发激烈的情况下,基金子公司成了众公募基金管理有限公司的发力点。目前,基金子公司业务类型主要涉及与银行合作的通道业务、与信托领域合作的房地产融资等业务、与上市公司合作的股权质押融资及定向增发等业务。相比信托、证券公司资产管理等机构,基金子公司受的政策限制更小,这使其受到融资方和其他金融机构的青睐。此外,股权激励为基金子公司提供了很强的发展动力。2012 年末,证监会公布《基金管理公司子公司管理规定》,基金管理公司设立子公司,允许在基金行业任职的自然人充当股东。这意味着,基金业首次放开了员工持股、股权激励。这样的激励方式

促使了基金管理公司设立子公司并有大规模尽快盈利的愿望。自2012年10月中国证监会放开基金子公司业务以来,市场上已经有67家基金成立资产管理子公司。

三、公募基金规模及产品发行综合统计

根据基金业协会的数据,截至2016年末,中国全国已发公募产品的基金管理公司达113家共3820只,资产规模总计9.18万亿元,同比增幅9.19%。2016全年新发基金1151只,数量创历史新高。

其中,股票型基金和混合型基金的数量呈现稳步增长的态势,但受市场震荡影响,实际的资产净值规模不升反降。股票型基金是2016年各类基金中表现最差的,平均收益为-12.2%,几乎和上证综指2016年跌幅相同,后者2016年全年下挫12.3%。

由于被股市拖累,数据显示,2016年主动股票型基金表现糟糕,业绩第一的安信基金,其管理的主动股基平均收益率为-0.08%,意味着没有一家基金公司管理的主动股票型基金平均收益为正。

债券基金明显赶上了2016年的委外资金的好时期,无论在数量还是在资产净值规模上都是增长迅猛,数量全年增长79.01%,净值资产规模全年增长116.14%,成为最大赢家。但值得注意的是,根据公开数据,部分机构投资者占比较高的货币基金在2016年下半年遭遇较大规模的赎回。

从具体公司来看,天弘基金以8450亿元蝉联公募资产规模首位,工银瑞信、易方达分列第二名和第三名。

从各类基金的业绩表现看,QDII(Qualified Domestic Institutional Investors)基金平均收益率最高6.56%,主要受益于港美股市场的良好变现和人民币贬值产生的汇差受益。其次是另类投资基金4.94%,货币型基金2.61%。个基方面,收益率最高的为中银标普全球精选(QDII)49.48%。其中,主动股票型基金为圆信永丰优加生活17.96%,混合型基金为兴业聚利29.85%,债券型基金(非定开)为东方添益7.28%,定开债为新华安享惠金A7.48%,货币型基金为嘉合货币B3.77%。公募基金规模较2015年再创新高,截至2016年12月31日,公募基金市场规模9.18万亿元,较2015年增加7722亿元,同比上升9.19%,较2016年中增加12,166亿元,增幅达15.28%。

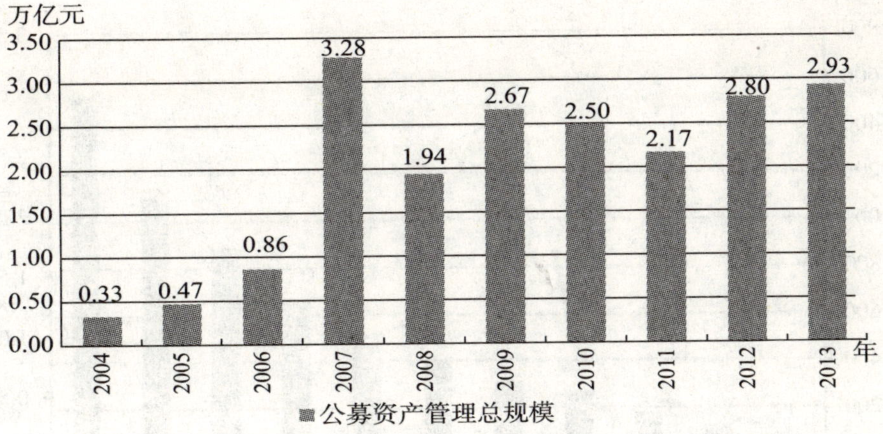

图2－1　公募资产管理总规模对比

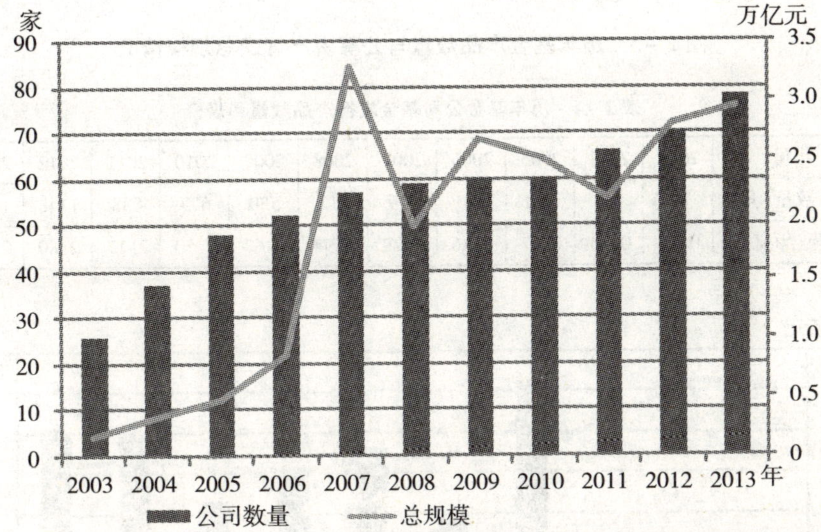

图2－2　历年基金公司数量与公募资产管理总规模情况

表2－3　历年基金公司基金发行规模

年份	2003	2004	2005	2006	2007	2008	2009	2010	2011	2012	2013
公司数量（家）	26	37	48	52	57	59	60	60	66	70	78
总规模（万亿元）	0.17	0.33	0.47	0.86	3.28	1.94	2.67	2.50	2.17	2.80	2.93
平均规模（亿元）	66	88	98	165	575	329	445	416	328	399	377

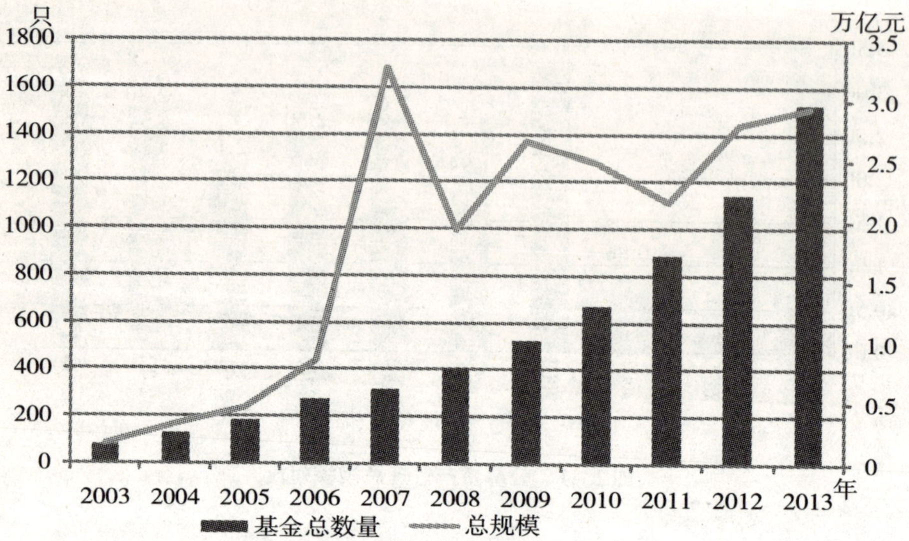

图 2-3 历年基金产品数量与公募资产管理总规模情况

表 2-4 历年基金公司基金发行产品数量和规模

年份	2003	2004	2005	2006	2007	2008	2009	2010	2011	2012	2013
产品数量（只）	82	133	190	280	319	412	530	677	888	1148	1526
总规模（万亿元）	0. 17	0. 33	0. 47	0. 86	3. 28	1. 94	2. 67	2. 50	2. 17	2. 80	2. 94

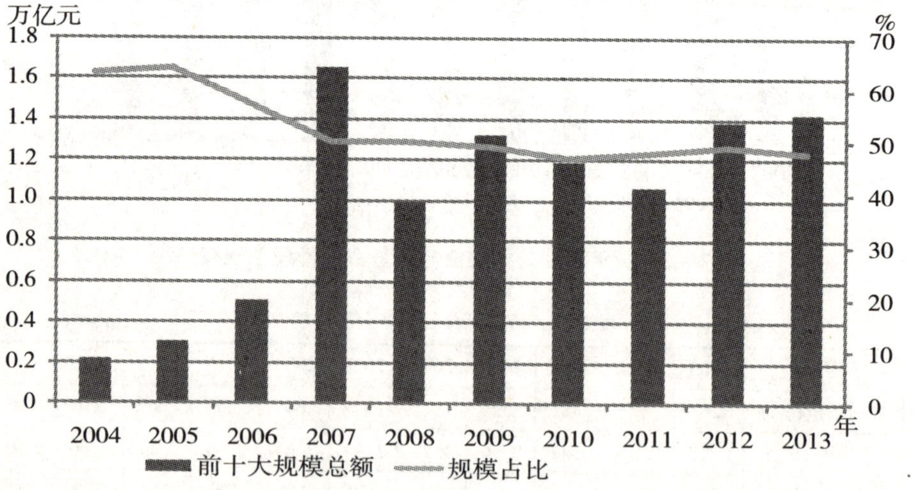

图 2-4 前十大基金公司历年规模占比

表2-5　前十大基金公司历年规模占比

年份	2004	2005	2006	2007	2008	2009	2010	2011	2012	2013
前十大总额(万亿元)	0.21	0.30	0.50	1.65	0.99	1.32	1.19	1.06	1.38	1.42
规模占比(%)	63	64	57	50	50	49	47	48	49	48

1. 规模增量靠发行

目前,公募市场的总规模为3万亿元,比过去几年略高,总规模增加的同时基金产品的数量也在快速增加,平均规模反倒是在下降。新发基金成为规模增大的主要动力。

以2013年为例,72家基金管理有限公司共成立基金产品378只,总发行规模为5435亿元。就数量而言,2013年378只的成立数量为历年最高,发行规模低于2012年,为历史第二高。大量产品推向市场成就了公募基金规模的增多,但数量的增多掩饰不了平均发行规模下降的尴尬。2013年,产品平均发行规模为14.38亿元,2012年为24.79亿元,2011年为13亿元,2010年为21亿元,2009年为31亿元。平均发行规模也在最近5年内呈下降趋势。基金公司长期投资业绩不甚理想,靠投资来增加基金规模变得十分困难,比拼销售成为目前基金公司扩大规模的主要手段。

下面一组数据可以直观反映发行新基金对基金公司规模扩大的贡献。

2009年之前发行成立的400只基金,截至2008年底的规模总量为1.9万亿元,而到了2013年底,这400只基金的总规模变为1.6万亿元。2010年之前发行成立的530只产品,截至2009年底的规模为2.7万亿元,同样到了2013年底,它们的规模变为1.8万亿元。以后几年的情况都与上述一致,可见目前存量的基金产品都处在一个规模不断削减的趋势中,公募基金要靠投资来带动规模增长是一件非常难的事,只有通过不断地销售新基金才能保证公司的资产管理规模。"渠道为王"成为近几年公募基金行业的不变真理。

不过,正是比拼渠道、比拼销售的市场环境给了积极创新的公司一个机会,使它们能够后来居上,脱颖而出。

表 2-6 历年新基金发行数量与平均发行规模趋势

年份	发行数量(只)	平均发行规模(亿份)	年份	发行数量(只)	平均发行规模(亿份)
1998	5	20	2006	90	43
1999	14	26	2007	39	107
2000	—	—	2008	93	18
2001	5	31	2009	118	32
2002	18	31	2010	147	21
2003	40	17	2011	211	13
2004	51	36	2012	260	25
2005	57	18	2013	378	14

2. 创新产品发行

(1)互联网与货币市场基金

货币市场基金因为积极的创新态度成为过去一年最受市场关注的产品,截至2013年底,列入统计的153只货币基金总规模已经达到了8832亿元人民币,仅次于股票型基金,而58亿元的平均规模更是冠绝整个行业。

货币基金的规模之所以会快速增长,其动力来源于基金公司的不断创新,继2012年的货币T+0、货币ETF概念后,网上货币基金成为2013年最大热点。

互联网金融概念刚刚出现,先知先觉的基金公司就嗅到了蓬勃的商机,它们早早地与互联网企业展开合作,其中尤以天弘基金管理有限公司最具代表性。2013年6月13日天弘基金与支付宝合作推出了"余额宝",该产品绑定了天弘增利宝货币市场基金,具有支付宝功能的同时又是一款现金管理产品。其利用支付宝账户进行申赎,不但快捷方便,而且几乎没有门槛,1元就可以申赎。依靠支付宝聚集起来的人气,余额宝迅速吸引了投资者积极参与,从推出到年底,半年不到的时间规模就达到了1850亿元,成为中国历史上规模最大的公募基金产品。借助余额宝——天弘增利宝的巨大规模,天弘基金管理有限公司在2013年底成为全市场第二大的基金管理公司,合计资产管理规模1963亿元。在2012年,天弘基金还只是一家公募资产管理规模只有100亿元,排名第50位的中小基金公司。

无独有偶,除了余额宝,2013年还有很多类似的网上货币基金产品问世,百度、腾讯、网易等互联网巨头纷纷参与,如百度与嘉实合作推出的"百发"和"百赚",腾讯和华夏合作推出的"理财通"等。这些新型货币基金的诞生有其必然性和偶然性。活期存款利率长期保持在低位,投资者需要一种既能保证流动性又能提供一定投资回报的金融产品,线上货币基金正好满足市场的需求。而且,目前A股市场长期不景气,投资者的风险偏好都处在低位水平,对固定收益产品的投资意愿比较高,这给货币市场基金的扩张提供了契机,相比0.35%的活期存款利率,货币基金一般能保持3.5%的年化收益。但是,群雄并起未必能竞争过余额宝。截至目前,市场上没有第二只产品能像余额宝的规模一样快速增加。余额宝的成功除了投资者对现金管理工具的需求外,其依靠支付宝搭建起来的品牌效应也起到了关键作用,成功的互联网企业带来了客户黏性,这种优势是其他参与者难以比拟的。

虽然余额宝本质上还是一只货币市场型基金,不能算是真正的革新意义的金融产品,但其为基金销售渠道提供了有益的探索。网上销售基金产品的模式早已有之,但效果不是很显著。余额宝的出现证明了使用网络销售金融产品完全是可行的而且能取得巨大成功。

表2-7 互联网基金产品概览

名 称	发行公司	合作基金	销售对象	赎回时间	准入门槛	成立时间
余额宝	阿里巴巴	天弘增利宝	个人	T+0	1元	2013年6月13日
活期宝	东方财富	东方现金增利货币A 华安现金富利货币A 宝盈货币A长城货币	个人	T+0	1元	2013年6月16日
天天富	银联商务	光大现金宝(理财服务产品)	银联商务用户	T+0	1元	2013年10月18日
百发	百度	嘉实1个月短期理财债基(银行协议存款)	个人	T+0	1元	2013年10月28日
百赚	百度	华夏现金增利E	个人	T+0	1元	2013年10月31日
百赚利滚利	百度	嘉实活期宝	个人	T+0	1元	2014年1月1日
添金计划	网易	汇添富现金宝	个人	T+0	0.01元	2013年12月25日
零钱宝	苏宁云商	广发天天红汇添富现金宝	个人	T+0	1元	2014年1月15日
理财通	腾讯	华夏财富宝	个人	T+0	0.01元	2014年1月15日

(2)开放式基金的积极探索

近年来公募基金的创新尝试一直没有间断过,虽然整体效果不是很理想,但很多富有特色的开放式基金相继问世,有些产品从构思上还是有不少独到之处。总结一下2013年有2类新发基金比较有卖点,它们分别是“热门主题类”和“浮动管理费率类”。

所谓“热门主题类基金”就是以投资时下热点概念股为主的基金产品，如“环保概念”“城镇化概念”等。2013 年市场上有 5 只产品比较贴合时下热点，分别是“长盛城镇化主题”、“民生加银城镇化“、“中银美丽中国”、“财通可持续发展主题”和“华安生态优先”，前两只产品迎合了城镇化概念，后三只产品则呼应了“美丽中国”这一执政理念。

①城镇化概念

城镇化概念自十八届三中全会后又得到强化，其不仅具有炒作题材，而且相关上市公司有可能得到实际的政策红利。中共中央下发的《中共中央关于全面深化改革若干重大问题的决定》明确发出完善城镇化健康发展机制、推动大中小城市和小城镇协调发展等指示。不过，需要注意的是，城镇化概念近期已被反复炒作，价值有所透支，对以该概念为投资主题的基金不能只抱以短期期望，使用长期的投资策略才是好的选择，毕竟城镇化是一个长期过程。

“长盛城镇化主题”成立于 2013 年 11 月 12 日，首募份额为 20.12 亿份，相比 2013 年普通股票型基金平均 8.25 亿份的募集规模已是相当理想，侧面反映了投资者对城镇化概念持乐观态度。长盛城镇化主题的股票投资占基金资产的比例为 60% ~95%，其中投资于城镇化主题上市公司股票不低于非现金基金资产的 80%。该基金对城镇化概念股的界定为申银一级行业分类中的筑建材、房地产、交运设备、机械设备、商业贸易、交通运输、公用事业、家用电器等板块的成分股。另一只城镇化主题基金——“民生加银城镇化”于 2013 年 12 月 12 日成立，募集规模 2.36 亿份。根据其招募说明书，该基金的投资范围将分三个阶段：在城镇化建设初级阶段，重点投资于具有精细化、智能化、绿色节能等特性的基础设施行业；在城镇化建设的第二个阶段，重点投资于内需相关的行业，具体包括医疗保健、家用电器、食品饮料、消费电子、汽车等行业；城镇化成型期，重点投资文化传媒、旅游酒店、商业零售、电子、纺织服装、金融服务等行业。

②“美丽中国”概念

“美丽中国”的核心是“生态文明建设”，围绕这一核心将会有很多投资机会。2013 年成立了 2 只主打“美丽中国”概念的基金产品，其中华安生态优先的首募份额为 9.53 亿份。该基金的股票投资比例为基金资产的 60% ~95%，投资于生态保护与生态友好相关的股票的比例不低于非现金基金资产的 80%。

另一只产品“中银美丽中国”的首募规模为12.58亿份，该产品直接以“美丽中国”命名，在其招募说明书中将“美丽中国”主题相关的股票定义为：以环境保护、环境治理、园林绿化、园林装饰、生态建设、生态修复、污染防治等为主营业务，提供相关设备、技术、产品、服务等与美丽中国之美丽家园相关的环保行业和企业；地产、建筑、医药、电子、传媒、旅游、食品饮料、水、电力、可选消费、金融、文化等与美丽中国之美好生活相关的基础行业和企业；节约能源和资源、新能源、新材料、新技术、新模式等为美丽中国提供持续推动力的新能源和新服务的相关行业和企业。该基金投资组合中股票资产占基金资产的60%~95%，投资“美丽中国”主题相关的股票不低于基金非现金资产的80%。和城镇化概念一样，生态环保也是一个长期过程，对于“华安生态优先”“中银美丽中国”这样题材的产品采用长期投资策略或许会有比较理想的投资回报。

③对冲型公募基金

传统的权益类公募基金要想取得高额收益只能单边做多，这是因为我国A股市场长期缺乏做空工具。现在随着股指期货、融资融券业务的发展，A股市场也有了做空机制，这为利用多空策略的公募基金留下了发展空间。2013年12月6日，市场上第一只“对冲型”公募基金“嘉实绝对收益策略”成立，该基金利用市场中性策略，在权益类资产上同时做多和做空，对冲投资组合的系统性风险，以获得与市场组合相关性较低的超额收益。在弱势行情中，中性策略能有效对冲市场风险，所以，在当下这个市场环境中“嘉实绝对收益策略”颇能贴合投资者需求，其首募规模为21.56亿元，就近年来权益类产品募集情况而言，已经是非常理想的了。

此外，“对冲型”公募基金能在2013年面世也是得益于政策的松绑，过去受制于“基金在任何交易日日终，持有的买入股指期货合约价值，不得超过基金资产净值的10%；持有的卖出期货合约价值不得超过基金持有的股票总市值20%”的规定，公募基金无法利用充分的对冲策略来获取绝对收益。现在政策松绑，“嘉实绝对收益”在开放期每个交易日日终，持有的买入期货合约价值和有价证券市值之和，不得超过基金资产净值的95%，封闭期内的每个交易日日终，持有的买入期货合约价值和有价证券市值之和，不得超过基金资产净值的100%，而其空头头寸价值占权益类多头头寸价值的90%~120%。利用对冲策略实现绝对收益的公募基金产品是弱势行情中投资者不错的选择。

四、公募基金业绩表现

我国A股市场近年一直表现为结构性行情，以2013年为例，代表主板的上证综指和深圳成指全年下跌了6.75%和10.91%，而中小板指数和创业板指数分别上涨了17.54%和82.73%。在小盘股强势表现的带动下，主动偏股型基金（股票型基金、偏股混合型基金和平衡混合型基金）整体表现优异。列入统计的503只产品有455只取得正收益，平均收益率达到了16%，整体表现为2009年以来最好。

与偏股型基金的优异表现相比，债券型基金产品在2013年的整体表现有些惨淡。2013年列入统计的217只债券型基金产品有136只取得正收益，平均收益率为0.62%，远低于2012年7.29%的平均收益率。由于2013年债券市场经历了几次流动性危机，这对债券型基金整体收益产生了很大的负面影响。在中国经济面临长期去杠杆化的背景下，债券型基金要面临巨大考验。

QDII基金方面，2013年列入统计的67只QDII基金有39只取得正收益，平均收益率为5.41%，但根据收益率分布统计，QDII基金在2013年的收益率呈现两极分化的局面，收益超过10%的产品有26只，同时亏损超过5%的有18只产品。收益率最高的产品主要以投资香港市场的中概股和美股成熟市场为主。

根据沪深交易所和Wind编制的基金指数，2013年基金指数整体表现与2012年相比各有优劣，主要体现为2013年权益类产品收益更好，固定类产品收益有些不足。具体情况如图2－5所示。

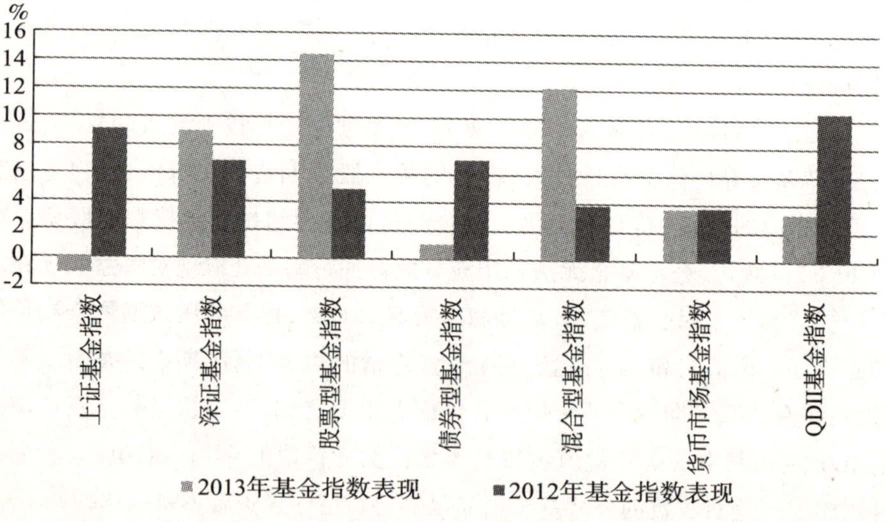

图2－5 2013年与2012年基金指数对比

1. 主动偏股型产品

(1)收益概况

股票型基金、偏股混合型基金、平衡混合型基金通过基金经理主动管理获取收益的产品归类为主动偏股型基金。2013 年 1 月 1 日前成立的此类型基金合计 510 只,它们在 2013 年的整体平均收益率为 16.01%。考虑到新基金有 6 个月的建仓期,成立于 2012 年 7 月 1 日之前即建仓期已满的基金共 484 只,它们 2013 年整体平均复权单位净值增长率为 16.12%。

2013 年不少基金把握住中小盘的强势表现取得了可观的收益,其中由任泽松管理的"中邮战略新兴产业"增长率达到了 80.38%,排名第一。该基金成立于 2012 年 6 月 12 日,其在 2013 年 4 个季度的仓位分别是 57.82%、59.83%、87.79% 和 88.57%。该基金在 2013 年重仓股主要以中小板和创业板股票为主,在前三季度其复权单位净值增长率达到了 81.05%,而第四季度其增长率为 -0.37%。这种收益分化的现象在其他排名靠前的偏股型基金中普遍存在。比如,排名第 5 位和第 6 位的"景顺长城内需增长"和"景顺长城内需增长贰号",它们在前三季度的收益率都达到了 90%,但第 4 季度单季出现了下降。

这种现象也出现在其他排名靠前的偏股型基金之中。如果将排名前十的基金收益分成两个阶段即前三季度和第四季度,则可以明显地可以看出 2013 年偏股型基金的表现与创业板指数的走势表现出高度相关性。

此外,336 只主动普通股型基金中,2013 年四个季度业绩均处在前三分之一的基金有 10 只,167 只偏股混合型基金和平衡混合型基金中具有良好业绩持续性的产品有 4 只,这些基金在投资管理中对于二级市场具有较强的把握能力,表现出了较好的业绩持续性。

(2)行业配置

行业配置方面,由于自 2013 年开始基金公布行业持仓信息将按照新的证监会行业分类标准,所以在统计上与 2012 年略有不同。新的行业分类标准分成 19 个大项,2013 年偏股型基金持有市值最大的行业为制造业,截至年底 552 只偏股型基金共持有制造业相关股票的市值为 6313 亿元,占基金总净值比为 53.%。除去行业自身表现因素导致的市值增减外,偏股型基金在第 2 季度至第 4 季度的行业主动增减持情况如表 2-8 所示。

表 2-8

	2013 年第 4 季度			2013 年第 3 季度			2013 年第 2 季度			2013 年第 1 季度	
	总市值（亿元）	占基金总净值比（%）	主动增减持比例（%）	总市值（亿元）	占基金总净值比（%）	主动增减持比例（%）	总市值（亿元）	占基金总净值比（%）	主动增减持比例（%）	总市值（亿元）	占基金总净值比（%）
农、林、牧、渔业	87	0.73	-0.01	100	0.82	0.27	69	0.57	0.04	64	0.51
采矿业	131	1.10	0.28	119	0.98	-0.06	132	1.09	-0.78	229	1.83
制造业	6313	53.12	6.61	5914	48.73	4.02	5190	42.87	-2.14	5457	43.81
电力、热力、燃气及水生产和供应业	147	1.24	0.29	127	1.05	-0.46	170	1.41	-0.61	246	1.98
建筑业	213	1.79	-0.07	239	1.97	-1.02	384	3.17	0.11	370	2.97
批发和零售业	337	2.84	-0.04	378	3.11	0.85	269	2.23	-0.95	388	3.11
交通运输、仓储和邮政业	68	0.57	-0.01	82	0.68	-0.01	83	0.68	-0.38	131	1.05
住宿和餐饮业（H）	7	0.06	0.03	4	0.03	0.00	4	0.03	-0.02	6	0.05
信息传输、软件和信息技术服务业	791	6.65	-2.18	903	7.44	2.22	571	4.72	1.26	414	3.32
金融业	551	4.64	-1.51	784	6.46	1.16	663	5.48	-3.65	1117	8.97
房地产业	371	3.13	-0.96	510	4.20	-0.80	664	5.49	-0.38	711	5.71
租赁和商务服务业	210	1.77	-0.33	246	2.03	0.68	148	1.22	0.18	126	1.01
科学研究和技术服务业	38	0.32	0.08	28	0.23	0.04	19	0.16	0.02	17	0.14
水利、环境和公共设施管理业	241	2.03	0.21	218	1.80	0.05	208	1.72	0.03	204	1.64
居民服务、修理和其他服务业	—	—	—	—	—	—	—	—	—	—	—
教育	3	0.02	0.01	2	0.02	—	—	—	—	—	—
卫生和社会工作	36	0.30	-0.01	30	0.25	0.09	17	0.14	0.02	14	0.11
文化、体育和娱乐业	84	0.71	-2.09	270	2.22	0.94	141	1.16	0.60	66	0.53
综合	30	0.25	-0.12	47	0.39	-0.42	83	0.68	-0.18	106	0.85

2. 传统封闭式股票型基金

截至 2013 年 12 月 31 日，除分级基金子份额外，市场上共有 33 只封闭式基金,其中普通股票型和债券型封闭式基金各有 15 只,指数型封闭式基金 3 只。2014 年将有 19 只封闭式基金到期,此外有 3 只封闭式基金将在 2015 年到期,2 只在 2016 年到期,3 只在 2017 年到期。

(1)普通股票型封闭式基金收益情况

2013 年列入统计的 15 只普通股票型封闭式基金复权单位净值增长率 14.05%,二级市场价格平均增长率为 17.01%。其中收益情况最好的为基金金鑫,其 2013 年复权单位净值增长率为 35.36%,二级市场价格增长率为 41.77%。该产品为国泰基金首只公募产品,成立至今复权单位净值年化增长率为 12.2%,现在由王航担任基金经理一职。

截至 2013 年底,折价率最高的 5 只封闭式普通股基金分别为基金久嘉、基金鸿阳、基金科瑞、基金丰和和基金通乾,它们的折价率都超过了 17%,最高的基金久嘉达到了 19.72%。

表 2-9 封闭式普通股票型基金 2013 年收益率统计

代码	基金简称	2013 年复权净值增长率(%)	2013 年价格涨跌幅(%)	2013 年底单位净值(元)	2013 年底收盘价(元)	2013 年平均升贴水率(%)	2013 年成交量(万手)	截至 2013 年底规模(亿元)	基金到期日
500011	基金金鑫	35.46	41.77	1.38	1.27	-9.27	4400	42.22	2014 年 10 月 20 日
500002	基金泰和	33.90	35.49	1.34	1.28	-5.03	1882	26.36	2014 年 4 月 7 日
184728	基金鸿阳	20.20	22.26	0.81	0.67	-18.91	2835	16.98	2016 年 12 月 9 日
500056	基金科瑞	18.70	19.68	1.10	0.91	-18.01	2818	33.92	2017 年 3 月 12 日
500005	基金汉盛	18.57	23.12	1.25	1.18	-5.57	1356	25.00	2014 年 5 月 9 日
500009	基金安顺	16.90	20.15	1.18	1.10	-6.62	2261	36.19	2014 年 6 月 14 日
184721	基金丰和	15.92	17.36	1.07	0.90	-17.76	2550	32.01	2017 年 3 月 22 日
184690	基金同益	15.50	20.31	0.99	0.94	-6.60	1678	20.05	2014 年 4 月 8 日
500038	基金通乾	10.31	9.96	1.13	0.94	-17.04	2296	22.78	2016 年 8 月 28 日

续表

代码	基金简称	2013年复权净值增长率(%)	2013年价格涨跌幅(%)	2013年底单位净值(元)	2013年底收盘价(元)	2013年平均升贴水率(%)	2013年成交量(万手)	截至2013年底规模(亿元)	基金到期日
184698	基金天元	9.05	14.68	0.94	0.87	-9.01	2157	28.09	2014年8月25日
500015	基金汉兴	8.55	13.97	1.02	0.92	-10.87	1949	30.27	2014年12月30日
184699	基金同盛	7.87	12.11	1.12	1.02	-10.68	2262	34.89	2014年11月5日
184691	基金景宏	4.22	7.30	0.94	0.87	-7.65	2470	18.83	2014年5月5日
184722	基金久嘉	2.55	1.56	0.88	0.72	-19.72	2460	17.50	2017年7月5日
184692	基金裕隆	-6.97	-4.62	0.91	0.85	-7.64	2200	26.78	2014年6月14日
平均		14.05	17.01	—	—	-11.36	2372	—	—

(2)债券型封闭式基金收益情况

2013年列入统计的15只债券型封闭式基金复权单位净值增长率1.48%,二级市场价格平均增长率为1.41%。与其他类型封基不同的是债券型封基的二级市场价格变动与其实际净值的涨幅关联度相对较小。以复权单位净值增长率最高的"富国新天锋"为例,其复权单位净值增长率在2013年为4.23%,二级市场价格增长率为0.11%,排名第二的"工银瑞信四季收益"复权单位净值增长率为3.25%,二级市场价格增长率为3.87%,排名第三的"华泰柏瑞信用增利"复权单位净值增长率为2.6%,二级市场价格增长率为4.76%,为二级市场价格增长率最高的债券型封基。

表2-10 封闭式债券型基金2013年收益率统计

代码	基金简称	2013年复权净值增长率(%)	2013年价格涨跌幅(%)	2013年底单位净值(元)	2013年底收盘价(元)	2013年平均升贴水率(%)	2013年成交量(万手)	截至2013年底规模(亿元)	基金到期日
161019	富国新天锋	4.23	0.11	0.99	0.94	-0.27	225	2.48	—
164808	工银瑞信四季收益	3.25	3.87	0.99	0.97	-0.71	327	7.38	2014年2月10日

续表

代码	基金简称	2013 年复权净值增长率（%）	2013 年价格涨跌幅（%）	2013 年底单位净值（元）	2013 年底收盘价（元）	2013 年平均升贴水率（%）	2013 年成交量（万手）	截至 2013 年底规模（亿元）	基金到期日
164606	华泰柏瑞信用增利	2.60	4.76	1.03	0.99	-2.94	66	15.96	2014 年 9 月 22 日
164810	工银瑞信纯债	2.52	3.51	1.03	0.97	-3.18	102	6.83	—
165311	建信信用增强	2.12	4.46	1.00	0.98	-1.33	91	4.14	2014 年 6 月 16 日
166902	民生加银平稳增利 A	2.04	-2.97	0.98	0.94	-4.00	76	16.16	—
161117	易方达永旭添利	1.87	2.66	0.98	0.98	-0.70	154	9.40	—
161216	国投瑞银双债增利 A	1.87	4.16	0.98	0.97	-1.30	295	23.76	2014 年 3 月 29 日
164702	汇添富季季红	1.79	1.03	0.99	0.94	-2.99	85	2.14	—
160128	南方金利 A	1.35	0.12	0.98	0.91	-2.84	64	49.30	—
161614	融通四季添利	0.92	0.73	0.98	0.96	-1.30	39	7.64	2014 年 3 月 1 日
161713	招商信用添利	0.81	4.32	0.96	0.95	-2.15	867	9.95	2015 年 6 月 25 日
163819	中银信用增利	-0.22	1.95	1.00	1.00	-1.53	192	16.56	2015 年 3 月 12 日
160621	鹏华中小企业纯债	-1.09	-7.69	1.00	0.92	-3.15	88	12.11	2015 年 11 月 5 日
162712	广发聚利	-1.81	0.17	1.03	1.01	-1.23	138	6.18	2014 年 8 月 5 日
平均		1.48	1.41	—	—	-1.98	187.3	—	—

3. 混合型和 QDII 封闭式基金收益情况

2013 年有 1 只封闭式 QDII 基金成立即嘉实新兴市场双币债券型基金（000340），其 B 份额为市场第一只封闭式 QDII，嘉实新兴市场 B 以人民币计价并进行认购、申购、赎回，其自合同生效之日起2年内封闭运作，嘉实新兴市场A为定期开放式基金，其封闭期为6个月，A类份额和B类份额的比例以不超过6:4为原则。嘉实新兴市场双币的募集份额为11.5亿元。

此外，目前市场上有一只混合型封闭式基金——基金银丰，其在2013年的复权单位净值增长率为9.60%，二级市场价格增长率为10.4%。截至2013年底，其折价率为19%。

4. 债券基金收益情况

按照运作方式不同，以债券为投资对象的基金，包括开放式债基、半封闭式分级债基、封闭式债基、封闭式分级债基，投资运作特征如表2-11所示。

表2-11　各类债券型基金投资运作特征

<table>
<tr><th>类　别</th><th>运作特征</th><th>管理方式</th><th colspan="2">风险收益特征</th></tr>
<tr><td>开放式债基</td><td>开放式运作</td><td>需要预留高流动性资产，应对投资者赎回。</td><td colspan="2">一般杠杆不高</td></tr>
<tr><td rowspan="3">半封闭式分级债基</td><td rowspan="3">由于该类分级的子份额A端每6或3个月打开申购赎回，B端上市交易，母基金份额会由于A端的开放发生变化。</td><td rowspan="3">需要预留少量高流动性资产，在临近赎回时，需要提升高流动资产比例，应对投资者赎回；B端通过一定程度向A端融资的方式撬动更高杠杆。</td><td>母基金</td><td>杠杆率较高</td></tr>
<tr><td>A份额</td><td>场外份额获取稳定的约定收益。</td></tr>
<tr><td>B份额</td><td>双重杠杆，收益较高，风险较大，但低于封闭式分级债基。</td></tr>
<tr><td>封闭式债基（含定期开放式债基）</td><td>封闭期内不得申购赎回</td><td>封闭期内可加大杠杆比率，并投资于流动性不高的债券品种，获取高收益。</td><td colspan="2">封闭式运作机制下可放大杠杆，场内份额存在折价。</td></tr>
<tr><td rowspan="3">封闭式分级债基</td><td rowspan="3">该类分级子份额在封闭期内不得申购赎回，但可在二级市场交易，母基金规模在封闭期内规模不变。</td><td rowspan="3">封闭期内可加大杠杆比率，并投资于流动性不高的债券品种，获取高收益；B端通过一定程度向A端融资的方式撬动更高杠杆。</td><td>母基金</td><td>杠杆率高</td></tr>
<tr><td>A份额</td><td>场内份额每年获得约定收益，同时可获场内波段操作收益。</td></tr>
<tr><td>B份额</td><td>双重杠杆，收益较高，风险较大。</td></tr>
</table>

2013 年前十大开放式债券型基金(不包含分级债基)的收益率。其中,天治稳健双盈的收益表现最好,其复权单位净值增长率为 11.49%,该基金由天治基金管理有限公司管理,成立于 2008 年 11 月 5 日,成立至 2013 年底的总收益率为 23.19%,年化收益率为 4.04%。在收益排名前十的基金中有 5 只混合债券型二级基金、3 只混合债券型一级基金、1 只中长期纯债型基金、1 只短期纯债型基金。

5. 开放式指数基金(不包含分级基金和 ETF)和 LOF

目前运用指数化投资策略的公募基金产品主要有三类,即开放式指数基金、LOF、ETF。它们的运作特征各不相同,具体情况如表 2-12 所示。

表 2-12　开放式指数基金、LOF、ETF 对比

类　别	特　点	申赎/买卖方式	是否具有二级市场功能
开放式指数基金	跟踪各类指数,既有被动跟踪型,也有在贴合跟踪指数的基础上主动投资力求收益超过跟踪指数的增强指数型产品。	现金申赎	否
LOF(Listed Open-Ended Fund)称为上市型开放式基金	集合开放式基金和封闭式基金特点,具有在一级市场和二级市场之间套利机制,既有被动管理型产品,也有主动管理型产品。	现金申赎或通过交易所买卖。	是
ETF(Exchange traded Fund)称为交易所交易基金	通过构建某一证券指数的投资组合,目的就是使这个投资组合的变动趋势与该指数相一致,以取得与指数大致相同的收益率,其不但具有一二级市场套利机制,而且是用“一揽子”证券申赎,所以其可作为投资者一种特殊的套利工具。	用“一揽子”证券申赎,有时也可以用一定比例现金替代的方式申购,同时也可以在二级市场买卖。	是

(1)开放式指数基金收益情况

截至2013年12月31日,市场上共有80只开放式指数基金(不包含分级和ETF),总规模910亿元,较2012年的1241亿元下降26.6%。这80只基金共涉及49个跟踪指数,其中跟踪沪深300指数的基金有21只,跟踪中证100指数的有7只,跟踪深证100指数的基金各有4只,跟踪中证500指数、深圳300指数和中证红利指数的基金各有3只,跟踪债券指数的产品有1只——广发中债金融债,该基金跟踪的标的指数为中债5年期金融债全价(总值)指数。由于2013年的结构性行情,开放式指数基金的收益率差别巨大,有4只基金的收益率超过20%,它们跟踪的指数都为创业板指数或者“新兴行业概念指数”,其中“融通创业板”收益率达到了75.62%,为指数开放型基金中最高;2只基金亏损超过30%,其中以跟踪资源类指数的基金产品跌幅最大,此外以沪深300为跟踪标的指数的产品收益都不甚理想。

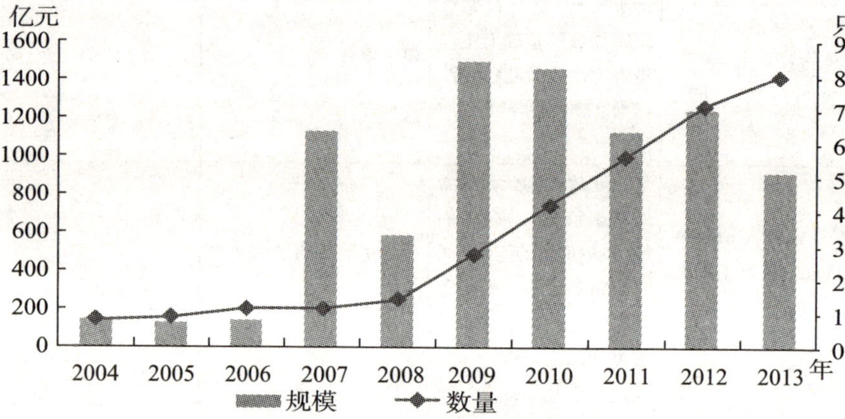

图2-6 开放式指数基金规模与数量(数据截至2013年12月31日)

(2)LOF型基金收益情况

目前市场上共有99只LOF型基金产品,截至2013年底其总规模为1902亿元,场内份额122.22亿份,规模104.23亿元,2013年的日均成交额为7206万元。99只LOF型基金中主动偏股型基金65只、债券型基金19只、QDII基金15只。

收益方面,兴全基金的两只LOF产品“兴全绿色投资”和“兴全轻资产”成为2013年同类基金收益最高的两只产品,其全年复权单位净值增长率达到43.87%和38.45%,二级市场价格增长42.95%和40.71%。由于LOF型基金结合了开放式基金和封闭式基金特点，在投资范围上差异较大，既有股票型，又有债券型，所以其收益特征不尽相同。

第八节 未来展望

近年来公募资产管理规模一直在3万亿元左右徘徊，发展略显迟滞。越发激烈的竞争又使很多问题暴露出来，人才的大量流失、内部合规建设的不完善、产品“数量”大于“质量”等。但在寒冬之中又有那么一丝暖意，新基金法的实施、行业准入门槛的降低、子公司的快速发展让过去的2013年成为公募基金业到目前为止转型最快的一年。尤其是互联网的介入，使得公募基金首次烙上了互联网金融的概念，为平淡的公募基金添加了一点浪漫。2014年公募基金业将会如何延续创新的步伐不得而知，就像站在2013年的初始不可能想到经历了十余载的公募基金会成为互联网闪耀光辉的舞台。但开动想象力，可以提出公募基金在2014年的3大猜想，猜想是对基金未来之路的美好愿望。

一、未来带来新的投资热点

一个好的题材总会受到市场的欢迎。在竞争越发激烈的市场环境中，公募基金对热门题材保持着高度敏感。一些主题、概念可能成为公募基金的卖点。

多家机构参与公募基金业务财富管理时代，金融机构混业经营是大势所趋，随着新基金法实施，已经有证券公司和保险机构参与公募基金业务。虽然在过去的一年内真正踏足公募资产管理的证券公司、保险公司、私募机构等寥寥无几，但众机构不会坐视机会的流失。新的一年或许会有多家机构逐鹿公募领域。

二、公募基金公司上市

《证券投资基金法》中允许基金公司采取股份制形式，并且取消对持股5%以下股东变更的行政审批，这意味着对高管5%以下股权激励的放行，同时也为基金公司上市创造了条件。基金公司改制上市，一可以增加资本金，充足的资本金可以加强基金公司抗风险的能力并扩大业务空间；二可以改善基金公司的治理结构，形成人才激励机制改善目前人才流失严重的问题。汇添富基金已经于2013年11月正式更名为“汇添富基金管理股份有限公司”，这拉开了公募基金改制的序幕，或许在2014年更多的基金公司将谋求改制，为将来的上市早做准备。

三、互联网销售大战已越发激烈

随着余额宝的巨大成功，众多互联网公司和公募基金合作推出各类“宝”产品，互联网加货币基金已经成为各基金公司之间竞争的利器。当然并不只是货币基金才能“上网”，权益类产品也可以借助网络平台，虽然之前基金公司在淘宝的店铺没有成功，但这挡不住互联网销售平台发展的趋势。互联网改变了公募基金传统的服务方式，大数据时代唯有数据知道投资者的真正需求，过去一直倡导的满足投资者需要，也许只能由互联网实现。开弓没有回头箭，今后或许会是互联网引领公募基金的潮流。

第三章　集合资产管理计划

第一节　概　　况

一、集合资产管理计划定义

根据中国证监会发布的《证券公司客户资产管理业务管理办法》和《证券公司集合资产管理业务实施细则》，证券公司可依法为多个客户办理集合资产管理业务。证监会规定，证券公司为多个客户办理集合资产管理业务，应当设立集合资产管理计划，与客户签订集合资产管理合同，将客户资产交由取得基金托管业务资格的资产托管机构托管，通过专门账户为客户提供资产管理服务。客户参与集合资产管理计划，只能是货币资金形式的资产。

根据2003年12月18日颁布的《证券公司客户资产管理业务试行办法》(中国证监会令第17号)，集合资产管理可以分为限定性集合资产管理计划和非限定性集合资产管理计划("大集合")。限定性集合资产管理计划资产应当主要用于投资固定收益类产品；投资于股票等权益类证券以及股票型证券投资基金的资产，不得超过资产净值的百分之二十，并应当遵循分散投资风险的原则。非限定性集合资产管理计划的投资范围由集合资产管理合同约定，投资于场内交易的标准化证券，不受投资品种规定的限制。限定性集合资产管理计划申购份额的下限为5万元，非限定性集合资产管理计划申购份额的下限为10

万元。另外,证券公司可以根据客户的资金量,发行申购份额的下限为100万元、人数不超过200人的限额特定资产管理计划("小集合")。

"大集合"、"小集合"的本质区分其实就是参与人数和规模,自从2013年新基金法正式实施以后,证券公司投资者超过200人的集合资产管理计划将被定性为公募基金,纳入新基金法,不再适用证券公司资产管理业务相关规定,"大集合"全面停止。中国证监会于2013年相应地修订了《证券公司客户资产管理业务管理办法》和《证券公司集合资产管理业务实施细则》,所以,现在的证券资产管理的种类,已经没有"大小集合"划分。现在的集合资产管理计划均指原来的"小集合"。

证券公司从事集合资产管理业务,应当建立健全风险管理与内部控制制度,规范业务活动,防范和控制风险。集合资产管理计划采取备案制方式发起设立,募集资金规模在50亿元人民币以下,同时不低于3000万元人民币。单个客户参与金额不低于100万元人民币。人数方面,集合资产管理计划客户不少于2人,合格投资者累计不超过200人。

二、适用对象及业务模式

(一)适用对象

集合资产管理计划应当面向合格投资者推广,合格投资者是指具备相应风险识别能力和承担所投资集合资产管理计划风险能力且符合下列条件之一的单位和个人:

1. 个人或者家庭金融资产合计不低于100万元人民币;

2. 公司、企业等机构净资产不低于1000万元人民币。

(二)业务模式

集合计划募集的资金可以投资的对象包括中国境内依法发行的股票、债券、股指期货、商品期货等证券期货交易所交易的投资品种;央行票据、短期融资券、中期票据、利率远期、利率互换等银行间市场交易的投资品种;证券投资基金、证券公司专项资产管理计划、商业银行理财计划、集合资金信托计划等金融监管部门批准或备案发行的金融产品;以及中国证监会认可的其他投资品种。集合计划可以参与融资融券交易,也可以将其持有的证券作为融券标的证券出借给证券金融公司。证券公司可以依法设立集合计划在境内募集资金,投资于中国证监会认可的国外金融产品。

证券公司可用自有资金参与集合资产管理计划，但不得超过该计划总份额的20%。证券公司应当将集合资产管理计划设定为均等份额，并可以根据风险收益特征划分为不同种类。

集合资产管理计划基本交易结构如图3－1所示。

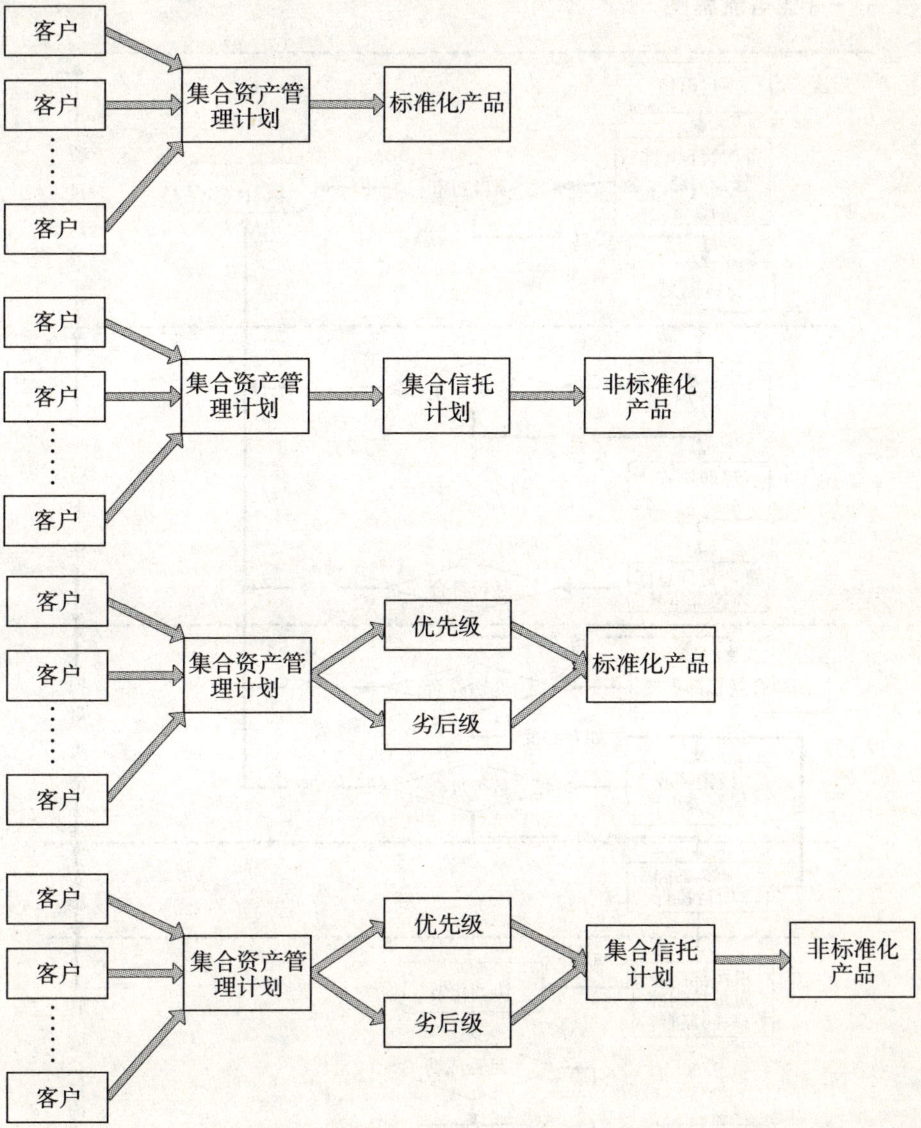

图3－1　集合资产管理计划基本交易结构

第二节 业务流程

一、业务流程

（一）业务流程图

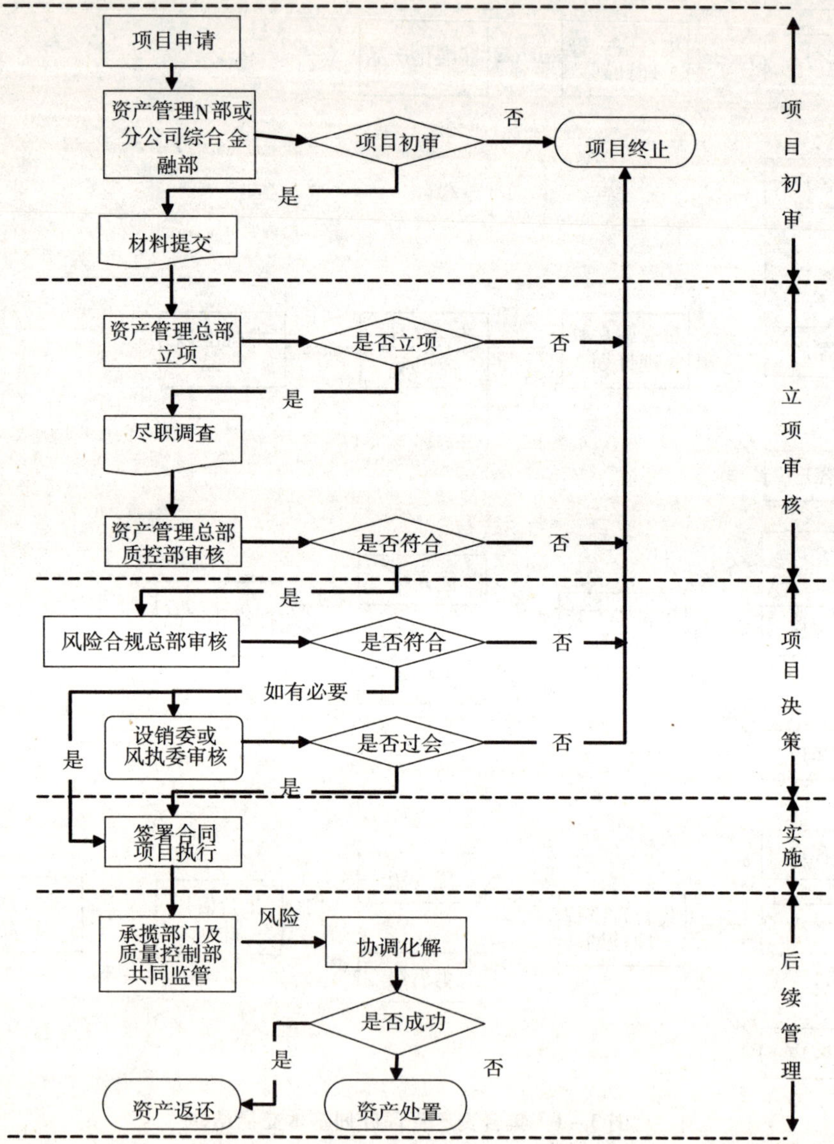

图3－2 集合资产管理计划业务流程

（二）业务流程

1. 业务承揽

资产管理业务的各前台部门以及分公司等各分支机构可直接引入并承揽集合资产管理计划项目。

承揽部门对项目进行初审，初审通过后，进行初步尽职调查。初步尽调结束后，形成初步尽职调查意见，并填写项目申请表报送资产管理部，由综合管理部统一受理，综合管理部对项目进行初审，认为项目材料不合规、不完整或不准确，应及时反馈至项目负责人并由其组织补充或修改相关材料，直至项目材料符合要求。

业务部门在项目承揽工作开展过程中，可以向综合管理部进行咨询。

业务部门应于每周一将本部门上一周的项目进展情况以邮件或传真的形式向综合管理部进行报备。项目承揽部门在决定承揽项目后，需尽快向资产管理部综合管理部汇报项目基本情况，资产管理部核对相关信息，确认不存在业务冲突的情况下，确定入选项目池。未进入项目池的，不接受立项申请。资产管理部对于进入项目池但长期未进入立项审核的项目，可要求前台业务承揽部门补充相关信息及材料。若确定无法继续推进的项目，移出项目池。

2. 项目立项

资产管理部综合管理部认为项目材料符合要求的，通知项目发起部门填写立项申请表及项目方案一并递交至资产管理部质量控制部发起立项申请，质量控制部会同产品设计部内控经理并征求公司风险合规部意见后，决定项目是否立项。

综合管理部应于材料受理后 5 个工作日内答复业务承揽部门。同意立项的项目开始准备正式尽职调查；不予立项的项目请承揽部门根据资产管理部的反馈意见自行决定再次申请立项或者终止项目。

立项材料经上述审批同意后予以立项，立项获批后，项目组进行详尽尽职调查。

在项目实施过程中，如发生了不利于项目继续实施的情况，可撤销项目。项目撤销由各项目组提出申请，各部门负责人同意后报资产管理部总经理批准，并报风险合规部备案。

3. 尽职调查

尽职调查由项目组具体组织实施，资产管理产品设计部指派的投资主办人参与其中，项目组成员应诚实守信、勤勉尽责，对尽职调查的充分性和审慎性负责。尽职调查将贯穿于项目的始终，并形成完善的工作底稿。尽职调查的内容包括但不限于资金投向、合作机构等。

尽职调查内容主要包括但不限于：

(1)融资人、控股股东及实际控制人情况，包括但不限于融资人、控股股东及实际控制人设立文件、营业执照、组织机构代码证、公司章程、评估报告、审计报告、验资报告、工商登记文件等资料；

(2)融资人经营范围和主营业务情况，包括但不限于融资人所处行业的现状和发展前景，如市场集中度、主要竞争对手以及市场份额变动情况及趋势；

(3)融资人所处行业中的地位和竞争优势；融资人主营业务模式、收入构成及未来发展规划等；

(4)融资人公司治理和内部控制制度，包括但不限于融资人内部组织结构、公司内部控制决策的形式；融资人三会议事规则、董事会专门委员会议事规则、总经理工作制度、内部审计制度等文件资料等；

(5)融资人财务状况及偿债能力，包括但不限于融资人近两年财务报告、公司主要资金来源情况、最新的银行授信及使用情况；

(6)公司未来收入、利润、现金流等预测情况；

(7)融资人信用记录调查及所募资金用途，包括但不限于信贷违约情况、募集资金投资项目审批情况等；

(8)融资人增信措施安排和提供信用增进服务的机构资信状况(如有)；

(9)融资人或有事项及其他重大项目情况，包括但不限于对外担保、重大对外投资、诉讼、仲裁、行政处罚等争议事项等。

4. 项目内审

(1)投资主办人根据项目具体情况撰写相应的产品合同和产品说明书等相关文本。

(2)质量控制部和内控经理对提交的符合标准的项目合同、说明书等文本在三个工作日内完成资产管理部内审，并由质量控制部将符合规定的项目提交风险合规部进行审核。

(3)风险合规部接到资产管理部提交的项目材料后原则上在三个工作日内给出答复。如果风险合规部同意项目开展，则审核通过；如果风险合规部无法给出明确答复,项目承揽部门可以在一周内提请产品设计销售委员会进行项目审核,同时风险合规部也可以在一周内提请风险控制执行委员会对项目进行审核;如果涉及公司自有资金出资或首次、重大创新产品,经资产管理部业务决策小组会议同意后,可以在一周内提请客户资产管理决策委员会对项目进行审议。

(4)对于经风险合规部审核通过或产品设计销售委员会/风险控制委员会审核通过或客户资产管理委员会审议通过的项目,由资产管理部综合管理部在风险合规部审核通过或拿到相关会议纪要后两个工作日内提交公司办公审批流程。

5.业务实施

(1)项目申报经公司办公审批流程结束后,资产管理部综合管理部负责合同落印,并负责向监管部门报备相关材料。

(2)资产管理部项目管理部具体负责产品的账户的开立、产品的交易管理、资产的托管登记、产品的清算核算、资金的交收划付、系统权限管理、报表报送与信息披露等。具体工作及时间安排如下:

T日:管理人和托管人就产品合同和托管协议等相关文本达成一致,并盖章确认。

T日:项目管理部准备材料,在中登上海分公司和中登深圳分公司申请开立产品备付金和保证金账户。按中登公司要求,账户开立时间为十个工作日。

T日:项目管理部准备材料,委托托管行在中登上海分公司和中登深圳分公司申请开立证券账户。在托管行效率可以得到保证的情况下,账户开立时间大概为五个工作日。

T+5日:证券账户开立完成后,项目管理部准备材料,在交易所、证监会和证券业协会进行报备。

T+10日:备付金和保证金账户开立完成后,项目管理部准备材料,在交易所、证监会和证券业协会进行报备。同时,申请公司自有资金作为风险金,打进账户(上海中登和深圳中登各两个账户,共计4个;每个账户风险金15万元,共计60万元)。

T+10日:项目管理部与托管行就估值参数进行确认,并出具估值参数设置表。

T+10日:产品可以进入募集期,开始认购。

R日:认购结束日。

R+1日:将产品相关文本、认购数据、中登认购确认文件等资料以书面形式交给会计师事务所。

R+2日:会计师事务所和项目管理部负责去托管行进行验资。

R+3日:会计师事务所出具验资报告,项目管理部负责撰写产品成立公告,产品正式成立,开始运作。

R+4日:将产品成立的相关资料报备证券业协会,并抄送所在地证监会派出机构。

另外,涉及做银行间和上清所债券交易的产品,需要另外开立银行间和上清所的债券账户。按中国人民银行规定,开立这两个账户需要拿到证券业协会发放的产品报备回执,此回执正常情况下由证券业协会在产品成立两周后出具,并需要管理人自行去中国证券业协会领取。

6.后续管理

(1)业务承揽部门对集合资产管理计划的投资标的和资金最终流向进行持续跟踪,并定期向资产管理部质量控制部进行反馈,由质量控制部出具独立的风险评估报告,提示相关风险。

(2)投资主办人负责集合资产管理计划的投资工作。

(3)资产管理项目管理部负责集合资产管理计划后续的正常运行工作。

(4)资产管理营销管理部负责集合资产管理计划的持续营销和客户维护工作。

(5)资产管理部和风险合规部应及时沟通联系,做好集合资产管理计划的后续风险管理。

第三节　业务准入标准

一、客户适当性管理

1.投资者适当性管理

(1)了解客户及风险测评和分类

客户首次参与或购买资产管理产品或服务前,除基本信息以外,销售部门还应当了解客户以下信息：

①财务状况，包括收入来源和数额、净资产、资产数额（包括金融类资产和不动产）、未清偿的数额较大的债务；

②投资知识，包括曾经从事与金融产品投资相关的职业、对相关市场与产品、服务的理解及认知程度；

③投资经验，包括曾经投资过的金融产品的性质、品种、金额、交易频率及持续时间；

④投资目标，包括投资期限、投资品种、收益预期；

⑤风险偏好；

⑥其他必要信息。

客户不提供信息或提供的信息不完整的，应当明确告知客户无法确定其投资者类别或风险承受能力等级，并不得为其办理参与或购买资产管理产品或服务。

（2）客户风险承受能力等级分为激进型、进取型、稳健型、相对保守型、保守型。

2. 资产管理产品或服务的风险分级

（1）研究所负责评估产品或服务的风险等级，资产管理部对产品或服务评估结果进行确认。风险合规部有权根据监管机构和交易所的要求对产品或服务的风险等级进行调整。

（2）资产管理产品的风险等级分为高风险、中高风险、中风险、中低风险、低风险。

3. 提供适当性产品与服务

（1）销售部门应在销售资产管理产品时，披露资产管理合同或说明书以及风险揭示书；在销售复杂或高风险金融产品时，应披露评估产品的风险特征与客户风险承受能力的匹配情况；对具有杠杆效应的复杂或高风险产品，应向客户提示可能产品的最大损失；对流动性差或者不存在公开交易市场的复杂或高风险产品均应向客户如实披露。

（2）销售人员应当向客户讲解资产管理部制作的《风险揭示书》中的内容，并将风险揭示书交客户签字确认。销售部门应明确告知客户，披露评估产品的风险特征与客户风险承受念能力的匹配情况不构成对客户投资收益的担保。

(3)销售部门应与客户签署《适当性评估结果确认书》,并交客户在相应位置签字确认。

(4)资产管理产品风险等级与客户风险承受能力匹配的原则:

①保守型客户——低风险产品;

②相对保守型客户——低风险产品、中低风险产品;

③稳健型客户——低风险产品、中低风险产品、中风险产品;

④进取型客户——低风险产品、中低风险产品、中风险产品、中高风险产品;

⑤激进型客户——低风险产品、中低风险产品、中风险产品、中高风险产品、高风险产品。

(5)销售部门认为客户参与或购买资产管理产品不适当或者无法判断是否适当的,不得主动向客户推介。客户要求购买或接受高于其风险承受能力等级的金融产品或金融服务的,销售部门应当进行风险提示。客户经风险提示后仍坚持购买产品或接受服务的,产品销售部门应当要求客户以签署《金融产品或服务不适当警示及普通投资者投资确认书》方式确认并承诺对投资决定自行承担责任。销售部门应当做好留痕工作,包括但不限于录音、摄像、书面承诺等形式。

4. 投资者适当性管理的监督和跟踪

资产管理产品销售过程中,客户需签署的所有资料必须由客户本人或其授权代表签署。对于客户本人或其授权代表未能签署的或由他人代签的,销售部门不得为其办理参与或购买资产管理产品或服务。

销售部门应在产品销售中应实行双人复核制,对客户参与流程以及适当性管理进行复核,确保投资者适当性工作得到充分执行。

二、投资标准

1. 一般要求

集合计划募集的资金可以投资中国境内依法发行的股票、债券、股指期货、商品期货等证券期货交易所交易的投资品种;央行票据、短期融资券、中期票据、利率远期、利率互换等银行间市场交易的投资品种;证券投资基金、证券公司专项资产管理计划、商业银行理财计划、集合资金信托计划等金融监管部门批准或备案发行的金融产品;以及中国证监会认可的其他投资品种。

集合计划申购新股,可以不设申购上限,但申报的金额不得超过集合计划的现金总额,申报的数量不得超过拟发行股票公司本次发行股票的总量。集合计划参与证券回购应当严格控制风险,单只集合计划参与证券回购融入资金余额不得超过该计划资产净值的40%,中国证监会另有规定的除外。

集合资产管理计划的投向应符合以下条件:不涉及重大虚假陈述及重大违法、违规;未出现最近一个年度内财务报表被会计师事务所出具拒绝表示意见或者保留意见;不存在被人为操纵嫌疑;不属于法律法规和公司制度明确禁止投资的股票;未出现筹码集中度高且流动性差;不涉及重大案件和诉讼等。

集合计划可以参与融资融券交易,也可以将其持有的证券作为融券标的证券出借给证券金融公司。

证券公司可以依法设立集合计划在境内募集资金,投资于中国证监会认可的国外金融产品。

2.投资具体项目时的准入要求

集合资产管理计划直接或通过投资集合资金信托计划投资于具体项目时,还应符合以下准入标准。

(1)上市公司股权质押类项目准入标准

①定义

股权质押融资类业务指以上市公司股票为质押标的进行融资的业务。

上市公司股票是指能够在中国证券登记结算有限公司依法办理质押登记手续的上市公司股票。

②融资对象

上市公司股权质押融资类业务的重点融资对象应为信用记录良好、无重大违法违规行为、财务会计文件无虚假记录、还款来源充足、盈利良好的公司,审慎对待自然人融资项目,尤其是中小板、创业板股票自然人融资。

③标的股权范围

拟质押上市公司股票应为质地优良、流通股本规模适度、流动性较好的主板、中小板、创业板股票,原则上不接受ST类股票(风险警示板股票)。公司不接受下列股票进行质押融资:

最近一个季度(或年度、半年度)报告显示净资产为负值的股票;

近期(三个月或六个月)内股票价格的波动幅度异常的股票;

最近期公布的年报中出具“保留意见”、“带解释性说明的保留意见”或“拒绝表示意见”等年报审计意见异常的股票;

最近一年内受到中国证券监督管理委员会公开处罚、谴责、调查的上市公司的股票。

④质押率

原则上,上市公司主板股票质押率不超过6折、中小板股票质押率不超过5折、创业板股票质押率不超过4折,具体根据股票基本面、行业情况、股价及交易情况综合判断。

⑤警戒线与止损线

对于拟质押股票质地、流通性较好,或者虽然为限售流通股,但期限为1年以内(含1年)且可以覆盖限售期的情况,分别设置为融资本息的150%/130%,除此之外均设置为融资本息的160%/140%。

⑥质押集中度

个股累计质押给公司的数量占总股本比例不超过30%;融资人为上市公司高管且累计质押给公司的数量占其持有股份数量比例不超过25%。

⑦融资用途及期限

关注融资用途及其合理性,回避存在大股东质押套现嫌疑的项目,必要时可委托银行等监督资金使用。

融资期限必须覆盖限售期,且需预留至少两个月的处置期。

(2)非上市公司股权质押类项目准入标准

①定义

非上市公司股权质押融资类业务指以非上市公司股权为质押标的进行融资的业务。

非上市公司股权是指能在相应工商行政管理部门注册登记的股份有限公司和有限责任公司股权。

②融资对象

非上市公司股权质押融资类业务的重点融资对象应为信用记录良好、无重大违法违规行为、财务会计文件无虚假记录、还款来源充足、盈利良好的公司,审慎对待自然人融资项目。

③标的股权范围

非上市公司股权质押原则上仅限银行、保险、证券、信托、基金等金融企业，且该公司需在同类企业中综合实力靠前、业绩表现与盈利能力优秀。公司不接受以下股权办理质押融资：

被人民法院依法冻结尚未解除冻结的股权；

已办理出质登记尚未注销登记的股权；

公司章程规定不得转让或者不得出质的股权；

存在法律、行政法规规定的不得出质其他情形的股权；

办理质押登记存在其他障碍的股权。

④质押率要求

非上市公司股权的质押率不超过其最近年度经审计后的每股净资产的80%，具体根据综合实力、行业排名、业绩表现与盈利能力等情况综合判断。

⑤融资用途及期限

关注融资用途及其合理性，回避存在大股东质押套现嫌疑的项目，必要时可委托银行等监督资金使用。

三、政府平台类项目准入标准

1. 区域选择标准

基础设施及平台公司业务（以下统称本类业务）应选择地方经济较为发达，财政收入较高，政府债务总体风险可控区域。

2. 地方财政实力

本类业务应选择地方政府财政收入较高的区域，具体如下：

地区GDP低于1000亿元，一般预算收入50亿元以下的地市级区域不准入；

地区GDP在1000亿元至2000亿元，一般预算收入50亿元（含）以上至150亿元的地市级区域，仅能准入至地市级企业；

地区GDP在2000亿元以上，一般预算收入超过150亿元的地市级区域，可准入至其下属区县级区域。县级区域GDP不低于300亿元，县本级一般预算收入应不低于25亿元。

3. 交易对手

本类业务直接合作的企业应满足以下条件：

（1）不在平台名单内，或在平台名单内但已整改为一般公司类，通过监管机构认定；

(2)对于运作过保障性住房的企业，首先评估其合规性；

(3)有较好的盈利性项目及优质资产；

(4)自身必须有收入来源，有自身运营能力和再融资能力且其贷款额度相对较大；

(5)在当地企业中排名前列，原则上总资产应不低于15亿元。对于财政实力较好且风险控制措施较为充分的项目，企业条件可适当放宽。

4. 基础债权

基础债权合法合规，债权债务关系清晰且无法律瑕疵。

5. 融资用途

应明确信托资金的直接投向符合监管要求，融资项目首选非公益性项目，或公益性项目但不依靠财政性资金偿还、有自身经营收入、可通过市场化方式运作，如燃气、地铁、轻轨、自来水、收费高速等。

6. 交易结构

本类业务交易结构设计应满足合法合规原则，符合公司对于此类业务既定的交易结构设计要求，具体模式待定。

7. 还款来源

本类项目选择应满足以下要求：

(1)不依靠政府财政性资金作为还款来源；

(2)项目公司本身需要有自己的经营收入，具有较强的还款能力；

(3)通过设置充分有效的抵质押及保证措施对资产进行保障。

8. 风险控制

(1)抵质押、保证等担保措施充分有效；

(2)不要求政府向公司出具担保，要求政府直接出具文件给交易对手(融资企业)；

(3)控制集中度风险，融资额度上限为地方政府本级一般预算收入的30%；

(4)授信额度控制：对单一企业，授信额度不超过其总资产的20%，同时原则上不超过企业在金融机构贷款余额的30%。

四、房地产类项目准入标准

1. 总体原则

(1)交易对手分级

交易对手分级为特大型、大型、中型和小型,不同级别的交易对手,总合作额度、项目选择标准、推荐合作模式不同。

(2)不同交易对手合作项目标准

①特大型:在确定的最高集中度范围内,单个项目合作规模在实际资金需求外进行适度放大,与其进行5个及以上项目合作,标准无硬性要求。

②大型:在确定的最高集中度范围内,根据实际资金需求,与其进行3个及以上项目合作,项目的关键指标不低于集团平均标准,住宅项目应位于一二线城市或购房以刚性为主的三四线城市,商业项目应位于一二线城市。

③中型:原则上项目应位于一二线城市,或楼面地价显著低于周边项目或项目处于核心地段的三线城市及苏州行政区域内的项目,物业类型以住宅为主,若主要物业为商业,则项目须处于一二线城市的核心地段或核心商圈。

④小型:一事一议,原则上项目应位于一二线城市,或楼面地价显著低于周边项目或项目处于核心地段的三线城市及苏州行政区域内的项目,或项目已经结构封顶只是出现时点性资金缺口的项目。物业类型应以住宅为主,原则上不操作以商业为主的项目。

原则上,单笔合作额度低于2亿元的项目不建议操作。

2. 交易结构

在合规的基础上,对于特大型、大型的开发商,鼓励采取"保本+分红"的基金型交易结构,此类交易结构资产管理产品能与交易对手实现真实的收益分成,投资收益率具有明显的浮动性,浮动区间、水平可以进行预期或测算。与浮动收益相联系的核算指标的设定应当具备线性特征并具有充分合理性,投资者对于浮动收益的实现具有较强的期待可能性。

所有的交易结构中应设置开放期,通过资产管理产品层面的结构设计缓释流动性风险。

3. 合作模式

(1)特大型、大型:在合规的基础上,合作模式灵活选择。对于固定收益类业务，交易对手上市公司、国有企业等对其持股比例有特殊要求的，信托公司作为受托人可不要求绝对控股，可采取"股＋债"的模式。特大型开发商的后续管理一事一议。

（2）中型、小型：在交易结构中可采取股权形式或债权形式。如采取债权形式，应由商业银行对项目资金进行监管，严格防范项目资金挪用。如采取股权形式，信托公司作为受托人应为控股股东（原则上持股51%以上，交易对手是上市公司和国有企业等特殊情况，一事一议），信托公司人员或委托监管机构人员应作为项目公司的法定代表人或财务负责人，公章、印鉴由双方共管或监管方单独掌管。

4. 城市选择标准

总体原则为主推一二线城市，三四线城市需谨慎。具体而言，对于特大型开发商，项目所处城市无硬性要求；对于大型开发商，住宅项目区位可扩展至以刚性需求为主的三四线城市；对于中小型开发商，项目原则上应位于一二线城市或核心地段且楼面地价显著低于周边楼盘的三四线城市。

5. 交易对手选择标准

表3-1　企业类型标准

企业类型	标　　准
特大型	上一年销售收入300亿元以上
大　　型	上一年销售收入80亿元～300亿元（含）
中　　型	上一年销售收入30亿元～80亿元（含）或省内排名前五的龙头企业
小　　型	上一年销售收入30亿元（含）以下

注1：销售收入仅限于地产板块销售收入。

2：上述数字应以审计报告数字并经质量控制部确认为准。对于国有控股的房地产开发商或上市公司或与公司有过既往合作经验且合作记录良好的开发商，上述标准可适当放松。浙江地区中小型民营开发商不鼓励与其合作。

6. 交易对手集中度

对于特大型企业和大型企业采用集中度控制，集中度的制定原则如下：

（1）对于净债务率＞70%的企业，最高集中度＝净债务×15%；

（2）对于净债务率＜70%的企业，最高集中度＝净资产×15%；

（3）不高于单个银行对于该公司的最大授信额度。

注1：净债务＝短期借款＋一年内到期的长期债务＋长期借款＋应付债

券－货币资金。

2:最高集中度暂按本通知下发的额度执行,待上市公司年报公布后再进行更新并通知。

3:对于以股权方式进入的资产管理产品,如果其交易实质为同股同权,在计算与该交易对手累计合作的集中度时采取一事一议的原则。

五、项目选择标准

以去化速度快的住宅为主,可适当开展商业类项目。

1.住宅

表3-2　企业类型标准

企业类型	标　　准
特大型	无硬性标准
大　　型	项目关键指标不低于集团平均水平(如平均售价、毛利水平等)
中　　型	楼面地价应显著低于周边项目
小　　型	楼面地价应显著低于周边项目或时点性资金需求(信托进入后短期可实现资金回流)

2.商业

商业类项目鼓励开展建筑面积约40万~50万平方米、物业形态丰富[包含高去化的住宅、办公楼、小商业(零售为主)以及购物中心等]的商业综合体,该种商业综合体商业部分(非住宅)应占建筑面积的50%以上,不鼓励酒店或中型商业(4万平方米左右)为主的商业类项目。

表3-3　企业类型标准

企业类型	标　　准
特大型	无硬性标准
大　　型	项目位于一二线城市
中　　型	商业运作经验丰富,项目位于一二线城市的核心地段或核心商圈,楼面地价标准同住宅
小　　型	商业运作经验极其丰富,项目位于一二线城市的核心地段或核心商圈,楼面地价标准同住宅

六、项目发行

积极拓展保险资金等低成本资金来源渠道，控制资金募集成本的同时，提高公司报酬水平。

第四节 市场推广

关于市场推广

1. 目标客户

证券公司从事集合资产管理业务，应当为特定客户提供服务，设立集合资产管理计划（以下简称集合计划或计划），并担任计划管理人。特定客户应当是证券公司自身的客户，或者是银行等代理推广机构的客户，并且参与资金最低限额符合中国证监会的规定。

（1）营业部客户

营业部客户是公司自身客户的主要来源，运用先进的客户管理系统，结合对客户群体的风险偏好归类，筛选出短期闲置资金较多、具有一定固定收益投资需求、同时具有一定中低风险承受能力的客户，可作为集合计划的主要推广标的客户。同时，鉴于股票账户资产信息和操作记录并不足以反映每个客户的总资产理财配置情况，提高集合计划推广的覆盖范围，也将有助于挖掘更多的潜在客户。

（2）银行等代销机构客户

银行是目前掌握客户资源最多的金融机构，充分利用好银行的销售资源，是集合资产管理计划成功发行的关键，主要有以下两个方面：

①通过与银行总行签订正式的产品代销协议，由银行在柜台上销售集合计划，是直接占用银行客户资源的最好方法。

②如果未与银行签订正式的代销协议，也可以通过与银行建立联系，由银行推荐部分优质客户成为集合计划的客户。

2. 业务优势

（1）相比定向产品和专项产品的优势

①集合计划与定向计划比较

表3－4　集合计划与定向计划区别

优　势	集合计划	定向计划
投资者人数多	不超过200人	1个自然人或法人
销售渠道广	可由银行等推广机构代理在柜台销售	需寻找单一资金进行销售
资金募集容易、募集规模更大	由于采用集合类面向多个客户募集，募集规模更大，募集资金规模不能超过50亿元。	由于委托人只能有一人，寻找资金量大的单一资金较为困难（委托人是银行的除外）。

②集合计划与专项计划比较

表3－5　集合计划与专项计划区别

优　势	集合计划	专项计划
集合计划涵盖的范围更广	为多个客户办理集合资产管理业务	为客户办理特定目的的专项资产管理业务，可以理解为一种特殊的集合资产管理计划。
集合计划成立之前无需监管部门审批，只需事后报备。	备案制	审批制
成立速度快	条件合适即可成立	审批的时间往往不好把握。
募集资金投资范围更广	集合计划募集的资金，除了可投资专项计划的投资范围外，还能投资商品期货等证券期货交易所交易的投资品种，利率远期、利率互换等银行间市场交易的投资品种，证券公司专项资产管理计划、商业银行理财计划、集合资金信托计划等金融监管部门批准或备案发行的金融产品以及中国证监会认可的其他投资品种。	专项计划募集的资金应当用于投资中国境内依法发行的股票、债券、证券投资基金、央行票据、短期融资券、资产支持证券、中期票据、股指期货等金融衍生品、保证收益及保本浮动收益商业银行理财计划以及中国证监会认可的其他投资品种。
募集对象范围更广	符合要求的合格投资者，包括机构和自然人。	证券业协会要求最好是合格的机构投资者。

（2）相比集合信托和基金一对多专户理财的优势

①集合计划与集合信托比较

表 3-6 集合计划与集合信托计划区别

优势	集合计划	集合信托
不受银监会监管,可以规避信托规避不了的一些障碍。	—	银监会对于信托计划的委托人有特别的要求,如央行融资平台名单内的公司不能作为委托人。
资本金占用较少,管理费成本相对较低。	资本金占用较少,直接导致管理费成本较低。	资本金占用较多,直接导致管理费成本较高。

②集合计划与基金一对多专户理财比较

表 3-7 集合计划与基金一对多专户理财区别

优势	集合计划	基金一对多专户理财
管理费成本更低	管理费成本较低	管理费成本较高
投资范围更为广阔,集合计划可以投资商业银行理财计划、集合资金信托计划等。	集合计划募集的资金可以投资中国境内依法发行的股票、债券、股指期货、商品期货等证券期货交易所交易的投资品种;央行票据、短期融资券、中期票据、利率远期、利率互换等银行间市场交易的投资品种;证券投资基金、证券公司专项资产管理计划、商业银行理财计划、集合资金信托计划等金融监管部门批准或备案发行的金融产品;以及中国证监会认可的其他投资品种。	基金一对多专户理财应当投向现金、银行存款、股票、债券、证券投资基金、央行票据、非金融企业债务融资工具、资产支持证券、商品期货及其他金融衍生品。
取消了双十限定	投资比例方面无限制	单个资产管理计划持有一家上市公司的股票,其市值不得超过该计划资产净值的 20%;同一资产管理人管理的全部特定客户委托财产(包括单一客户和多客户特定资产管理业务)投资于一家公司发行的证券,不得超过该证券的 20%。
开放期设置限制少	根据合同约定,一年能够开放多次。	每年至多开放一次,开放期原则上不得超过 5 个工作日。

3. 展业路径

业务拓展的主要路径有以下几个方面：

(1) 拓展可能的资金需求方，包括政府及下属各机构和政府平台、大型国有企业、大中型房地产公司等。

(2) 加强与银行、基金公司、创投等金融机构的联系与合作，尤其是银行是目前资金需求方的第一聚集地，银行拥有大量的政府和企业资源。

(3) 与信托、基金公司建立畅通的合作渠道。

(4) 与银行、第三方销售机构等建立畅通的销售渠道。

(5) 公司各业务部门需培养核心客户群，逐步建立公司自身的销售渠道。

4. 促销策略

集合计划的销售策略主要有以下几个方面：

(1) 与银行总行签订集合计划代销协议，由银行全权负责产品的销售。

(2) 由公司产品销售委员会通过后，由全公司各分公司、营业部统一销售。

(3) 由具有基金代销资格的第三方公司代销，如东方财富的天天基金、好买基金、诺亚财富等。

第五节 集合资产管理市场基本情况

一、总体数据

根据基金业协会统计，截至 2016 年底，证券公司集合资产规模 2.19 万亿元，较 2015 年末的 1.55 万亿元增长了 40.86%。

根据 Wind 统计，2016 年证券公司资产管理共发行了 7061 只集合理财产品，环比 2015 年 5105 只的数量，增长 38%，但发行份额仅为 3185 亿份，下降 9%。回顾历年证券公司集合理财发行情况，除 2014 年出现了下降之外，其余年份均出现了较快的增长，2015 年的牛市尤其刺激了集合理财的发展。

证券公司集合理财规模不断扩张，从 2011 年的 1362 亿元飞速提升到 2016 年的 21,938 亿元，仅用 5 年就提升了 16 倍。尤其是近两年，规模增长飞速。证券公司集合理财规模增速的成倍增长，反映了我国证券公司集合理财市场的日益壮大，也反映出投资者参与度和热情越来越高。

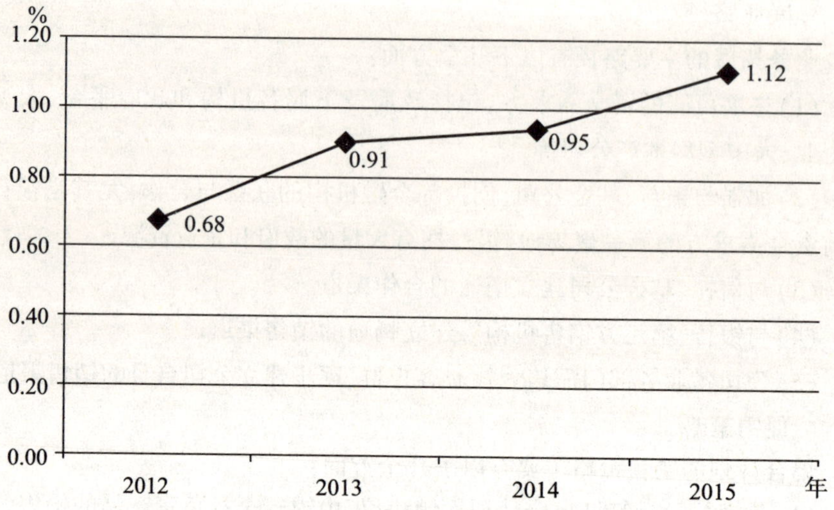

图 3-3 2012~2015 年集合资产管理业务收入规模比

二、证券公司集合资产管理情况分析

1. 国内证券公司集合资产管理业务中存在的主要问题

(1)缺乏系统的投资风险评估的指标体系,造成风险识别、评估的不完整性。对于投资风险缺乏准确评估的工具和手段,评估结果缺乏科学性和精确性。

(2)证券资产管理的产品线不够丰富。证券公司面对庞大的外围资金,产品显得不太丰富,现在主要集中在集合资产管理产品上,产品单一,层次不太丰富。

(3)证券资产管理规模不大。相比基金上万亿元的规模,证券公司证券资产管理的规模只有数百亿,规模太小,监管层对证券公司证券资产管理产品的支持力度太弱,限制太多,比如发行产品公司的资格审核制度,使其规模与基金的规模的差距越拉越大,虽然发展空间显得很大,但缺乏监管层的大力支持却是一个不争的事实,这也是发展的一个"瓶颈"。

2. 我国证券公司集合资产管理业务发展方向

(1)集合资产管理产品将向系列化方向发展。产品的系列化,一方面可以针对不同客户的需求特点设计具有针对性的理财产品,而分类产品设计水平的高低则取决于客户细分化的能力;另一方面,产品系列的形成也有利于在市场上树立起统一的品牌形象,有益于发挥成功产品对新产品开拓的推动作用。

(2)集合资产管理产品的发展将与其他业务部门创新紧密结合起来,如经纪业务等。

(3)集合资产管理产品在设计思路、运作流程和操作方式上,将更多地引入基金产品的成功经验。从前期部分证券公司推出的集合资产管理产品来看,往往过多强调收益,而忽视风险的揭示,在预期收益率的测算方面缺乏科学性。然而,近几年基金产品创新迅速,品种日益丰富,按投资方向分有股票型基金、债券基金、指数基金和货币市场基金等,按投资风格分有成长型基金、平衡型基金、收益型基金和保本基金等,按基金结构分有单一结构基金、系列基金或伞型基金等。基金产品技术的不断成熟,无疑对证券公司集合资产管理产品的科学化设计有巨大的借鉴意义。

第六节 案例分析

一、东吴汇利1号集合计划(因产品存续到期,已经终止清盘)

1. 东吴汇利1号集合资产管理计划是一个主要投资于新股申购的集合资产管理计划,托管银行是兴业银行股份有限公司,管理人是东吴证券公司股份有限公司。

2. 东吴汇利1号的投资范围

本计划募集的资金投资于中国境内依法发行的股票、国债、金融债、企业债、公司债、可转债、中小企业私募债、央行票据、短期融资券、资产支持受益凭证、债券型基金、货币市场基金、债券逆回购以及中国证监会认可的其他投资品种。委托人在此同意并授权管理人可以将特定计划的资产投资于与管理人及与管理人有关联关系的公司发行的证券,但其投资比例不得超过本集合计划资产净值的50%。

3. 东吴汇利1号的投资配置比例

(1)国债、金融债、企业债、公司债、可转债、中小企业私募债、央行票据、短期融资券、资产支持受益凭证、债券型基金、逆回购(期限7天以上)等固定收益品种:0~100%,其中中小企业私募债不超过30%;

(2)二级市场购买的股票不超过20%;

(3)现金及准现金类资产,包括银行存款、货币市场基金、期限在7天以内(含7天)的债券逆回购等:开放期内不低于10%。参与正回购的比例不超过40%。

4. 相比较个人自己打新股,打新股产品的优势

(1)规模优势,提高收益

发行的打新股理财产品一般募集资金能达数千万元数亿元,相比个人较小的资金规模,大大提高了中签率。打新股产品投资于网下申购,网下申购中签率高,而个人投资者自己只能投资于网上申购。

(2)严格的投资策略,降低风险

打新产品约定明确的投资策略,比如申购的打新产品,一般约定上市当天必须要卖出所有中签股票。而个人投资者可能因心理因素变化导致当天没有卖出而继续持有,最终承担了较大的二级市场风险。

(3)盈利模式明确

作为衔接一级市场和二级市场的重要纽带,“新股认购”策略具有稳定的盈利前景,其盈利空间主要来自一级市场和二级市场的估值水平差异。新股定价通常的模式是根据市场以及行业估值水平给出公司的估值参考值,然后在这一参考值的基础上打一个折扣,通常在8~9折,因此这一定价模式就决定了“打新”具备稳定的盈利空间。

考虑到中国A股市场历史上的新股炒作盛行,新股上市通常会有超额收益。

(4)让社会闲散资金享受机构投资者的待遇

从统计数据可以看出,网下认购新股的收益率水平远超网上认购,而“网下申购”仅对机构投资者开放,认购证券公司的产品就可以跨越这一“门槛”,享受高收益。

(5)投资成本比较低廉,没有参与和退出费用。

(6)规模和人数有限,本计划设定了资金募集上限5亿元,人数不超过200人,先到先得。

5. 东吴汇利1号的开放期及流动性安排:本计划每1个公历月开放一次,每次开放3个工作日。

6. 东吴汇利1号的参与和退出费用:本计划没有参与费和退出费,但考虑到本计划的特性,投资者退出时需要提前2周预约。

7. 业绩报酬的具体计算方法如表3-8所示。

表3-8　业绩报酬计算方法

年化收益率(R)	提取比例	业绩报酬(Y)
R≤8%	0	0
R>8%	20%	Y=A×(R-10%)×20%×D

注:R为年化收益率。

Y为应提的业绩报酬。

A=持有份额×参与日单位资产净值。

8.本计划公布的净值是扣除管理费1%和托管费0.2%之后的净值。

9.东吴汇利1号参与金额多少?人数多少?

首次参与的最低金额为人民币100万元,追加参与的最低金额为10,000元。参与人数不超过200人,先到先得。

10.本证券公司员工可以购买东吴汇利1号。

11.东吴汇利1号发行期为两周。

12.购买东吴汇利1号地点:可以在证券公司全国下属营业部购买。投资者去营销网点开立中登99基金账户,网上签署电子约定书、电子合同和风险揭示书,存入足额的资金即可购买。东吴汇利1号的产品代码为B82001。

二、集合资产管理计划参与股票质押业务

股权质押式回购业务大规模发展,证券公司自有资金有限,难以充分满足客户需求。由于股权质押式回购业务需要融资方将相关个股托管到营业部,因此如果客户需求得不到满足,将面临客户持续流失的危险。同时,银行资金优势明显,可以通过优先劣后的形式来放大杠杆参与,一方面能够很好地维护客户,另一方面公司也能获得不菲的劣后收益。各家银行资金投资股票质押业务的需求均比较旺盛,故建议由各家银行和证券公司共同合作设立集合资产管理计划,主要投资于股票质押式回购。

1.业务规模:各产品推广期规模上限不超过50亿份,存续期规模上限不超过50亿份。

2.业务期限:无固定期限(具体以合同约定的为准)。

3.业务投向:主要为股票质押式回购业务。

4.交易结构:

5.资金杠杆比例:银行理财资金、代销资金或者自有资金,直接或通过信托或者基金子公司通道作为优先级投资人,我司作为劣后级投资人及管理人,优先份额与风险份额比例为5:1~9:1。对于每笔投资分别设定优先级的预

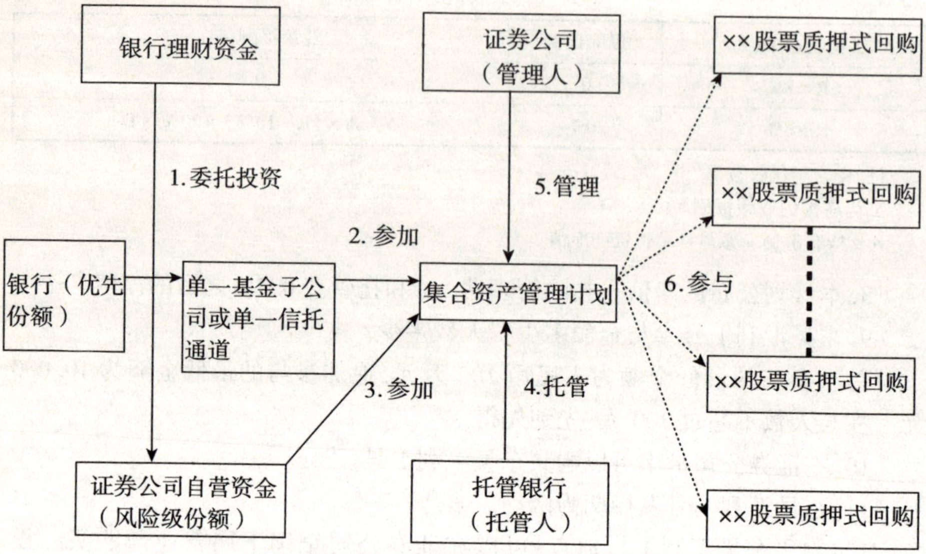

图3-4　集合资产管理计划参与股票质押结构

期收益率。优先端资金利率随行就市，一事一议，具体利率根据股票情况及市场资金利率水平确定。本集合计划风险级份额由证券公司自有资金参与。

6. 项目风险：

主要面临融资人违约，同时股票连续跌停或者成交量很小导致难以将质押个股股权变现，从而导致公司资金需承担劣后资金亏损的风险。

7. 保障措施：

（1）需要做好质押标的股票的尽职调查；

（2）双方通过制定股权质押式回购标的的准入规则，优选业绩稳定、流动性较好的个股作为股权质押式回购选择标的来规避股价大幅波动的风险；

（3）股票质押式回购托管在公司，制定、完善并执行证券资产管理的各项风险控制制度，通过限制个股融资上限、警戒值与平仓值等手段可以尽可能地规避风险；

（4）持续跟踪融资人的经营情况，定期出具跟踪报告，注意其还款风险，及时做好风险防范措施；

（5）在委托人同意的前提下，协商展期。

第四章　定向资产管理计划

第一节　概　　况

一、定向资产管理计划定义

定向资产管理业务是证券公司为单一客户办理的一种资产管理业务，是指证券公司与单一客户签订定向资产管理合同，根据合同约定的方式、条件、要求及限制，通过专门账户为客户提供资产管理服务的一种业务。

通道类定向资产管理业务，是指证券公司为单一客户(委托人)设立定向资产管理计划，并根据委托人出具的投资指令，被动地投资于其指定的投资品种。在此类业务中，证券公司不承担主动管理的职责。

二、证券公司开展定向资产管理业务应遵循的基本原则

1. 公平公正，诚实守信

证券公司开展定向资产管理业务，应当遵循公平、公正的原则，诚实守信，审慎尽责，坚持公平交易，避免利益冲突，禁止利益输送，保护客户合法权益。

2. 健全制度，规范运作

证券公司开展定向资产管理业务，应当建立健全内部控制与风险管理制度，加强业务风险的防范、控制和检查，规范运作。

3. 投资风险，客户自担

定向资产管理业务的投资风险由客户自行承担，证券

公司不得以任何方式对客户资产本金不受损失或者取得最低收益作出承诺。

三、定向资产管理计划业务对象及现有业务模式

目前，证券公司开展定向资产管理业务均为通道类定向资产管理业务。其业务模式及具体投向主要有以下几类：

(一)投资于票据资产的业务模式

委托人(银行)委托证券公司设立定向资产管理计划，将资金委托给证券公司进行定向资产管理，业务流程见图4-1。

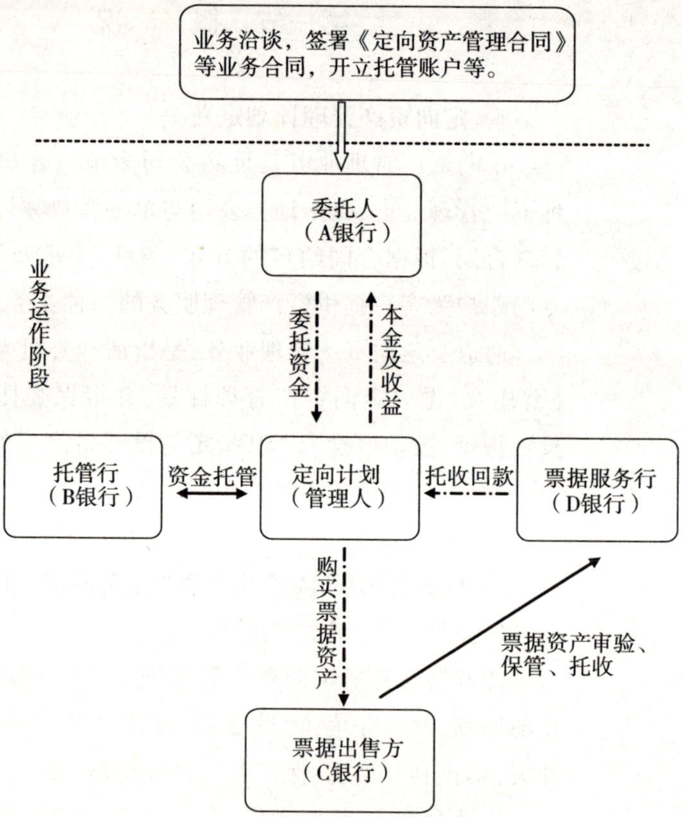

图4-1 定向票据业务流程

证券公司通过与票据转让行签署《票据资产转让合同》的方式，受让委托人指定的票据资产，并委托票据服务行对票据资产进行审验、保管及托收。委托人通过定向计划购买已持有的票据资产，可以降低票据资产所占用的融资额

度，使其表内资产表外化。当票据收益率提高时，委托人通过定向计划购买票据市场上的其他票据资产，可以使委托人在不占用信贷额度的前提下，提高其资金的投资收益率。

在此业务过程中，委托资金来源于委托人，票据资产已由委托人指定，因此，证券公司和票据转让行也只是委托行实现业务目的的通道。

（二）投资于信托计划的业务模式

委托人委托证券公司设立定向资产管理计划，将委托资金通过定向计划投资于某单一信托计划，再由该信托计划向某企业进行放款，如图4－2所示。

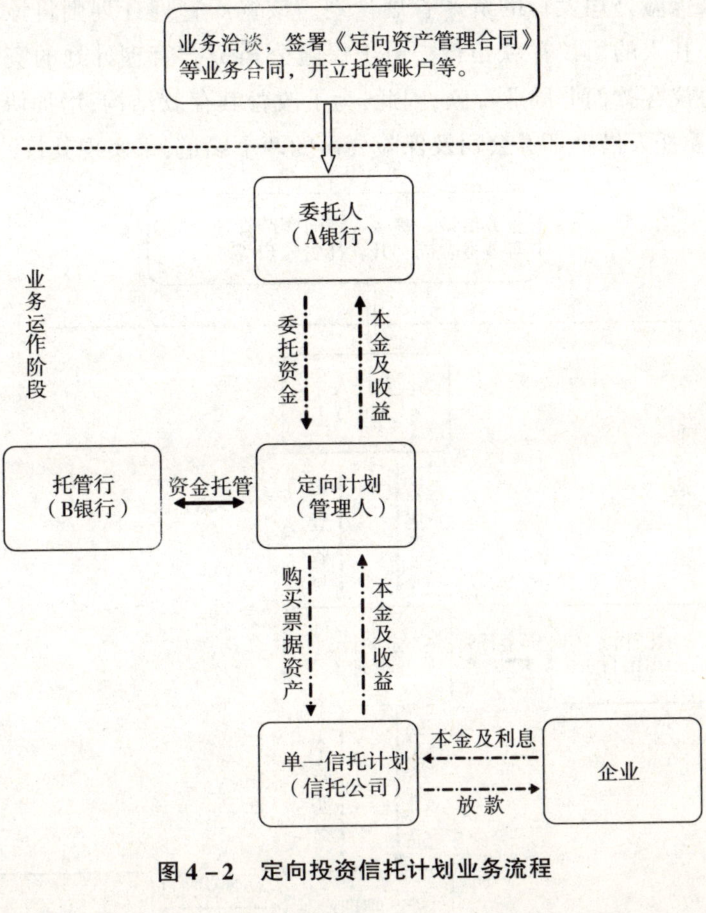

图4－2　定向投资信托计划业务流程

其中委托人是一家银行，最终由信托计划进行放款的企业也是该银行的授信客户，由于受到信贷规模或其他贷款条件的限制，银行不能直接向该企业进行放款。因此,为了实现对企业的放款,银行不得不通过与其他机构合作的方式,间接地向企业放款。此前,银行直接和信托公司合作,但此类银信合作被叫停后,银行不能再直接与信托公司进行合作,因此,银行通过证券公司设立定向计划,再由定向计划去投资信托计划的方式,来实现向企业放款的目的。

在此业务过程中,资金和放款企业均来自银行,证券公司和信托公司只是提供了一个通道服务,收取相对较低的通道费。

(三)投资于保险公司资产管理计划的业务模式

委托人委托证券公司设立定向资产管理计划,将委托资金通过定向计划投资于某保险公司发行的资产管理计划。该资产管理计划则将该委托资金投放于委托人的协议存款银行。由于保险公司资产管理计划的资金存于银行属于协议存款而非同业存款,因此,为了改善其存款结构,增加协议存款的存款量,委托人借助证券公司及保险公司的两个渠道,来实现其目的。

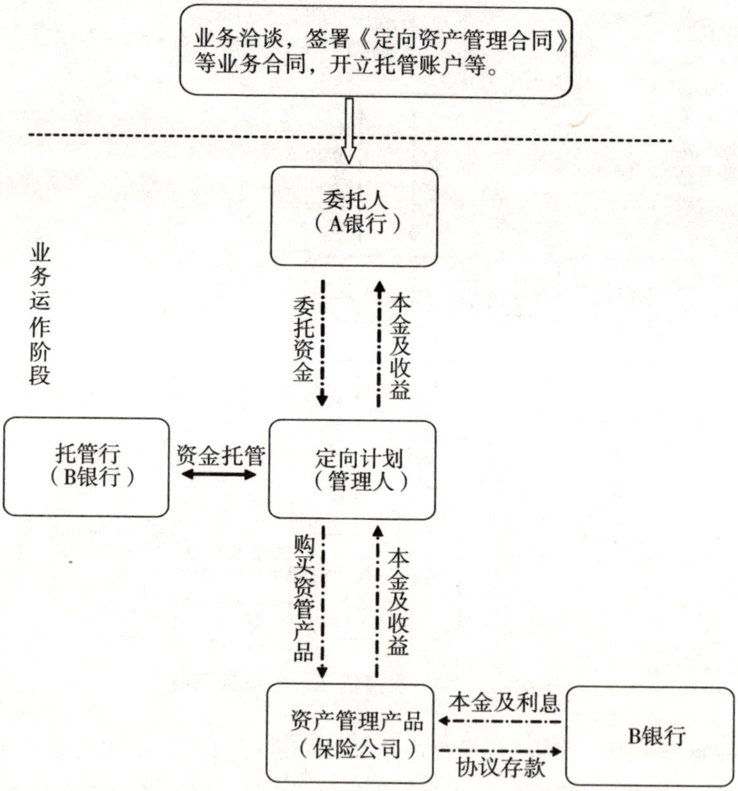

图4-3　定向投资保险资产管理产品业务流程

（四）投资于委托贷款的业务模式

委托人委托证券公司设立定向资产管理计划，将资金委托给证券公司进行定向资产管理，具体流程如图4－4所示。

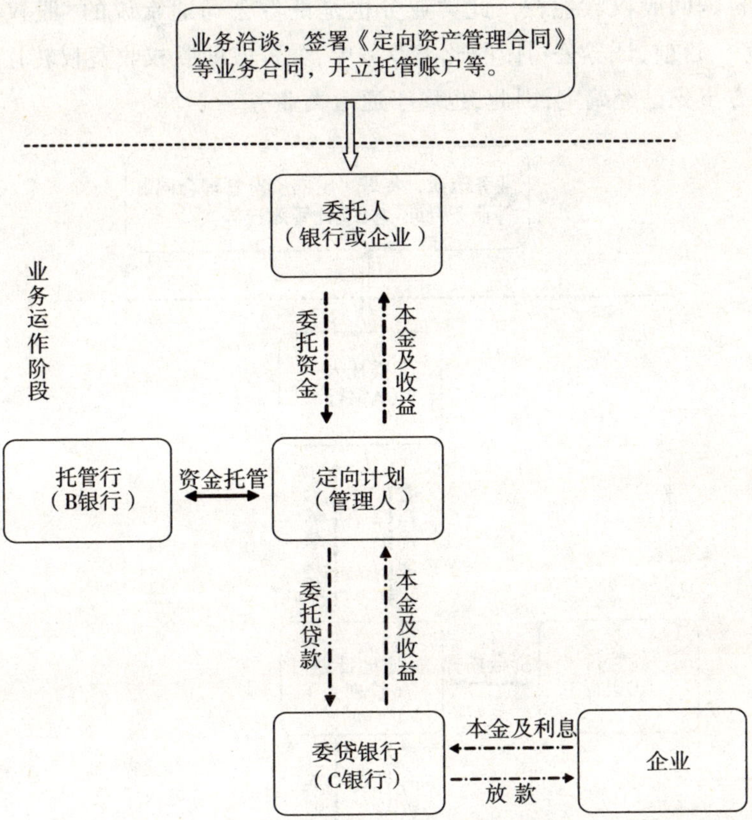

图4－4　定向投资委托贷款业务流程

证券公司通过与委贷银行签署《委托贷款委托合同》，与委贷银行、企业三方签署《委托贷款借款合同》的方式，将定向计划资金通过委贷银行放给企业。由于受到信贷规模或其他贷款条件的限制，银行不能直接向该企业进行放款，因此采用与证券公司合作的方式，通过委托贷款的形式向企业放款。此类业务中，资金来源于银行或资金方，融资企业也由银行或资金方指定，因此，证券公司不承担任何风险。

（五）投资于股权收益权的业务模式

委托人委托证券公司设立定向资产管理计划，将资金委托给证券公司进行定向资产管理，业务流程如图4-5所示。

证券公司将定向计划资金用于向机构或个人受让某股票的股权收益权。股权收益权转让方将对应的股权质押给证券公司，并承诺到期后按照约定的价格溢价购回股权收益权。此类业务也是证券公司通常说的“股权质押融资”业务。目前，证券公司做的此类业务中，融资方即股权收益权转让方与资金方双方事先已经确定，因此，也属于通道类业务。

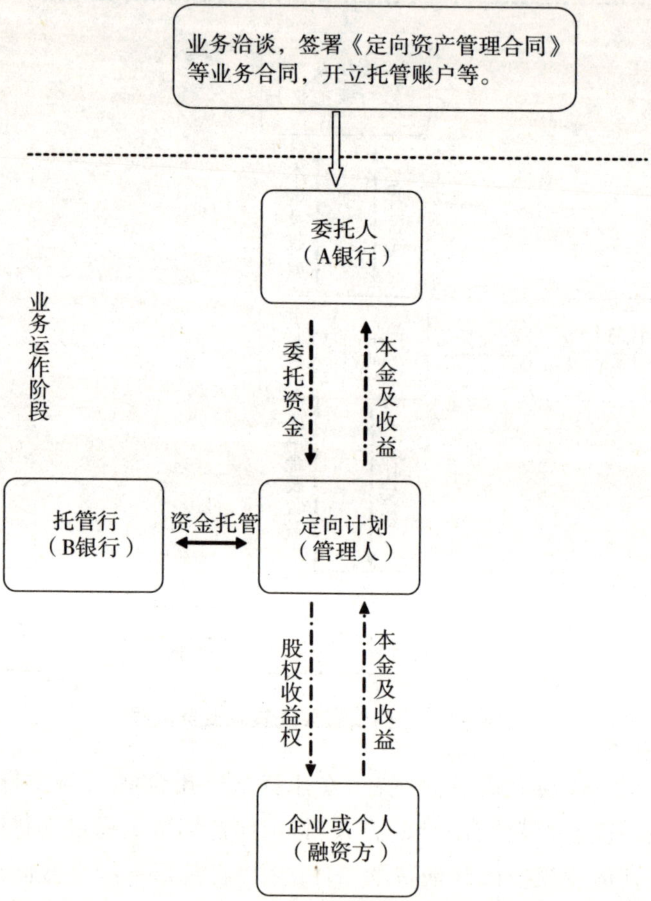

图4-5　定向投资股权收益权业务流程

（六）投资于地方金融交易所债权的业务模式

委托人委托证券公司设立定向资产管理计划，将资金委托给证券公司进行定向资产管理，具体流程如图4-6所示。

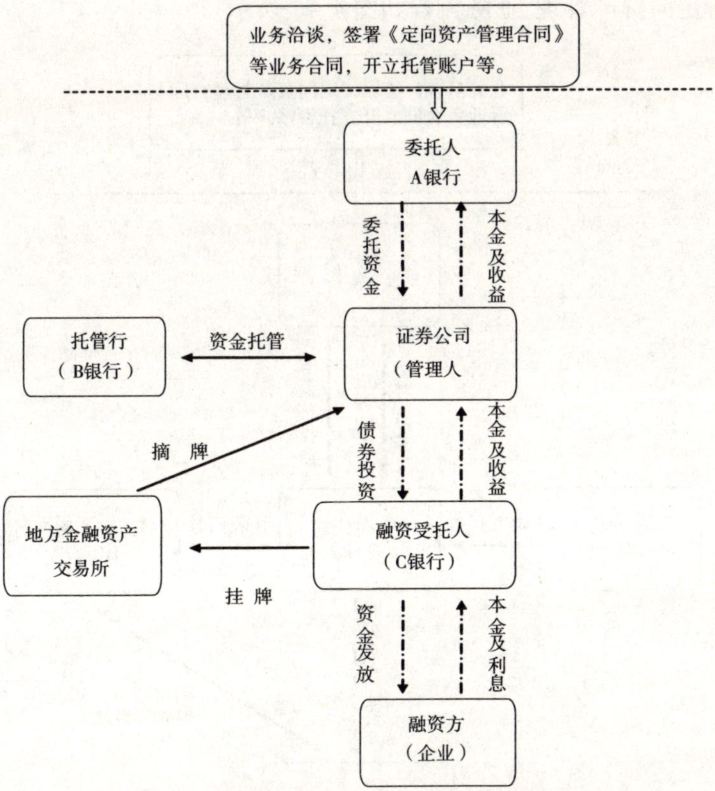

图 4－6 定向投资地方金融交易所债权业务流程

委托人委托管理人在地方金融资产交易所进行债权投资。融资方委托融资受托行,在地方金融交易所进行挂牌后,证券公司作为定向计划管理人进行债权的摘牌。证券公司与融资受托行签署《委托债权代理协议》《委托债权投资协议》,委托融资受托行进行委托债权投资并协助收回资金。融资受托行作为此债权业务的受托人,将对融资方项目进行尽职调查,并办理抵押和担保手续,以及对后续资金使用进行监管。

通过地方金融资产交易所进行债权挂牌及摘牌,只是银行间接向企业放款的又一种途径。此类业务中,资金来源于银行或资金方,融资企业也由银行或资金方指定,因此,也属于通道类业务。

(七)投资于福费廷资产的业务模式

委托人(银行)委托证券公司设立定向资产管理计划,将资金委托给证券公司进行定向资产管理,业务流程如图 4－7 所示。

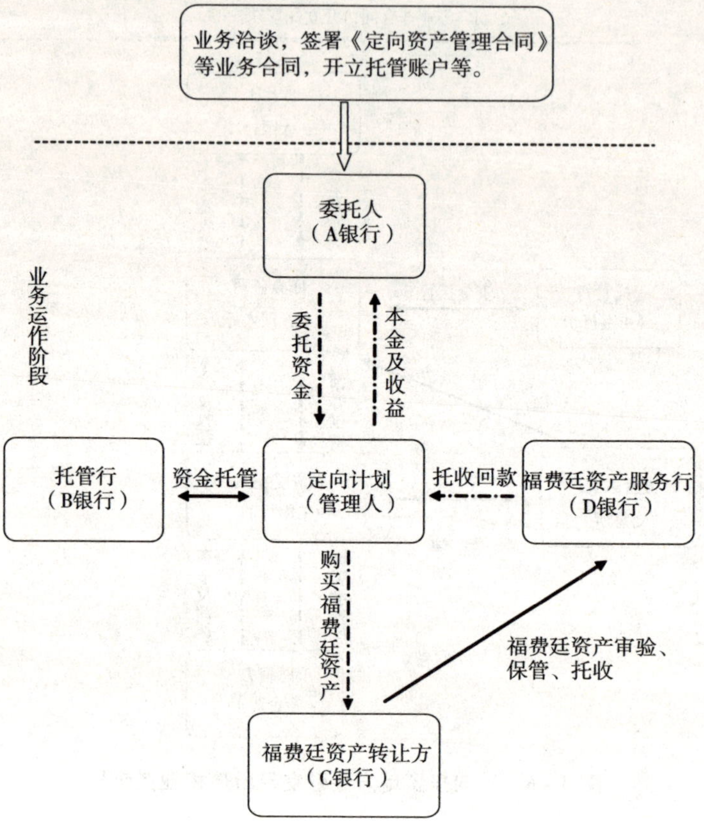

图 4－7　定向投资福费廷资产业务流程

证券公司通过与福费廷资产转让方及服务行三方签署《福费廷业务合同》,受让委托人指定的福费廷资产,并委托服务行对福费廷资产进行审验、保管及托收。委托人通过定向计划购买已持有的福费廷资产,可以降低福费廷资产所占用的融资额度,使其表内资产表外化。当福费廷收益率提高时,委托人通过定向计划购买市场上的其他福费廷资产,可以使委托人在不占用信贷额度的前提下,提高其资金的投资收益率。此类业务与票据业务相似。在此业务过程中,委托资金来源于委托人,福费廷资产已由委托人指定,因此,也属于通道类业务。

(八)投资于存量信贷资产的业务模式

委托人(银行)委托证券公司设立定向资产管理计划,将资金委托给证券公司进行定向资产管理,业务流程如图 4－8 所示。

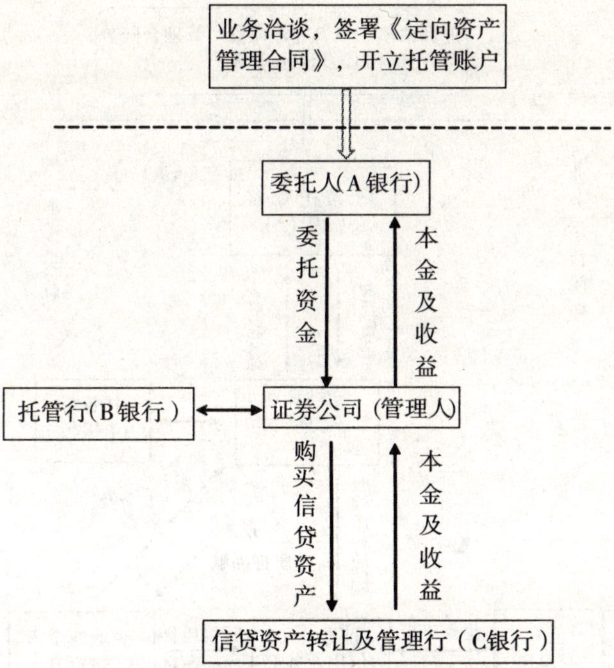

图 4-8　定向投资存量信贷资产业务流程

(九)投资于股票质押式回购的业务模式

委托人委托证券公司设立定向资产管理计划,将资金委托给证券公司进行定向资产管理,业务流程如图 4-9 所示。

证券公司定向资产管理计划作为出资方,与证券公司、融资方签订股票质押回购业务协议书,为融资方提供资金。同时,协议约定,融资方需要提供符合条件的标的证券作为质押,并在到期后履约归还所融资金及利息。由于股票质押式回购的出资方只能为证券公司、定向/集合资产管理计划,因此,为了实现对融资方的放款,委托人多数情况下只能通过资产管理计划方式,间接地参与股票质押式回购业务。在此过程中,证券公司只是提供了一个通道服务,收取较低的通道费。

(十)投资于银行间债券的业务模式

委托人委托证券公司设立定向资产管理计划,将资金委托给证券公司进行定向资产管理。证券公司根据委托人指令,向指定的交易对手方进行银行间债券的买卖。此类业务的委托人多为农商行,由于农商行理财资金无法开立银行间债券市场交易账户,因此,通过参与证券公司定向计划,间接参与银行间债券市场。

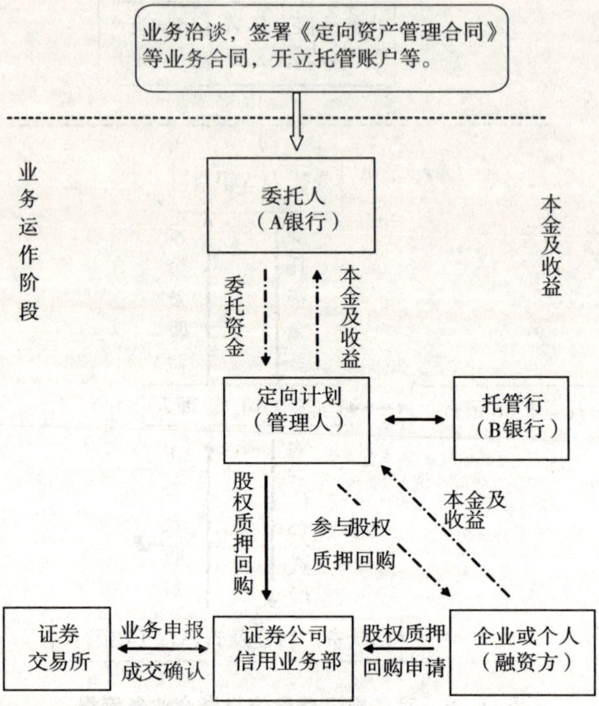

图4－9　定向投资股票质押回购业务流程

四、定向通道类业务模式的介绍

上述九类定向通道类业务模式中，投资票据资产、福费廷资产、存量信贷资产的业务模式，均为实现银行表内资产表外化目的的业务模式，此类业务的需求主要取决于标的资产的收益率以及特殊时点（月末/季末/年末）。

投资于信托计划、委托贷款、地方金融交易所债权的业务模式，均为实现银行间接向企业放款目的的业务模式，目前，证券公司无法直接给企业放款。

投资于股权收益权的业务模式，是银行为了实现提高资产收益率目的的业务模式，目前多家银行都对此类业务有较大的需求，因此，若有符合上述相关条件的股票标的融资需求，可找银行资金进行匹配。

投资于保险资产管理产品的业务模式，是银行为了提高其协议存款占比，从而实现其存款结构符合监管标准目的的业务模式，此类业务的需求主要取决于各家银行自身存款结构及特殊时点（月末/季末/年末）。

投资于银行间债券业务的业务模式，是为了实现银行理财资金参与银行间债券市场目的的业务模式，该业务需求主要来自农商行。

第二节　业务流程

一、业务流程图

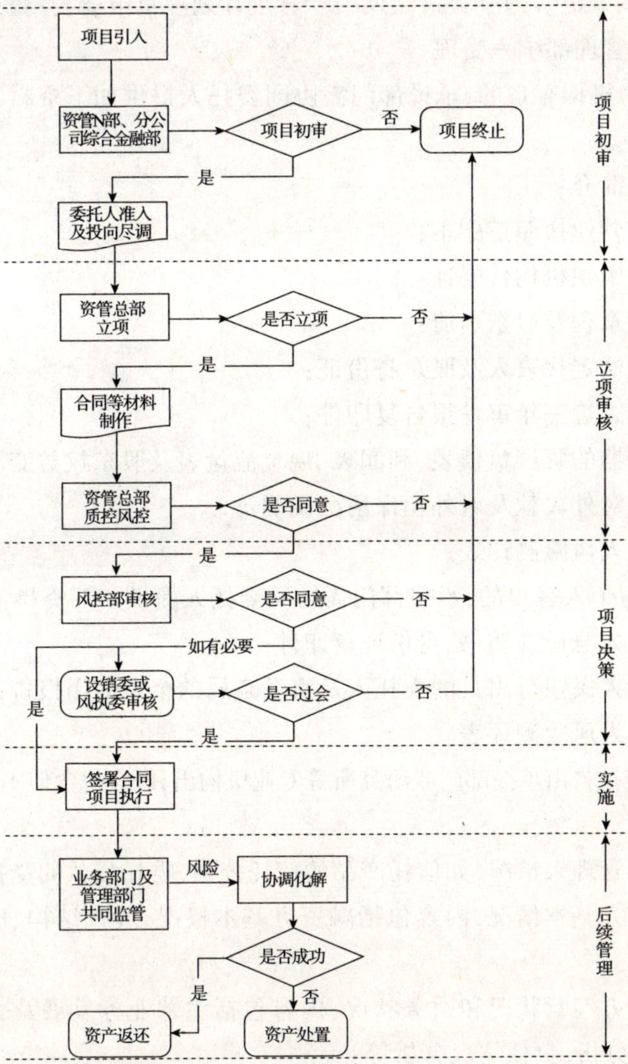

图4-10　定向业务流程

二、业务承揽及尽职调查

已申请挂牌资产管理业务的部门(资产管理N部)以及分公司综合金融部等各级部门可直接引入并承揽定向资产管理计划项目。

承揽部门根据项目情况进行初审,初审通过后,成立项目组并进行委托人准入及投向的尽职调查。调查结束后,形成委托人《资信调查评估报告》及投向的尽职调查报告,并填写《定向资产管理计划项目申请表》报送资产管理部,由其综合管理部统一受理。

委托人为机构客户的,承揽部门需协同委托人提供如下资料复印件并加盖公章:

(1)企业简介;

(2)企业营业执照正副本;

(3)企业组织机构代码证;

(4)公司章程及股东名册;

(5)公司法定代表人及股东身份证;

(6)委托人近三年审计报告复印件;

(7)最近期的资产负债表、利润表、现金流量表及股东权益变动表;

(8)企业对外欠款及对外担保情况说明;

(9)委托人风险测评表。

委托人为个人客户的,承揽部门需协同委托人提供如下资料:

(1)委托人身份证明书、身份证复印件;

(2)中国人民银行出具的委托人及直系亲属的个人信用报告;

(3)委托人风险测评表。

尽职调查报告由承揽部门或研究所等专业机构出具,应包含但不限于以下内容:

(1)产品管理人情况,如信托产品的信托公司、委托贷款的受托银行等;

(2)融资方基本情况,内容包括融资方基本概况、股权结构、历史沿革和发展现状等;

(3)融资方经营状况和财务状况,内容包括主营业务发展及企业治理情况、财务数据分析、负债情况分析等;

(4)融资方信用情况分析,内容包括企业信用报告和企业法定代表人信用状况；

(5)资金用途及还款来源；

(6)质押标的情况，股权、土地或房产等；

(7)尽职调查报告的结论和建议及证券公司在该项目中收益情况和后继业务开展。

三、业务审核

资产管理部受理项目申请材料后，由综合管理部判断该项目是否为常规项目，如有必要，可联合定向业务专家小组对该项目进行立项审核。如审核判断为常规项目，指定投资主办人。若审核为非常规项目，由质量控制部向风险合规部提交《创新业务风险合规预审表》；若项目涉及销售或产品设计的，向公司产品设计销售专业委员会提交《产品设计销售项目上会评议申请表》。

立项审核通过的，由项目承揽部门提供相关定向计划合同及业务合同，若无法提供的，由资产管理部产品设计部根据项目内容进行合同编写。

合同制作完成后，将委托人评估报告、尽职调查报告以及所有合同文件交由资产管理部内控经理审核并出具意见。项目承揽部门根据意见内容进行说明、修改及材料补充。

内控经理审核通过后，资产管理部立项审核完成。内控经理将业务合同提交给风险合规部律师进行合同审核。若内控经理无法判断该业务的风险，填写《创新业务风险合规预审表》连同相关《定向资产管理计划项目申请表》一起提交风险合规部审核。

四、业务决策

风险合规部收到业务合同后进行审核，并将反馈及修改意见返回至资产管理部内控经理。内控经理与承揽部门及合同签署各方协调解决修改事宜，直至征得风险合规部同意。

风险合规部收到《创新业务风险合规预审表》后，根据业务情况进行回复，项目承揽部门根据意见内容进行说明及材料补充。若风险合规部无法判断，经业务管理部门同意，可召开风控执行委员会会议或设计销售委员会会议进行专项讨论。会议通过的，方可进入合同审核，会议未通过的，则项目终止。

五、业务实施

1. 公司办公审批及合同报备

对于资产管理部立项审核通过以及风险合规部审核通过的项目，由资产管理部综合管理部将《定向资产管理合同》及相关的业务合同提交公司办公审批流程，目前该流程需要公司相关领导审批，通常需要3天以上时间。公司办公审批流程结束后，资产管理部综合管理部负责合同落印。

《定向资产管理合同》是定向资产管理业务的主合同，根据相关法律法规的规定，《定向资产管理合同》三方签署后的五个工作日内，需要将《定向资产管理合同》原件分别向中国证券业协会及所在地证监会派出机构报备。

2. 开户

在各方合同落印完成后，可进行托管户的开户手续。托管户是托管行为定向计划开立的专门用于定向计划资金往来的专项银行账户，一个定向计划开立一个托管户。

定向计划托管户的开立需要管理人协助办理。开户流程通常是托管行将开户材料包括账户开立申请书、网银开立申请书、授权书等邮寄至证券公司，证券公司负责开户的同事，根据要求填写相关业务表格，在指定的地方签字盖章，以及根据需要准备公司的基础材料。上述材料完备后，寄回托管行办理托管户的开立。托管户开立后，托管行将托管户回单等材料寄回证券公司。托管户开立通常需要3～5个工作日。

3. 业务运作及资金的划拨

合同签署完及托管户开立后，定向计划即可进入操作流程。定向通道类业务，通常资金划转一天完成。委托人会在业务运作前，至少提前一天通知各业务当事人，管理人需提前准备签署相关的业务合同。比如做票据业务，则签署《票据转让合同》及《票据业务合同》；做信托业务，则签署《信托合同》等。

业务运作当天，委托人将向管理人出具《投资指令》，并将资金存入定向计划托管户。资金到账后，管理人出具《业务起始运作通知书》给委托人及托管行，宣布定向计划成立及该笔业务开始运作。同时，管理人根据《投资指令》及已签署的业务合同的相关要素，制作划款指令，传真给托管行进行划款。资金从定向计划托管户划出后，则当天业务结束。

4. 定向计划的到期及终止

当定向资产管理计划期限届满,或三方一致同意提前结束定向计划时,定向计划将终止。届时,管理人将在规定的时间内出具清算报告,将委托资产清算方案以书面形式通知委托人、托管人,盖章回传给管理人。

管理人在资产委托到期日(含提前到期日)之前将委托资产中的非现金类资产变现。如委托资产中有不能变现的非现金类资产,则资产委托期限自动顺延,非现金类资产可变现后管理人应立即变现。非现金类资产全部变现后,托管人根据管理人的指令将管理费、托管费等费用从托管账户划往指定收款账户后,将托管账户内的属于本委托人的剩余现金资产返还给委托人。最后,管理人将办理托管户的注销手续。

六、后续管理

资产管理部项目管理部与业务承揽部门共同对存续期的定向资产管理计划进行运行跟踪。资产管理部质量控制部定期对投向进行风险评估,并出具独立的风险评估报告,提示相关风险。

资产管理项目管理部针对股权质押类项目的质押标的股票进行市值和履约比例的盯市监控。

(1)履约保障比例达到或低于警戒线时,提醒客户追加保证金,并确保履约保障比例不低于警戒线;

(2)履约保障比例达到或低于平仓线时,要求客户提前回购,否则进入违约处置程序。

业务承揽部门对融资客户进行定期或不定期的上门回访,了解、掌握客户的最新动态包括客户的经营状况、负债情况、还款能力等。

资产管理部和风险合规部应及时沟通联系,在发生违约的情况下按合规管理流程启动违约处置程序。

第三节 业务准入标准

一、交易对手准入标准

在交易对手的选择中,证券公司的基本原则是:

1. 优先选择国有商业银行及股份制商业银行作为交易对手;

2. 对于与城商行、农商行的合作，综合考虑其资本充足率、核心资本充足率、不良贷款率、不良资产率、拨备覆盖率等指标后选择准入；

3. 审慎选择农信社、联社作为交易对手，严格考察其资本充足率、核心资本充足率、不良贷款率、不良资产率、拨备覆盖率等相关指标。

二、投向准入标准

（一）标准化产品准入标准

所谓标准化产品，是指经过金融机构发行销售，在证券交易所或银行间市场等场所可以进行交易转让的相关产品类型，这类产品主要包括股票、债券、股指期货、商品期货、央票、短融、中票、利率远期、利率互换、基金等。

纳入证券公司标准化产品范围的产品类型需符合以下条件：

(1)不涉及重大虚假陈述及重大违法、违规；

(2)未出现最近一个年度内财务报表被会计师事务所出具拒绝表示意见或者保留意见；

(3)不存在被人为操纵嫌疑；

(4)不属于法律法规和公司制度明确禁止投资的股票；

(5)未出现筹码集中度高且流动性差；

(6)不涉及重大案件和诉讼等。

（二）股权质押类项目准入标准

1. 上市公司股权质押类项目准入标准

(1)定义

股权质押融资类业务指以上市公司股票或者非上市公司股权为质押标的进行融资的业务。

上市公司股票是指能够在中国证券登记结算有限公司依法办理质押登记手续的上市公司股票。

(2)融资对象

股权质押融资类业务的重点融资对象应为信用记录良好、无重大违法违规行为、财务会计文件无虚假记录、还款来源充足、盈利良好的公司，审慎对待自然人融资项目，尤其是中小板股票自然人融资。

(3)标的股权范围

拟质押上市公司股票应为质地优良、流通股本规模适度、流动性较好的主板、中小板股票，原则上不接受创业板股票、ST 类股票（风险警示板股票）。公司不接受下列股票进行质押融资：

最近一个季度（或年度、半年度）报告显示净资产为负值的股票；

近期（三个月或六个月）内股票价格的波动幅度异常的股票；

最近期公布的年报中出具“保留意见”、“带解释性说明的保留意见”或“拒绝表示意见”等年报审计意见异常的股票；

最近一年内受到中国证券监督管理委员会公开处罚、谴责、调查的上市公司的股票。

（4）质押率、警戒线及止损线、质押集中度

上市公司主板股票质押率不超过 6 折，中小板股票质押率不超过 5 折，具体根据股票基本面、行业情况、股价及交易情况综合判断。

（5）警戒线与止损线

对于拟质押股票质地、流通性较好，或者虽然为限售流通股，但期限为 1 年以内（含 1 年）且可以覆盖限售期的情况，分别设置为融资本息的 150%/130%，除此之外，均设置为融资本息的 160%/140%。

（6）质押集中度

个股累计质押给公司的数量占总股本比例不超过 30%；融资人为上市公司高管且累计质押给公司的数量占其持有股份数量比例不超过 25%。

（7）融资用途及期限

关注融资用途及其合理性，回避存在大股东质押套现嫌疑的项目，必要时可委托银行等监督资金使用。

融资期限必须覆盖限售期，且需预留至少两个月的处置期。

2. 非上市公司股权质押类项目准入标准

（1）定义

股权质押融资类业务指以上市公司股票或者非上市公司股权为质押标的进行融资的业务。

非上市公司股权是指能在相应工商行政管理部门注册登记的股份有限公司和有限责任公司股权。

（2）融资对象

股权质押融资类业务的重点融资对象应为信用记录良好、无重大违法违规行为、财务会计文件无虚假记录、还款来源充足、盈利良好的公司，审慎对待自然人融资项目。

(3)标的股权范围

非上市公司股权质押原则上仅限银行、保险、证券等金融类公司,且该公司需在同类企业中综合实力靠前、业绩表现与盈利能力优秀。

证券公司不接受以下股权办理质押融资:

被人民法院依法冻结尚未解除冻结的股权;

已办理出质登记尚未注销登记的股权;

公司章程规定不得转让或者不得出质的股权;

存在法律、行政法规规定的不得出质其他情形的股权;

办理质押登记存在其他障碍的股权。

(4)质押率、警戒线与止损线、质押集中度

①非上市公司金融类公司股权的质押率不超过其最近年度经审计后的每股净资产的80%,具体根据综合实力、行业排名、业绩表现与盈利能力等情况综合判断。

②警戒线与止损线

对于拟质押股票质地、流通性较好的情况,分别设置为融资本息的150%/130%,除此之外,均设置为融资本息的160%/140%。

③质押集中度

个股累计质押给公司的数量占总股本比例不超过30%。

(5)融资用途及期限

关注融资用途及其合理性,回避存在大股东质押套现嫌疑的项目,必要时可委托银行等监督资金使用。

融资期限必须覆盖限售期,且需预留至少两个月的处置期。

第四节　客户适当性管理

一、投资者适当性管理

1. 了解客户及风险测评和分类

客户首次参与或购买资产管理产品或服务前,除基本信息以外,销售部门还应当了解客户以下信息:

(1)财务状况,包括收入来源和数额、净资产、资产数额(包括金融类资产和不动产)、未清偿的数额较大的债务;

(2)投资知识,包括曾经从事与金融产品投资相关的职业、对相关市场与产品、服务的理解及认知程度;

(3)投资经验,包括曾经投资过的金融产品的性质、品种、金额、交易频率及持续时间;

(4)投资目标,包括投资期限、投资品种、收益预期;

(5)风险偏好;

(6)其他必要信息。

2. 客户不提供信息或提供的信息不完整的,应当明确告知客户无法确定其投资者类别或风险承受能力等级,并不得为其办理参与或购买资产管理产品或服务的手续。

3. 客户风险承受能力等级分为激进型、进取型、稳健型、相对保守型、保守型。

二、资产管理产品或服务的风险分级

1. 研究所负责评估产品或服务的风险等级,资产管理部对产品或服务评估结果进行确认。风险合规总部有权根据监管机构和交易所的要求对产品或服务的风险等级进行调整。

2. 资产管理产品的风险等级分为高风险、中高风险、中风险、中低风险、低风险。

三、提供适当性产品与服务

1. 销售部门在销售资产管理产品时,应披露资产管理合同或说明书以及风险揭示书;在销售复杂或高风险产品时,应披露评估产品的风险特征与客户风险承受能力的匹配情况;对具有杠杆效应的复杂或高风险产品,应向客户提示可能产品的最大损失;对流动性差或者不存在公开交易市场的复杂或高风险产品均应向客户如实披露。

2. 销售人员应当向客户讲解资产管理部制作的《风险揭示书》中的内容,并将风险揭示书交客户签字确认。销售部门应明确告知客户,披露评估产品的风险特征与客户风险承受能力的匹配情况不构成对客户投资收益的担保。

3. 销售部门应与客户签署《适当性评估结果确认书》,并交客户在相应位置签字确认。

4. 资产管理产品风险等级与客户风险承受能力匹配的原则：

(1)保守型客户——低风险产品；

(2)相对保守型客户——低风险产品、中低风险产品；

(3)稳健型客户——低风险产品、中低风险产品、中风险产品；

(4)进取型客户——低风险产品、中低风险产品、中风险产品、中高风险产品；

(5)激进型客户——低风险产品、中低风险产品、中风险产品、中高风险产品、高风险产品。

5. 销售部门认为客户参与或购买资产管理产品不适当或者无法判断是否适当的，不得主动向客户推介。客户要求购买或接受高于其风险承受能力等级的金融产品或金融服务的，销售部门应当进行风险提示。客户经风险提示后仍坚持购买产品或接受服务的，产品销售部门应当要求客户以签署《金融产品或服务不适当警示及普通投资者投资确认书》方式确认并承诺对投资决定自行承担责任。销售部门应当做好留痕工作，包括但不限于录音、摄像、书面承诺等形式。

四、投资者适当性管理的监督和跟踪

资产管理产品销售过程中，客户需签署的所有资料必须由客户本人或其授权代表签署。对于客户本人或其授权代表未能签署的或由他人代签的，销售部门不得为其办理参与或购买资产管理产品或服务的手续。

销售部门应在产品销售中实行双人复核制，对客户参与流程以及适当性管理进行复核，确保投资者适当性工作得到充分执行。

第五节　市场推广

一、目标客户

(一)金融机构

金融机构是目前定向资产管理业务最大的客户群体，特别是银行。大部分通道类业务都来源于银行表内资产转移到表外的需求。现阶段，我国银行大致分为五大类：政策性银行、国有商业银行、股份制商业银行、城商行农商行、农信社联社。五类银行中，除政策性银行证券公司不能合作外，其他均可

考虑作为委托人进行合作。

(二)企业

企业的融资需求以及投资需求会直接催生出定向资产管理业务。如果企业的融资需求可以通过寻找到单一资金来对接,那么理论上都可以设计成一个定向资产管理计划,只是不同的标的物、不同的担保方式可能会导致交易结构的不同。另一方面,根据企业客户对于投资的要求,可以为其提供相应的投资标的,定向资产管理计划可以作为一个产品的载体来呈现。

(三)个人

个人客户在定向资产管理计划中出现的可能性比较小,一般是以委托人的方式出现,即成为单一资金的出资方。此类客户一般是有真实的投资需求,或者是已经找到标的物,但是资金无法直接投资,或者是想通过证券公司寻找投资的标的物。此类客户的推广风险在于适当性管理的要求较高。定向资产管理计划由于投向是与委托人合同约定的,因此理论上什么都可以投,这就包含了较高的投资风险。而一般的个人相比机构客户而言,其风险识别能力以及抗风险能力都要远远低于后者,与之风险所匹配的投向非常有限。

二、业务优势

资产管理部产品类型主要包括定向资产管理产品、集合资产管理产品及专项资产管理产品。相比而言,定向资产管理产品存在以下方面优势:

从开展方式上看,定向资产管理产品只需要与单一客户签订资产管理合同,而集合资产管理产品需要向多个投资人发行,需要一定的募集期。定向资产管理计划委托人资金当天到账,当天成立,效率更高;

从投资范围看,集合资产管理计划投资范围主要包括股票、债券、基金等权益类资产、固定收益类资产、现金类资产、商品期货、利率远期、利率互换、证券公司专项资产管理计划、商业银行理财计划、集合资金信托计划。定向资产管理计划的投资范围由证券公司与客户通过合同约定。相比而言,定向资产管理计划的投资范围更广,灵活度更高。

从产品规模来看,集合资产管理业务发行的产品规模至少为3000万元,而定向资产管理业务发行的产品规模最低门槛为100万元。对于融资需求小于3000万元的项目而言,通过定向资产管理产品实现其业务目的是最好的选择。

从监管方式来看,集合资产管理计划需要证监会审批,一方面存在审批时间较长的问题,另一方面是否能通过审批也存在较大不确定性。相比而言,定向资产管理计划采取事后备案制,业务效率更高。

由于定向资产管理计划采取一对一的设计模式,证券公司可以通过加强与客户的沟通,了解客户的差异化需求,进而设计满足客户特殊需求的定向资产管理产品。

三、展业路径

2012 年以来,证券公司在定向投资票据业务、定向投资信托业务(SOT)等领域开展业务,可以通过丰富产品类型、促进内部整合、拓展业务渠道、加强同业合作等方式全面扩展定向资产管理业务。

首先,证券公司可以大幅增加定向产品类型,尽快覆盖证券公司定向资产管理可以涉及的所有通道业务类型,为客户提供全面的产品服务,提升公司定向资产管理产品竞争力。在适当条件下,证券公司也会开展定向资产管理的主动管理服务,努力打造定向资产管理的品牌与竞争力,从而提升部门盈利能力。

其次,证券公司将努力实现内部资源的有效整合。证券公司的营业部和投行等业务条线长期以来活跃于业务一线,积累了较多的优质客户,掌握了一定的渠道资源。因此促进公司内部资源的有效整合是证券公司开展定向资产管理业务的有力抓手。

再次,需要进一步拓展业务渠道。定向资产管理计划与客户之间进行一对一服务,无论是通道业务类型还是主动管理业务类型,都是在现有的大客户之间开展,因此渠道的作用十分重要,证券公司力争从部门销售、同业、公司网点等方面有效拓展客户并留住客户、沉淀客户。

最后,加强与银行、信托、保险等其他金融机构的合作。定向资产管理业务与单一信托等业务类型较为相似,银行在渠道、客户、创新能力等方面竞争力强大,保险等其他金融机构也在部分业务方面独具优势,作为后起之秀的证券公司定向资产管理业务必须向其他金融机构学习历史经验,开展广泛合作,从而在泛资产管理时代取得一席之地。

四、销售策略

(一)经验

资产管理部开始发展定向资产管理业务,业务投向包括票据资产、信托计划、委托贷款、地方金融交易所债权、保险公司资产管理产品、股权收益权、银行间债券等。在业务发展的同时,资产管理部及相关业务人员累积了大量定向业务的管理及操作经验。

(二)效率

根据监管要求,证券公司定向资产管理业务主要采取事后备案制度,要求签署合同后5个交易日报备当地证监局及中国证券业协会。报备材料只需要定向资产管理合同,报备材料相对较少。从公司内部风险控制流程来看,对于证券公司已经做过的业务类型,内部审核流程较为顺畅,合同设计及流程操作也相对简单。

(三)价格

定向资产管理业务具有较为明显的价格优势,对于证券公司不承担实质风险的通道业务而言,证券公司收费仅为万分之几,具体视定向资产管理计划投向、规模等情况而定;而对于主动管理型定向资产管理业务来说,收费标准视证券公司在其中承担的风险而定。相比单一资金信托,证券公司定向资产管理业务收费具有较大优势。此外,银行资金投资信托计划的银信合作已被叫停,而银行资金投资定向资产管理计划则限制相对较小。

(四)附加值业务

证券公司通过发展定向资产管理业务,可以带来以下几个方面附加值:

(1)不仅可以积累项目资源,而且可以积累资金渠道;

(2)通过与银行合作,可以利用银行庞大的网络及客户资源;

(3)通过和信托公司合作,可以利用证券公司与信托公司在业务方面的优劣势互补,共同合作开展通道类业务;

(4)证券公司可以为银行及信托公司提供高风险类投资组合的管理咨询及顾问服务。

第六节　定向资产管理业务风险管理

一、风险的防范

由于目前定向资产管理业务主要以通道类业务为主，因此如何防范与银行、信托公司等金融机构合作的风险，是证券公司在定向业务开展过程中所要考虑的首要及重点问题。证券公司对于风险防范主要考虑以下几个方面：

1. 对于通道类业务，证券公司总体把握一个原则，即通道类业务证券公司不承担业务实质性风险。由于通道类定向资产管理业务收费低廉，资金来源及投资品种的来源均由银行提供，证券公司只是提供一个产品载体或通道服务。为此，证券公司将在《定向资产管理合同》中明确约定，投资产生的风险由委托人自行承担。同时，在购买投资品种时也要明确证券公司只是作为定向产品的管理人代理买卖投资品种，若出现相关的损失也由定向产品承担。

2. 对于类信托业务，公司应遵循"风险可测、可控、可承受"的原则。为此，明确业务前后台分离的原则，业务的承揽必须是由公司授权可开展资产管理业务的部门进行，这些业务部门必须具备对项目开展尽职调查的专业能力。中后台管理部门不参与项目的承揽，以独立及客观的立场对项目进行审核。

3. 证券公司向委托人充分揭示风险，并签署风险揭示书。在业务执行中，均由委托人发出指令要求管理人投资特定标的，以表明证券公司受托的立场。

4. 加强与银行、信托公司的沟通和学习。前后台业务人员均需加强与银行、信托公司等金融机构的沟通和学习，了解相关业务模式及创新方向，了解其他金融机构对于该业务的风险及防范措施。

二、风险的化解

目前证券公司开展的定向资产管理计划产品的投资方向主要包括票据、信托计划、协议存款、基金专户理财、货币型基金、短融以及资产收益权。在这些投向中，票据、信托计划和资产收益权的不可控因素相对较多。为此，证券公司在开展上述业务中，制定了相关的风险防范措施，来化解可能出现的一系列问题。

1. 对于票据、信托计划可能出现的风险隐患的化解方法

(1)投资范围均由证券公司与客户通过合同约定

目前,证券公司开展的通道类定向资产管理业务的投资范围主要包括信托计划、票据类资产和资产收益权,其他投资品种占比较小。上述投资品种没有违反法律、行政法规和中国证监会的禁止规定;相关投资品种亦取得客户的同意和认可,并通过签订定向资产管理合同的形式予以确认。

(2)合同明确由客户自行承担投资风险

目前,通道类的定向资产管理合同中都已明确列示:管理人声明不以任何方式对委托资产本金不受损失或取得最低收益作出承诺。

(3)证券公司对投资的信托计划到期不能变现如何处理有明确约定

管理人在《定向资产管理合同》中约定:如因委托资产投资产生的向债务人行使债权追索权的相关事务主张及承办责任由委托人全部承担,定向资产管理计划管理人仅在提供相关手续上予以配合而无其他义务。

(4)投资于信托计划的定向产品,对于合同终止有明确约定

管理人在《定向资产管理合同》中约定:管理人有权在资产委托到期日或提前终止日之前,将委托资产按照当时的现状(包括但不限于托管专户内的货币资金及相关权益,委托人要求保留的证券资产和委托资产中的停牌证券除外)向委托人进行分配,托管人根据管理人的指令将管理费、托管费等费用从托管专户划往指定收款账户后,管理人将剩余的委托财产返还给委托人,视同本合同项下的委托资产分配、清算完毕,本合同的法律关系终止。

(5)票据类的定向资产管理业务开展过程中,证券公司所管理的定向资产管理计划不对票据的真实、合法性负责。

管理人在相关《票据资产转让合同》中约定:本合同项下票据资产对应的票据转让至定向资产管理计划后,如票据资产服务方发现票据资产对应的票据全部或部分不符合合同相关条款约定的,票据转让行应该向定向资产管理计划支付不符合约定票据对应的票面金额,如因此给定向资产管理计划造成其他损失的,票据转让行应予以全额赔偿。

(6)票据类的定向资产管理业务开展过程中,证券公司所管理的定向资产管理计划不承担兑付风险。

管理人在相关《票据资产转让合同》中约定:本合同项下票据资产对应的

票据非因管理人原因承兑人拒绝付款时,票据转让行自行向定向资产管理计划支付票据资产对应的票面金额。

(7)票据类的定向资产管理业务开展过程中,证券公司所管理的定向资产管理计划不承担票据审验、保管、托收的风险。

管理人在相关《票据资产服务合同》中约定:因票据服务行违反票据审验约定或管理不善造成票据虚假、票据存在瑕疵或票据资产丢失、毁损等而造成定向资产管理计划损失的,票据服务行应承担由此给定向资产管理计划造成的全部损失。

(8)票据类的定向资产管理业务开展过程中,由于票据服务行原因而造成票据款项逾期收回的,证券公司所管理的定向资产管理计划有权按合同约定收取违约金。

管理人在相关《票据资产服务合同》中约定:

①票据服务行违反合同票据服务行义务,造成票据款项逾期收回的,自票据到期日第四日起(含第四日),票据服务行按0.2‰/天支付违约金;

②票据服务行违反合同,怠于将票据款项划拨至定向资产管理计划托管专户的,自票据服务行收到票据款项之日起,票据服务行按延迟划付款项×0.2‰×延迟天数向定向资产管理计划支付违约金。

(9)票据类的定向资产管理业务在资产委托到期时,如委托资产中有不能变现的非现金类资产,则资产委托期限自动顺延。

管理人在《定向资产管理合同》中约定:管理人应在资产委托到期日(含提前到期日)之前将委托资产中的非现金类资产变现。如委托资产中有不能变现的非现金类资产,则资产委托期限自动顺延,非现金类资产可变现后管理人应立即变现。

2.对于资产收益权可能出现的风险隐患的化解方法

鉴于资产收益权业务的特点,证券公司也梳理了相关的风险点及风控措施,具体情况如下:

(1)融资方到期能否按时偿还本息的风险

首先,审核第一还款来源是否能完全覆盖融资的本息。

其次,对于收益权到期回购义务,是否有第三方提供全额无条件不可撤销的连带责任担保。审核担保方担保效力。

最后,合作的银行是否有对该融资主体提供足够的授信额度,当融资主体无法履行回购义务时，就差额部分银行是否可承诺在授信额度范围内通过发放流动贷款的形式进行偿还，以此进一步降低未来到期偿还本金和利息的风险。

(2)定向计划购买收益权的合法性，以及定向计划对收益权的控制度

有时由于无法接受收益权的质押，收益权所对应的收入并未设计成归集到定向专用账户中，但是作为收益权的原始债权人可出具相关承诺函，承诺以下事项：

①确认收益权所对应的收入完全合法。

②收益权在证券公司股份有限公司××定向资产管理计划成立前没有向任何银行、信托以及其他金融机构进行过抵质押以及其他隐性担保行为。

③在证券公司股份有限公司××定向资产管理计划存续期间，收益权不得另行出售给其他金融机构，也不能抵质押给任何银行、信托以及其他金融机构。

通过类似的承诺，证券公司可实现对收益权的一定的控制。

(3)向计划委托人投资出现亏损导致的风险

向委托人充分揭示风险，并签署风险揭示书，此外，委托人出具专门的投资指令要求定向计划投向此项目，并表明愿意独立承担全部投资风险。

第七节　金融同业业务套利中的“非标资产”

金融同业业务开展过程中，会出现所谓“监管套利”，即各业务条线由于分业监管，中国银监会、中国证监会和中国保监会的监管政策不一致，从而带来的业务套利机会。

据统计，截至2016年6月底，银行理财26.3万亿元，信托计划15.3万亿元，公募基金8.4万亿元，基金专户16.5万亿元，证券公司资产管理计划14.8万亿元，私募基金5.6万亿元，保险资产管理2万亿元。汇总规模在88万亿元左右，剔除产品相互嵌套的重复计算因素后，实际业务规模预计在60万亿元左右。也就是说，互相嵌套产品规模在30万亿元左右，占比超过30%。

监管套利并非贬义词，它是与监管逃避完全不同的一种金融创新或管理创新。没有扩大金融风险的监管套利，应该得到监管的保护。所以，用“同业业务套利模式”的称谓来中性地、理性地定义近年来商业银行进行的监管套利可能更合适，将同业业务作为金融创新的工具，以及承担银行盈利职能的新兴业务形态。

2013年是证券同业业务发生质的飞跃的一年。在这一年，中国证监会放宽资产管理业务许多限制，特别是定向资产管理业务的限制，投资范围由管

理人和委托人协商确定。同时,中国人民银行和其他监管部门对商业银行采取严格的信贷规模控制和存贷比要求,导致银行资金供给端和需求端出现了严重缺口。中国人民银行连续提高准备金率以及银行负债端活期存款大幅分流,更是使银行在负债端压力显著加大。而这一时期恰恰正是国内贸易融资业务和银信合作业务兴起之际,基于银行票据和信托受益权进行的同业业务创新,使金融同业的"非标资产"形式不断变化,规模大幅增长。

一、非标资产的定义

"非标资产"的全称是非标准化债权资产。

2013年3月25日,中国银监会下发《中国银监会关于规范商业银行理财业务投资运作有关问题的通知》,对"非标资产"所作的定义是:非标准化债权资产是指未在银行间市场及证券交易所市场交易的债权性资产,包括但不限于信贷资产、信托贷款、委托债权、承兑汇票、信用证、应收账款、各类受(收)益权、带回购条款的股权性融资等。

"非标资产"的业务形式有银信合作、银证合作、票据双买断、同业代付、受益权转让、买入返售银行承兑汇票、同业偿付等。

"非标资产"是相对于在银行间市场或交易所流通的债券类标准化资产而言的,银行通过同业业务或理财业务等形式投资的类信贷资产,由于不能在银行间市场或交易所流通,都属于"非标资产"。

二、同业业务存在的原因

同业业务之所以从商业银行短期流动性管理工具转变为"非标资产"的投融资工具,有三个方面的原因:

1. 由于75%的存贷比红线和信贷规模的控制,银行的信贷投放难以满足一些企业的融资需求,通过同业业务投资"非标资产",可以合理地避开信贷规模限制,变相给企业发放贷款;

2. 由于一些地方融资平台、房地产企业和产能过剩行业是中国银监会限制银行贷款投向的领域,既无法从银行获得贷款,也无法通过债券等标准化工具进行融资,存在巨大的融资需求;

3. 银行间资金利率和实际融资价格之间存在比较大的价差,以同业业务打通资金供给端与需求端的隔阂,对银行而言是有利可图的。

三、同业业务运作

同业业务与“非标资产”相组合成为银行同业业务套利的最核心内容，这种组合从本质上归结为四个词：

腾挪科目、借用通道、发行产品、投资“非标”。

“非标资产”的配置与运作模式如图 4－11 所示。

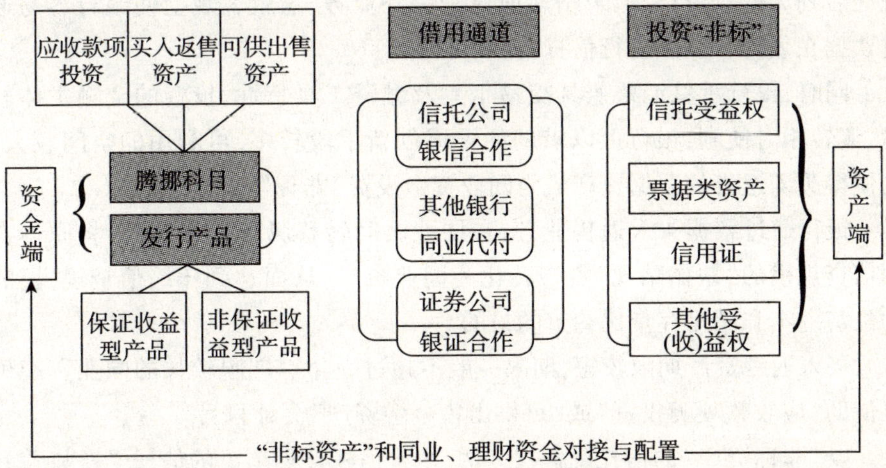

图 4－11　“非标资产”的配置与运作

1. 腾挪科目

通过将“非标资产”腾挪摆放在同业资产的相关会计科目中，实现同业资金对“非标资产”的运用。

我国银行业同业资金来源结构一般是：

(1) 国有大型银行是资金的拆出方；

(2) 全国股份制银行等中型银行通常可以自求平衡；

(3) 地方银行等小型银行则为资金的拆入方。

为绕开存贷比和贷款规模的控制，中小银行把从金融市场中拆入的资金，用于满足其客户旺盛的融资需求和提升自身盈利水平。但是，如何用存款之外的同业资金投资于信贷规模盘子之外的“非标资产”值得研究。这其中的关键环节就是通过对反映在银行资产方的三个同业资产会计科目的腾挪运用来实现的。这三个会计科目分别是买入返售金融资产、应收款项类投资和可供出售金融资产。

买入返售金融资产是同业套利模式当中最为常见的会计科目。之所以能成为同业业务的主要载体方式,是源于买入返售可以通过资产的腾挪来为交易对手融出资金,而交易对手在不以资产的真实转移为目的,并且基本不改变资产负债表的情况下,通过资产负债表会计科目的转换获得了新的资金。

以票据的买入返售为例,票据体现为贴现和未贴现两种形式,票据在贴现之后划为信贷资产,但未贴现前属于表外业务,这就客观上使银行容易通过票据在表内和表外进行信贷资产的转换。

同时,银行承兑汇票兼具交易工具及融资工具特性,投资的金融主体较多,流转相对便利,银行可以借助的渠道创新手段较多,可利用的空间较大,这使得买入返售的票据资产成为同业资金投资"非标"的重要载体。

银行通过票据买入返售业务,在同业之间转移腾挪票据资产,将原本占用信贷规模的"票据贴现"资产转化为同业资产,从而达到压缩信贷规模、节约经济资本和满足存贷比约束的目的。

买入返售资产期限较短,期限一般不超过一年。期限较长的同业资产可以借助"应收款项类投资"或"可供出售金融资产"会计科目。

以"非标资产"的信托受益权为例,由于信托计划项下的信托受益权兼具物权和债权的性质,是可以转让的财产权。银行的同业业务运用"应收款项类投资"或"可供出售金融资产"会计科目,以此为载体来体现同业资金对信托收益权的投资,达到变相对客户融资的目的。

把拆入的同业资金运作腾挪至"买入返售金融资产""应收款项类投资"和"可供出售金融资产"等同业资产会计科目中,将信贷资产变成同业资产,实现对"非标资产"的投资。在银行资产负债表中表现为银行同业资产端的这三项科目与同业负债端的同业拆借科目双边数额等额大幅增长。

2. 发行产品

通过理财产品的发行来投资"非标资产"。"腾挪科目"体现的是用银行表内同业资金来为"非标资产"的运用与投资提供资金来源,而"发行产品"则是银行的表外业务为"非标资产"的投资提供资金来源。

银行将发行理财产品所获资金投资于"非标资产"。

对于信托受益权类资产所产生的收益,由理财的投资客户、理财产品发行银行、信托公司共同分享。

对于投资于银行承兑汇票和商业承兑汇票的票据类“非标资产”，理财收益则来自于票据贴现收益（监管政策已禁止理财产品投资于发行银行自身持有的票据资产）。

银行通常只把保本型的理财产品记入资产负债表，而将不正式承担信用风险的产品记在表外，投资于“非标资产”的理财产品都记在资产负债表外，这既不耗用银行资本金，也不计提拨备，从而规避了贷款规模限制和存贷比限制。

有的银行与其他银行的同业资金对接，还通过发行保本型理财产品投资“非标资产”的方式进行。其方式是：

银行A用发行保本型理财产品所募集的资金投资于银行B的同业存款，银行B以买入返售资产的方式，将资产配置在票据、信贷资产、应收租赁款和信托受益权等多种金融资产上。而同业买入返售本质上与逆回购一样，都是协议约定先买入，到期再按约定价格返售，实际是资金融出的过程。

3. 借用通道

银行为了开展和扩张同业业务，会选择一些通道或SPV（Special Purpose Vehicle，特殊目的载体），例如与信托公司、证券公司和其他银行等进行对接。通过这些通道或SPV，自有信贷资产在资产负债表中不同科目间转化，资金最终投向“非标资产”中。

（1）以借助信托公司的通道为例

我国法律规定商业银行不得在境内从事信托投资业务，但基于“投资于信托”不同于“信托投资”的理解，银行A通过信托公司等通道机构向企业发放一笔信托贷款（也可以是委托贷款、定向资产管理计划投资等）即“过桥资金”，然后将这笔信托受益权转让给“过桥企业”，再由“过桥企业”转给“过桥银行”，最终银行A以自营资金购入持有。

从资金流向不难看出，整个融资链条实质是银行A给企业间接提供了一笔融资。“过桥企业”的存在，可以绕过监管当局对银行理财资金直接投向信托受益权和委托贷款等金融工具的政策约束。“过桥银行”则是将交易对手转化为银行同业，以减少资本消耗。

（2）在借助证券公司通道方面

银行首先委托证券公司定向管理自己部分理财资金（表外资金），同时在定向理财的协议签署后，要求证券公司用这笔资金直接买断银行的“非标资产”,从而完成“非标资产”的投资出表。

在这一过程中,证券公司成为通道,并收取“通道费”,尽管获得收益较集合资产管理低,但风险很小。在通道总量上去之后,证券公司收入更可观,对于股市低迷环境下的证券公司来说无疑是突破点。这一通道操作手法实际上与借助信托公司通道类似。

(3)在借助银行同业方面

主要是开展同业代付类业务。同业代付又称代理同业委托付款业务,即委托银行 A 根据其客户的申请,以自身的名义委托其他银行 B(受托银行)提供融资,受托银行 B 在规定的对外付款日,根据委托银行 A 的指示先行将款项划转至委托银行账户上,委托银行 A 在约定还款日偿还受托银行 B 代付款项本息。国内的同业代付主要是基于国内信用证结算项下、国内保理项下以及票据类的代付,其运作流程如图 4-12 所示。

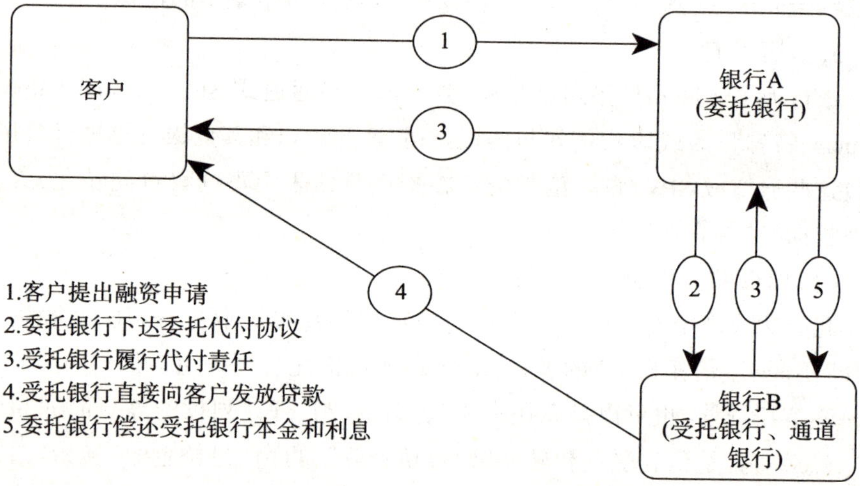

图 4-12 同业代付运作流程

从会计核算的关系来看,对委托银行而言,由于没有直接对客户发放贷款,该笔业务不进入银行的资产负债表,不纳入贷款规模考量,但却满足了客户的融资需求。

对受托银行而言,由于该业务是对银行同业进行资金拆出,会计处理记为同业拆放或应收款项科目,不受信贷科目监控,既获得保证金存款沉淀和手续费收入,又不影响其存贷比和信贷规模。

以国内信用证结算项下代付为例，委托银行A为开立信用证的银行，其开立信用证的同业代付属于表外业务，而代付银行B由于有开证行A的担保，其代付资金计入“应收账款——同业代付”科目，计入同业拆借。

由于A、B双方均不受信贷规模控制，其存贷比也不受影响，因而同业代付成为银行各自资产规模快速扩张的途径。同业代付可以通过改变代付方式，如买方代付、卖方代付、偿付等多种方式，进行贸易融资领域方面的创新。

第八节 案例分析

一、某银行分行票据业务

机构销售交易部销售团队与某银行分行业务负责人初步沟通，双方达成了合作共识。机构销售交易部业务承揽人员与业务联系人沟通，主要了解银行票据业务的基本模式、规模、时间点等内容。从银行的反馈来看，某银行分行与该行其他分行的业务模式类似，并且存在业务需求，但缺少该业务的一个过桥银行即定向计划委托人。由于此类型的过桥银行目前市场上并不多，机构销售部承揽人员委托资产管理部，共同为其寻找合适的过桥银行。

随后，该分行由于有项目急于落地，因此借用其兄弟分行的定向计划，投资于某信托计划，于7月初成功向企业放款近7.5亿元。该分行对于证券公司定向业务的高效率及专业的服务比较满意，因此，在其兄弟单位的介绍下，找到了合适的过桥银行，委托证券公司为其成立一个新的定向计划，用于投资信托计划及票据业务。

该业务向资产管理部综合管理部递交申请后，被认定为常规项目，并指定定向计划的投资主办人。同时由于某银行是证券公司此前业务合作方，在合同无修改的基础上，可沿用此前合作的模板。一周后，资产管理部已经完成了《定向资产管理合同》的公司办公审批流程及用印，并同时完成了该定向计划托管户的开立。

7月中旬，机构销售交易部业务承揽人员在完成票据业务交易对手方的《资信调查评估报告》后，提交定向计划投资主办人，投资主办人将《资信调查评估报告》及《票据资产转让合同》、《票据资产服务合同》一同提交OA审批流程，待流程结束后，即可进行业务的实施。

1. 关于银行对接部门

目前，证券公司开展的通道类定向资产管理业务，需求方均为银行。业务类型较多的是票据业务，以及通过信托计划或委托贷款的方式向企业放款。因此，在跟银行介绍此类业务时，主要对接的业务部门是票据业务部、金融市场部、同业部、投行部等。由于各家银行部门设置略有区别，部门名称也会有些不同，但大致是这几个部门。

2. 关于常规业务流程

目前像投资票据资产、投资信托计划等都属于常规业务。业务承揽部门可将业务需求反应至资产管理N部或分公司综合金融部，再由资产管理N部或分公司综合金融部提交至资产管理部综合管理部统一受理。对于常规业务，则指定投资主办人直接对接，负责洽谈业务流程及进度，并推进相关业务合同的签署及账户开立。待一切就绪后，即可开展业务。

二、某银行分行委托贷款业务

机构销售交易部在某银行合作伙伴的引荐之下，与某银行分行同业部负责人沟通，主要了解银行委贷业务需求、业务模式、未来空间、业务操作流程等内容，并及时将信息反馈至部门后台，双方达成了合作共识，并积极开展业务准备工作。机构销售交易部销售团队积极与某银行某分行同业部磋商交流，最终确认将开展定向通道业务，主要投资委托贷款向企业放款。

机构销售交易部将该业务需求提交至资产管理部综合管理部后，资产管理部审核为创新类业务。资产管理部的质量控制部向风险合规部提交《创新业务风险合规预审表》，风险合规部提请召开风险控制执行委员会会议，对此业务进行审核。最终审核通过，同意开展此类业务。

由于某银行与证券公司是第一次开展定向通道业务，因此在相关业务合同方面存在较多的分歧，并进行多次的修改及协商。最终合同定稿，并顺利完成公司办公审批。此外，在开户时应客户要求，机构销售交易部指派专人进行资料的传递，亲自前往某银行某分行完成开户及其他基本准备工作。

某银行某分行确定了一个委贷项目，机构销售交易部积极与对方业务经理进行沟通，对该委托贷款项目进行了调查分析，并完成委托人、业务交易对手方的资信评估，以及项目方的尽职调查。递交给风险合规部质量控制部进行审核。很快便收到了确认的回复。最终，证券公司通过定向计划，采用委托贷款的方式，向某银行某分行指定的项目放款。

第一单业务完成之后，某银行某分行继续通过专门为他们设立的定向计划，完成了多单通道类业务。为加强客户关系，增进后续业务往来，机构销售交易部销售人员多次前往某分行所在地进行实地回访，一方面对存续期的项目进行了解，另一方面为以后的交流合作打下良好基础。截至7月中旬，为某银行某分行设立的定向计划已拥有委托规模30多亿元。

1. 关于创新类业务项目流程

相比常规类业务而言，创新类业务即从未开展过的业务，在业务流程方面需要资产管理部的质量控制部向风险合规部提交《创新业务风险合规预审表》，若风险合规部审核认为没有太大合规及业务风险，则可开展。若风险合规部无法最终确定和判断，则还需提请召开风险控制执行委员会会议，对业务进行审核。若审核通过，则可开展该创新业务。对于创新类业务，从业务反应到资产管理部到业务最终开展，预计至少一个月。

2. 关于业务开展前的准备工作

定向业务开展前期的准备工作主要包括定向资产管理合同及相关业务合同的审核及签署、托管户的开立、业务交易对手资信调查报告及项目尽调报告。在合同准备方面，若是已经合作过的银行，则在合同审核方面较为便利，因为所用的合同版本大致相同。若是新的合作银行，则很有可能因为合同版本的不同，在合同审核阶段进行多次的修订及沟通，这将会影响整个业务的进程。甚至因为合同内容双方无法达成一致而没有开展业务。此外，业务承揽部需要及时做好业务交易对手资信调查报告及项目尽调报告，并提交定向计划指定的投资主办人。因为相关业务合同走公司的OA流程，需要同时提交此类报告。若不及时提供，则会影响合同签署进程，从而影响这个业务的进程。

3. 关于后续维护

定向通道类业务，对证券公司而言是一项竞争优势不明显的业务，大多数证券公司都能做。因此，资产管理部只能通过提高业务效率、保持顺畅的沟通、提供专业化的操作和服务来维护现有银行客户。对于定向通道类业务的客户维护，更多的还是在于业务承揽部门的后续维护。业务承揽部门除了做好现有项目的跟进工作之外，也要保持客户的后续跟进，加强客户关系，了解客户需求，制定专业化方案，在客户心中树立良好形象，为双方业务往来打下牢固基础。

第九节 附件(参考文件)

附件一:证券公司定向资产管理业务交易对手资信调查报告

客户名称:

经办人:

联系电话:

报送时间:

一、交易对手基本情况表

交易对手名称		法定代表人	
注册地址		监管分类	
公司成立日期		组织类别	
所有制类型		注册资本	
经营范围			
注册资本		实收资本	
总资产		净资产	
营业收入		税后利润	
主营业务增长率		利润增长率	
近3年有无重大违法违规行为			

二、相关情况分析

交易对手基本情况及发展前景分析: 1. 法人治理结构 2. 管理水平 3. 资信状况 4. 主要业务经营情况 5. 市场竞争 6. 企业发展前景
其他应说明的情况:

续表

公司意见: 拟同意与"银行股份有限公司"进行定向资产管理业务的合作,主要的形式是。 年 月 日

附件二:定向资产管理计划项目申请表

定向资产管理计划项目申请表 编号:____资产管理总____部____2013 年第____号			
项目名称			
项目负责人		提交日期	
发起部门		联系电话	
项目概况 (包括但不限于:模式、对手、规模、结构、尽调情况、实施计划等)	业务发起方及出资方: 业务规模: 业务期限: 业务投向: 交易结构: 定向托管人: 定向委托人:		
项目风险概述及保障措施			
业务管理部门立项意见			
发起部门意见回复			
业务管理部门内审意见			
项目组人员签名	项目组人员承诺:所提交材料真实、准确、完整;尽职调查依据充足,结论真实、合理、有效,并承诺对此负责。		

附件三:风险合规预审表

<table>
<tr><td colspan="5">项目风险合规预审表
编号:____资产管理总____部____ 2013 年第____号</td></tr>
<tr><td>项目名称</td><td colspan="4"></td></tr>
<tr><td>项目类型</td><td>定向资产管理计划</td><td>项目负责人</td><td colspan="2"></td></tr>
<tr><td>发起部门</td><td></td><td>联系电话</td><td colspan="2"></td></tr>
<tr><td>业务管理部门</td><td>资产管理部</td><td>提交日期</td><td colspan="2"></td></tr>
<tr><td>项目概况
(包括但不限于:模式、对手、规模、结构、尽调情况、实施计划等)</td><td colspan="4">业务发起方及出资方:
定向管理人:
定向托管人:
定向委托人:
业务规模:
业务期限:
业务投向:
交易结构:</td></tr>
<tr><td>项目风险概述
及保障措施</td><td colspan="4"></td></tr>
<tr><td>发起部门
内审意见</td><td colspan="4"></td></tr>
<tr><td>业务管理部门
内审意见</td><td colspan="4"></td></tr>
<tr><td>风险合规部意见</td><td colspan="4"></td></tr>
<tr><td>发起部门意见回复</td><td colspan="4"></td></tr>
<tr><td>尚无法解决的问题</td><td colspan="4"></td></tr>
<tr><td>项目组人员签名</td><td colspan="4">项目组人员承诺:所提交材料真实、准确、完整;尽职调查依据充足,结论真实、合理、有效,并承诺对此负责。</td></tr>
<tr><td>业务管理部门立项意见</td><td colspan="4"></td></tr>
<tr><td>分管领导意见</td><td colspan="4"></td></tr>
</table>

附件四:产品设计销售项目上会评议申请表

<table>
<tr><td>项目名称</td><td colspan="3"></td></tr>
<tr><td>申请部门</td><td></td><td>项目主办人
及联系电话</td><td></td></tr>
<tr><td>项目组成员</td><td colspan="3"></td></tr>
<tr><td>分管领导审批</td><td colspan="3">□已立项待审批　□立项获批(选项用■标注,下同)</td></tr>
<tr><td>项目进展</td><td colspan="3">□设计方案完成　□风控方案完成　□销售方案完成</td></tr>
<tr><td>项目简介:
(500字以内)</td><td colspan="3"></td></tr>
<tr><td>评估合议方向</td><td colspan="3">□组织协调成立产品小组　□产品设计方案可行性论证
□产品风险收益评估　□产品销售方案协调确定
□产品业务收入划分比例确定　□其他________________</td></tr>
<tr><td>紧急程度</td><td colspan="3">□特急　□紧急　□一般</td></tr>
<tr><td>相关附件介绍</td><td colspan="3">附件1:附件2:
(附注:附件材料的内容应包括但不限于:1. 业务概述,包括业务背景、创新点等;2. 可行性分析,包括市场需求等;3. 主要业务环节,包括业务操作流程、内部控制措施等;4. 风险管理,包括风险分析、应对措施、应急预案等;5. 业务目标与业务推广计划;6. 需委员会组织评估、销售协调等方面的具体事项。)</td></tr>
<tr><td>主办人签字</td><td colspan="3"></td></tr>
</table>

第五章　专项资产管理计划

第一节　概　　况

一、定义

中国证监会2013年6月26日修订《证券公司客户资产管理业务管理办法》第14条规定："证券公司为客户办理特定目的的专项资产管理业务，应当签订专项资产管理合同，针对客户的特殊要求和基础资产的具体情况，设定特定投资目标，通过专门账户为客户提供资产管理服务。证券公司应当充分了解并向客户披露基础资产所有人或融资主体的诚信合规状况、基础资产的权属情况、有无担保安排及具体情况、投资目标的风险收益特征等相关重大事项。证券公司可以通过设立综合性的集合资产管理计划办理专项资产管理业务。"第15条规定："取得客户资产管理业务资格的证券公司，可以办理定向资产管理业务；办理专项资产管理业务的，还须按照本办法的规定，向中国证监会提出逐项申请。"

中国证监会2013年3月15日发布《证券公司资产证券化业务管理规定》（已失效）（以下简称《管理规定》）对证券公司开展资产证券化业务的申请设立、基础资产、原始权益人、计划管理人、托管人、信息披露等环节进行了规范。《管理规定》第2条规定："本规定所称资产证券化业务是指以特定基础资产或资产组合所产生的现金流为偿付支持,通过结构化方式进行信用增级,在此基础上发行资产支持证券的业务活动。”

狭义的资产证券化(Assert Securitization)是指企业或金融机构将其能产生现金收益的资产加以组合,出售给特殊目的的载体(SPV),然后由特殊目的载体创立以后发行以该基础资产产生的现金流为支持的证券产品,并将该证券出售给投资者。

在实践中,一般是由银行、信用卡公司或者其他信用提供者提供的贷款协议或者应收账款作为基础资产并担负抵押担保功能,从而发行债券或证券。其范围涵盖较多,目前普遍出现在信用卡贷款、学生贷款、汽车贷款、企业租赁贷款、旅游贷款、房屋抵押贷款等,其中,房屋抵押贷款又简称为“MBS”(Mortgage Backed Secunrity),主要的提供者是商业银行和证券公司。其余的大多数都归类于 ABS(Asset Backed Secunrity)。

2014 年 2 月 24 日,国务院最新发布的取消和下放行政审批事项当中,“证券公司专项投资审批”一项名列取消项目之中,从而专项资产计划由证监会审批改为向证券业协会备案。2015 年 1 月 22 日,改为向基金业协会备案。

按照现有法律法规和实务操作看,证券公司专项资产管理计划大部分针对资产证券化业务(ABS)。投资银行部或者固定收益部可以开展资产证券化业务,资产管理部负责 ABS 专项计划成立并完成基础资产购买的后续投资和运作管理,包括专项计划现金管理和再投资、专项计划收益分配、专项计划信息披露、计划份额转让与投资者适当性管理等环节。

除资产证券化业务外,目前,国内证券同业已经或正在向中国证监会申请的专项资产管理计划较少,且大多是与沪深 300 指数等挂钩的多空对赌(量化对冲)型专项计划,如光大证券——沪深 300 指数看空低倍杠杆 1 期专项计划、华泰证券——华泰紫金资券通分级专项计划。

二、发展历程

2005 年,中金公司推出首单名为“联通收益计划”的资产证券化产品,该产品募集所得资金专门投资于中国联通 CDMA 网络租赁费的收益权。

2006 年,中金、中信、招商证券等证券公司发行了相应 ABS 产品。

随后几年间,受金融危机及审批流程的影响,资产证券化一度处于停滞状态。

2011 年,中信证券发行"远东二期专项资产管理计划资产支持受益凭证",打破了 ABS 行业僵局。

2013 年 ABS 产品发行情况有所升温,2014 年 ABS 发行规模从 74 亿元跃升至 400 亿元,2015 年证券公司 ABS 产品发行数量及规模出现了爆发式增长。

2015 年 1 月 15 日,中信证券发行的"中和农信 2014 年第一期公益小额贷款资产支持专项计划"在深交所挂牌,该 ABS 产品以中和农信项目管理有限公司发放的农户小额贷款债权为基础资产,规模 5 亿元。这是资产证券化由事前审批改为事后备案后,证券公司资产管理发行的第一单 ABS 产品。8 月 7 日,华泰资产管理发行的"国君华泰融出资金债权资产证券化 1 号资产支持专项计划"挂牌,发行规模 5 亿元,这是证监会放开证券公司开展融资融券收益权资产证券化业务后的首单 ABS。10 月 28 日,由华泰资产管理发行的"京东白条应收账款债权资产支持专项计划"成功在深交所挂牌,这是京东金融发行的首只基于互联网消费金融的 ABS 产品,以京东白条应收账款为基础资产,融资额为 8 亿元。2015 年,伴随着资产管理业务备案制的落地,证券公司资产管理 ABS 迎来了春天。信贷资产证券化试点扩容、两融债券资产证券化业务放开等为 ABS 的创新提供了条件。虽然目前我国资产证券投资门槛较高,且不允许公开发行,基础资产范围有限,但是展望后期,可以认为资产证券化业务会成为证券公司新的利润增长点。

根据基金业协会统计,截至 2016 年底,以资产证券化(ABS)为主的专项业务延续 2015 年高速增长趋势,规模 4315 亿元,比去年增长 140.65%。

第二节　资产证券化业务流程

一、资产证券化的分类

1. 资产证券化产品按照基础资产的不同可以划分为三大类:

(1)住房抵押贷款支持证券:作为最早出现的资产证券化产品,住房抵押贷款支持证券(MBS)是指由住房抵押贷款作为基础资产发行的证券。资产证券化初期,所有的 MBS 都是 RMBS(Residential Mortgage Backed Security),即居民住房抵押贷款支持证券。后来,随着 MBS 市场的发展,带动其他种类的信贷资产加入证券化浪潮,其中包括商业地产抵押贷款(Commercial Mortgage Backed Security,CMBS)。

(2)资产支持证券:证券化发展到中期,基础资产范围扩展到汽车贷款(Auto ABS)、学生贷款(Student Loans ABS)、设备贷款、厂房贷款、房屋权益贷款和信用卡账款(Credit Card ABS)等。由这些基础资产现金流支持发行的产品均为资产支持证券(ABS)。

(3)担保债务凭证:美国资产证券化的高潮以担保债务凭证(Collateralised Debt Obligation,CDO)的大量发行为标志。除债券(Collateralised Bond Obligation,CBO),高收益贷款(Collateralised Loan Obligation,CLO)及结构金融产品(Structured Finance Product,SFP)都开始拿来做证券化。

2. 按照基础资产未来的名义现金流是否可以确定来划分,分为债权类资产证券化和收益权类资产证券化。

二、资产证券化业务流程图

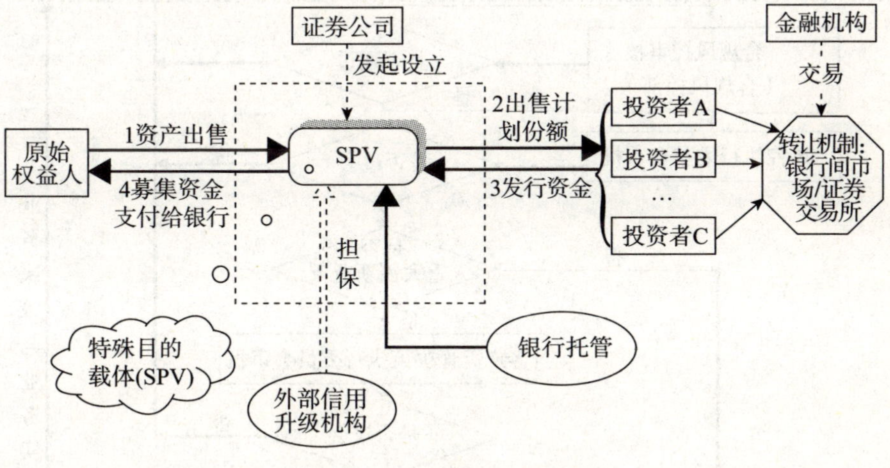

图 5-1 资产证券化基本流程

资产证券化业务流程包括业务承揽、尽调审批、业务审核、业务实施和后续管理,其具体流程如图 5-2 所示。

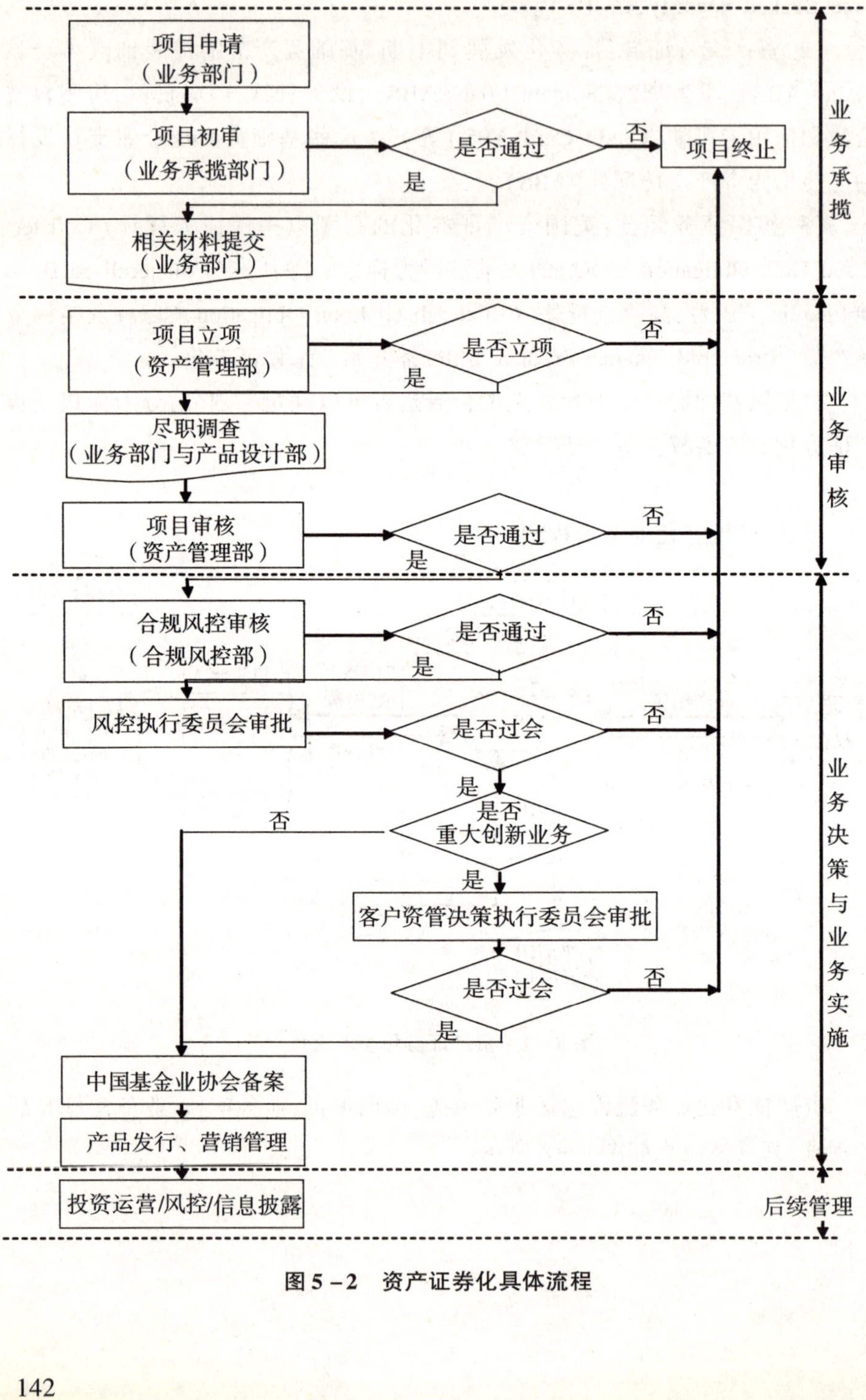

图5－2　资产证券化具体流程

三、专项资产管理业务流程

1. 项目承揽

(1)项目承揽由资产管理业务前台部门完成,报送资产管理部产品设计部进行项目初审;

(2)资产管理业务承揽部门、资产管理部产品设计部在承揽到项目并对项目初步审核通过后,填写项目申请表;

(3)将填写完毕的项目申请表上交给资产管理部综合管理部申请立项。

2. 项目立项

(1)资产管理综合管理部根据项目申请人提交的项目

申请表进行初次筛选,并将符合标准的项目移交质量控制部。对于不符合标准的项目,综合管理部负责将项目不符合标准的原因反馈给业务立项申请部门,业务申请部门根据综合管理部的反馈意见自行选择再次申报或者终止项目。

(2)质量控制部负责对筛选过的项目就项目准入

标准、交易结构、风险收益比、软硬件支持等方面进行初步评估,并就具体项目征求风控部、资产管理产品设计部、资产管理项目管理部的意见。在各方充分协商后,由质量控制部确定是否可以立项。

(3)同意立项的项目开始准备尽职调查/市场调查;不予立项的项目请业务申请部门根据质量控制部的反馈意见自行决定再次申请立项或者终止项目。

3. 尽职调查

(1)尽职调查由项目承揽部门与资产管理产品设计部共同完成,可以设立专门的尽调小组来负责。

(2)尽调的对象包括但不限于交易对手方或融资方、委托人(投资者)、托管人、项目或产品可行性等。

(3)对于交易对手方或融资方的尽职调查内容包括但不限于:

①企业简介;

②企业营业执照正副本复印件;

③企业组织机构代码证副本复印件;

④税务登记证副本复印件;

⑤法定代表人身份证复印件；

⑥开户许可证复印件，贷款卡复印件；

⑦人民银行征信系统的查询结果；

⑧公司章程及股东名册，验资报告；

⑨近三年经审计的年度会计报告及当期的财务报表资产负债表，利润表，现金流量表及股东权益变动表；

⑩项目相关的土地证复印件（如有），建设用地规划许可证（如有）；

⑪建设工程规划许可证（如有），建筑工程施工许可证（如有）；

⑫公司贷款明细表；

⑬公司对外担保明细表。

对立项项目或产品可行性的尽调内容包括项目或产品的市场前景分析（融资方、投资者）、项目或产品的风险评估和技术系统准备等。

（4）尽调小组根据对项目的尽调实际情况和相关材料出具尽职调查报告。

（5）产品设计部根据项目具体情况撰写项目或产品合同和说明书等文本。

4. 项目内审

（1）质量控制部和内控经理

对提交的项目合同、说明书、尽职调查报告等文本进行审核，并判断是否符合法律法规、行业准则等的相关规定；

（2）质量控制部和内控经理

负责与公司风险合规部进行沟通，并将符合规定的项目提交公司风险合规部进行审核；

（3）如果公司风险合规部无法给出明确答复，项目承揽部门可以提请产品设计销售委员会或风控执行委员会进行审核；

（4）设计销售委员会或风控执行委员会如果判定项目为创新项目，无法给出明确答复，将该项目提交至公司客户资产管理决策执行委员会讨论，如果通过则由资产管理部准备相关材料上报中国证监会审批。

5. 项目实施

（1）项目或产品获得公司内部审核通过后，由资产管理部负责与托管行、中证登、律师事务所等外部机构联系、沟通，完成项目或产品申报所需要的全套材料，包括但不限于产品合同、说明书等文本制作及相关技术系统准备等，完成申报材料公司办公审批和用印流程后，正式向中国证监会上报专项计划材料；

(2)申报项目或产品获得证监会审批通过后进入实施阶段，如审批未通过，则项目结束或按照证监会相关修改意见(如有)调整方案；

(3)项目或产品获得证监会审核通过后，由资产管理部牵头组织机构销售交易部、合规风控部、经纪业务事业部等部门负责项目实施，包括但不限于产品账户开立、产品营销发行、合同签署与投资者适当性管理、产品成立报批或备案等。

6. 存续管理

(1)资产管理部负责产品的投资管理运作；

(2)项目承揽部门与资产管理质量控制部共同负责项目后继的质量控制与风险控制、项目后续可能出现的违约风险的协调化解以及一旦出现违约后的资产处置，项目承揽部门与资产管理质量控制部的具体分工为：质量控制部的工作以预警和发现问题为主，项目承揽部门主要负责配合质量控制部完成基础数据的采集、文本的制作以及与委托人、项目方的沟通等；

(3)资产管理项目管理部负责产品的交易管理、资产托管登记、清算核算、资金交收划付、系统权限管理、报表报送与信息披露等。

第三节 方案选择

一、方案的核心要素

1. 真实出售

即发起人真正把证券化资产的收益和风险转让给 SPV。证券化资产只有经过真实出售，才能够和发起人的经营风险完全隔离。证券化资产一旦实现真实出售，即使发起人由于经营不善而破产，发起人的债权人和股东对证券化资产也没有任何追索权。同样，如果基础资产不足以偿还本息，投资者的追索权也仅限于基础资产，对发起人的其他资产也没有任何追索权。

2. 破产隔离

第一，证券化资产与发起人破产风险相隔离；第二，证券化资产与 SPV 的破产相隔离。破产隔离相当于是对资产支持证券的一种强有力的内部信用增级手段。

3. 信用增级

为了提高资产证券化产品对投资者的吸引力从而降低融资成本，发起人可以实施信用增级。实践中主要有内部信用增级和外部信用增级两种方法。

二、专项资产管理计划的主要结构说明

1. 计划规模、本息偿付安排:与基础资产评估或预测的现金流状况匹配。

2. 计划存续期:根据基础资产的存续期限和收益偿付安排确定。

3. 信用增级:可以采用结构分层的内部信用增级方式,或者第三方担保的外部信用增级方式。

4. 收益凭证收益率和价格:由证券公司(计划管理人)通过公开询价方式确定。

5. 计划推广销售:向特定的机构投资者发行。最低认购金额不低于人民币100万元。

6. 登记结算:中国证券登记结算有限公司办理收益凭证的登记结算、发放投资收益。

7. 流动性安排:收益凭证在证券交易所转让。

8. 信用评级:计划存续期间,资信评级机构至少每年出具一次评级报告。

三、基础资产的选择

(一)资产证券化基础资产应具备如下主要特征

1. 稳定性:未来可以产生稳定的、可预测的现金流收入;

2. 同质性:资产池内的资产应具有标准化的合约文件,即具有很高的同质性;

3. 资产质量高:原始权益人持有该资产已有一定期限,且现金流历史记录良好,相关数据容易获得。

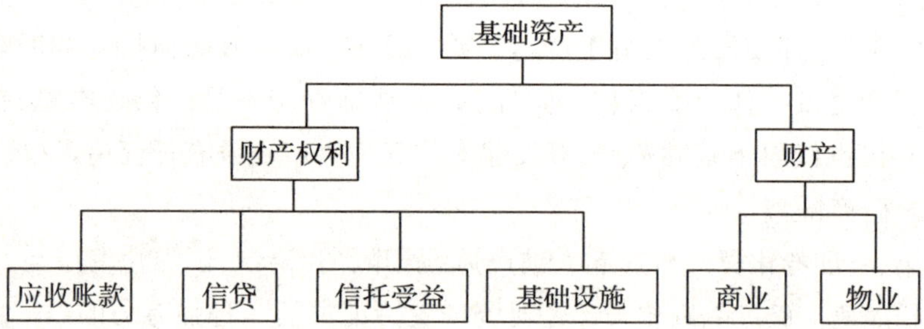

图5-3

(二)以收益权作为基础资产

1. 收益权的来源符合法律法规规定;

2. 收益权应当有独立、真实、稳定的现金流量历史记录;

3. 未来现金流量保持稳定或稳定增长;

4. 未来现金流量能够合理预测和评估;

5. 收益权的转让在法律上实现真实出售,最大限度实现破产隔离。

(三)以债权作为基础资产

1. 相关的交易行为应当真实、合法;

2. 预期收益金额能够基本确定;

3. 债权转让应当实现真实销售、破产隔离。

(四)基础资产筛选

第一类:水电气资产,包括电厂及电网、自来水厂、污水处理厂、燃气公司等。

第二类:路桥收费和公共基础设施,包括高速公路、铁路机场、港口、大型公交公司等。

第三类:市政工程特别是正在回款期的BT(Build Transfer,建设移交)项目。主要指由开发商垫资建设市政项目,建成后移交至政府,政府分期回款给开发商,开发商以对政府的应收回款做基础资产。

第四类:商业物业的租赁,但没有或很少有合同的酒店和高档公寓除外。

第五类:企业大型设备租赁、具有大额应收账款的企业、金融资产租赁等。

第六类:信贷资产和信托受益权。

说明:资产证券化的规模最好不低于4亿元,建议最好在8亿元以上。期限一般不超过5年。

四、怎样测算规模及设计期限

1. 根据目前已发行产品情况来看,期限原则上控制在5年(含)以内。

2. 资产证券化募集资金规模不得超过基础资产评估或预测的现金流入,计划的存续期限一般不得超过基础资产的存续期限。

3. 规模按照基础资产产生的现金流在计划存续期限内进行折现。

规模 = $\sum$ 第 i 期现金收益率 × $(P/Fi,Ri,i)$，$i = 1,N$

上述公式中，$(P/Fi,Ri,i)$ 为已知第 i 期现金收益的情况下，按照当期折现率 Ri 求该现金收益的现值公式；

Fi 为第 i 期现金收益；

Ri 为当期折现率，即融资方的融资成本。

五、企业资产证券化相关费用（估算）

（一）发行费用

1. 信用评级费用：收费标准一般为 10 万元 ~ 30 万元；
2. 评估和审计费用：一般为 20 万元 ~ 40 万元；
3. 律师费用：国内律师费用一般为 30 万元 ~ 50 万元；
4. 担保费用：与担保机构协商确定，取决于企业/基础资产的资质和期限；
5. 财务顾问费用：与财务顾问公司（也可以是证券公司）协商确定，一般为发行收入的 0.2% ~0.5%，工作主要为设计融资方案、选择合适证券公司和中介机构、协调公关等；
6. 交易所：上市初费和上市年费；
7. 中央登记结算公司：初始登记费和兑付派息费；
8. 其他：包括公告费用、材料制作费用及宣传费用等。

（二）发行后续费用

1. 管理费：与证券公司协商确定，按年支付，一般为发行收入的 0.2%/年；
2. 托管费：与托管银行协商确定。

六、以光伏电站资产证券化为例

光伏电站资产证券化为企业开辟了一条低成本的融资新途径，与此同时，为机构投资者提供了类固定收益类投资品种，拓宽了投资领域，提高了投资收益率并分散了投资风险。因此，电站资产证券化这一新型金融业务的推出，无论对光伏行业还是对资本市场，都是利好消息。

1. 融资模式

实体企业融资需求主要产生于消费、投资、生产和流动性等需求。根据需求的不同,通过不同渠道从投资人处融资。其中证券属于直接融资渠道之一,主要区别于银行、保险、小额贷款和融资租赁等服务机构,直接融资的成本较低,资产估值模式不同决定融资总额不同。

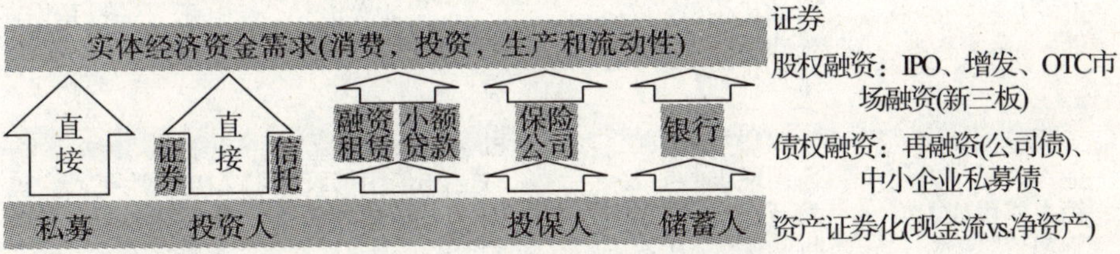

图 5－4

2. 资产证券化的四种形式

资产证券化根据资产种类不同,分为信贷资产证券化、实体资产证券化、现金资产证券化和证券资产证券化。光伏行业主要涉及实体资产证券化和信贷资产证券化。

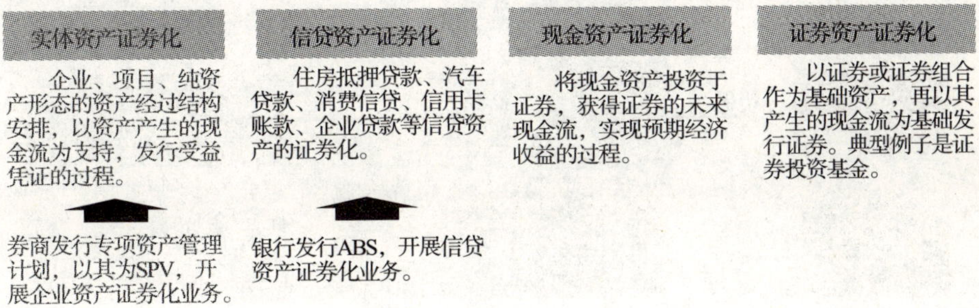

图 5－5

3. 企业资产证券化业务定义

证券公司企业资产证券化业务是指证券公司以专项资产管理计划为特殊目的载体,以计划管理人身份面向投资者发行资产支出收益凭证,按照约定用受托资金购买原始权益人的能够产生稳定现金流的基础资产,将该基础资产的收益分配给受益凭证持有人的专项资产管理业务。

4. 资产证券化的参与群体

发起人	发起人	服务人	受托人
证券化资产的原始权益人	资产证券化项目的发行主体，即特殊目的机构SPV(券商模式下为专项资产管理计划)	负责收取证券化资产产生的到期现金流，提供证券化资产组合的信息披露文件	现金流管理者，是服务人与投资者的中介，一般由金融机构担任
证券公司	**信用增级机构**	**信用评级机构**	**投资者**
证券公司作为包销人或代理人负责ABS的销售	信用增级一般人由发行人或第三方提供，保证ABS的信用评级达到投资级别以上	负责ABS信用等级的评定及信用风险的评估	ABS的购买人，包括机构投资者及个人投资者

图 5 – 6

5. 资产证券化的交易结构

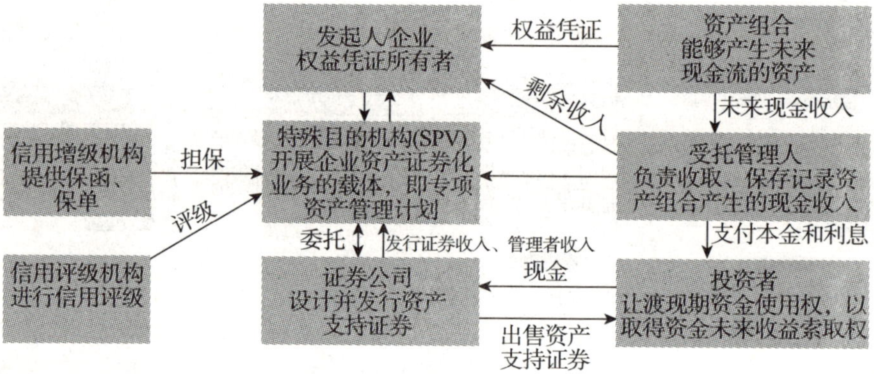

图 5 – 7

6. 业务流程概览

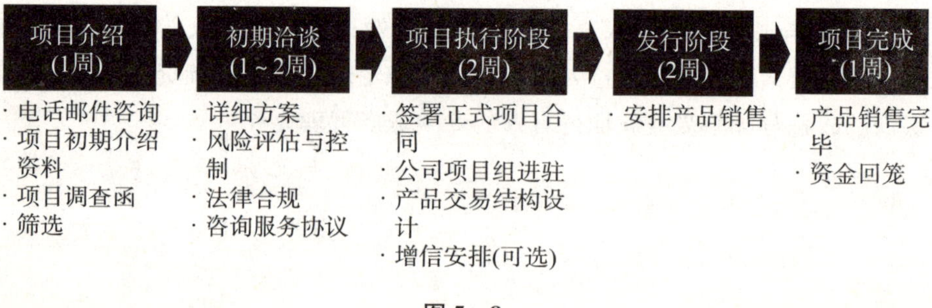

图 5 – 8

7. 资产证券化的优势

(1)融资门槛低,广泛的市场需求

即使资信度不高的企业,只要有优良资产及其带来的稳定现金流,就可以设计资产证券化产品。此类产品能够满足大多数厌恶风险但追逐高于存款利息的广大投资人群体的需求。

(2)成本较低

例如企业资信 BBB,资产资信 AAA,融资期限为 3 年,年利率仅为 5% ~ 6%,接近甚至低于同期银行贷款利率。若以企业资信 BBB 贷款,则利率可能达到 8% ~9% 或无法获得。

(3)操作简便

项目设计、申报材料制作、审批、发行、运行,相比企业债和短期融资券简便。

(4)期限灵活

融资期限根据证券化资产及其收益状况、融资方意愿而定,有半年至 5 年不等的期限。

(5)资金用途不受限制

企业融资的资金用途不受限制,无后续监管(业内普遍在说明书中披露说明)。

(6)政策的支持

中国证监会在积极推动证券公司开展资产支持收益专项资产管理计划业务。

(7)创新产品,利益共赢

①为企业开辟了一条低成本的融资新途径。

②为机构投资者提供了类固定收益类投资品种,拓宽了投资领域,提高了投资收益率并分散了投资风险。

8. 证券资产化的四种模式

模式一:电费受益权转让模式

这是最基础的模式(中国式转让)。

由于缺乏 SPV 的法律定义,所以目前国内主要以建设运营公司为融资主体,并负责后期运维。

实际测算现值的现金流是支付电费 - 运维费用后的净现金流。

该模式对融资主体信用要求较高。

模式二:融资平台公司增信模式

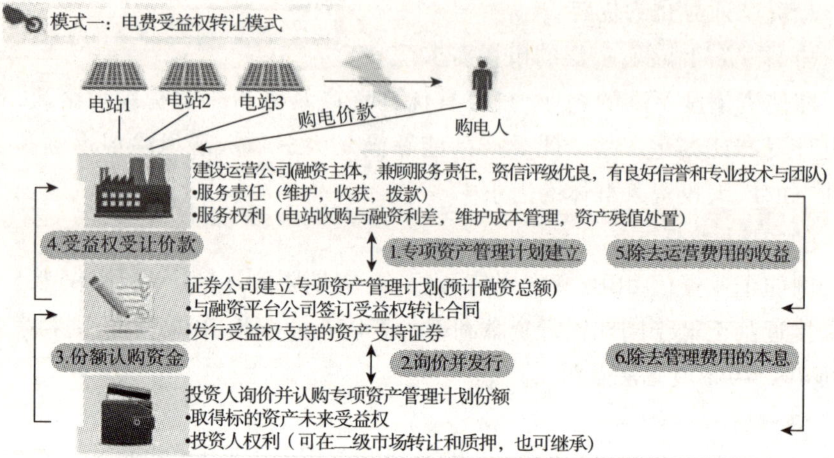

图 5－9

由于多数中小企业和民营企业的融资成本较高，这样可以安排资信较高的平台企业收购电站，并通过 ABS 转让退出。相当于平台企业利用自有专业能力和优质资信帮助光伏产业降低融资成本，并从中获利。这里电站估值与银行估值不同，ABS 主要关注未来现金流，以折现的形式定价现值。银行一般以净资产（造价）估值项目，并以一定比例折价贷款，也就是资产负债率有一定的比例。

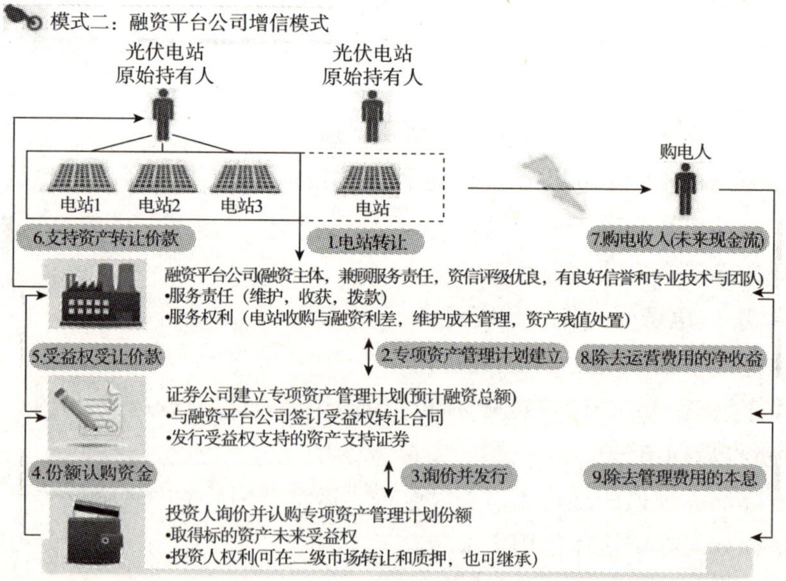

图 5－10

模式三:BOT(build—operate—transfer)

该模式主要考虑到涉及政府项目的需求,基本与分期付款模式类似。

此时,项目本身融资主体信用基本与地方政府财政信用关联。成熟模式已有,但是牵涉到政府的项目的监管政策近期变化较大,资产证券化产品审核周期较长。

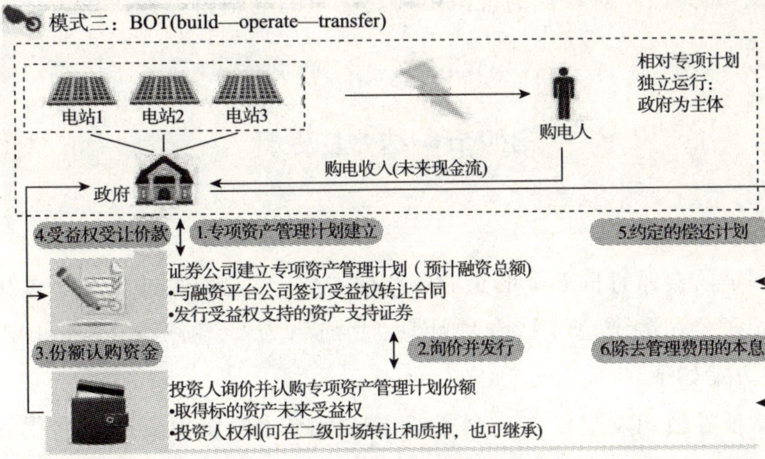

图 5－11

模式四:融资租赁模式

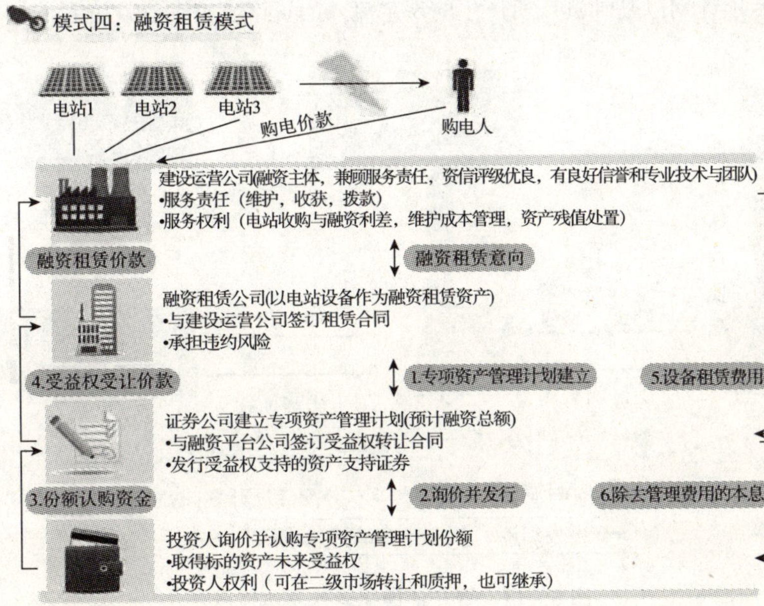

图 5－12

光伏电站资产证券化是光伏产业逐步走向健康良性发展的必经之路，通过证券化的运作，其低成本、操作便捷、流动性加强等优势毋庸置疑，但如何甄别优质电站、如何定价则考验着证券发起和管理人的行业水准和职业智慧，这不仅需要精通资本市场的运作规律和规则，同时还得具备光伏电站的专业知识，如何以相对较低的价格挑选到优质的电站将直接决定着证券管理人的业绩。

第四节　结构设计

一、实施方案

中国证监会监管框架下的企业资产证券化产品，是通过证券公司及基金管理公司子公司的资产支持专项计划（此前名为“专项资产管理计划”）实现，实施方案如下：

1. 由证券公司发起设立一个资产支持专项计划作为资产证券化的 SPV（Special Purpose Vehicle，特殊目的载体）。

2. 专项计划向合格的投资者发行专项计划资产支持证券来募集资金。

3. 专项计划募集所得资金专项用于购买原始权益人所拥有的特定基础资产。

4. 专项计划以基础资产所产生的现金流入向资产支持证券投资者偿付本息。

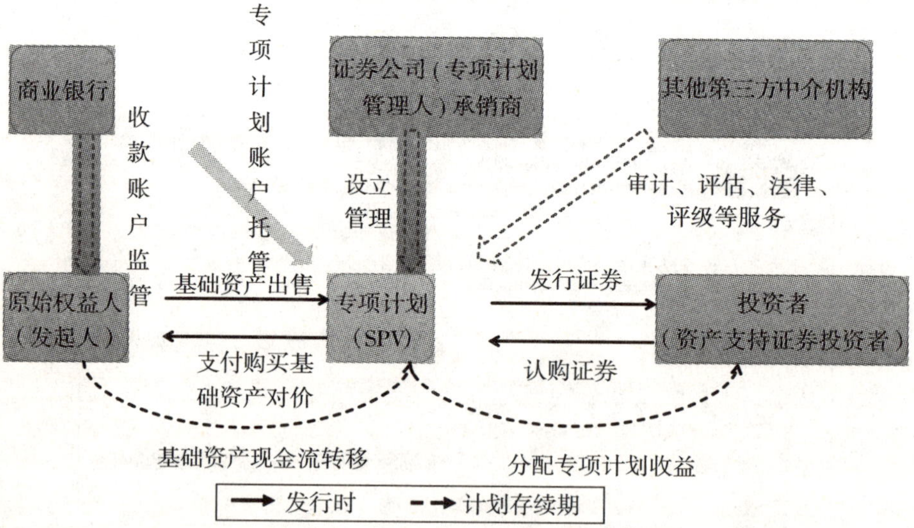

图 5－13　资产证券化运作基本流程

二、实施步骤

第一步:找准可用于证券化的资产(资产选择标准:未来现金流收入稳定)。

第二步:对证券化的资产进行打包,构建资产池(注意资产的同质性,并处理好技术细节)。

第三步:选择可以担任 SPV 的信托、公司或合伙(依法律而为之,选择最有效的“破产隔离”机制,注意风险防范)。

第四步:证券化的资产包转移给 SPV,并设立专门的账户(“真实出售”以切断追索权,注意税收和会计等重要问题)。

第五步:对证券化的资产包进行技术改良,实施信用增级等优化策略(资产评估和组合应审慎,信用的内部增级与外部增级应适当)。

第六步:准备发行证券,并进行信用评级(信用评级应是持续的、跟踪式的,最大限度地保证客观性)。

第七步:启动信息披露,完成发行证券的法律程序(注意法定的披露期限与标准)。

第八步:SPV 将证券交由证券公司承销(确定公募与私募的相关策略)。

第九步:证券公司将证券出售给投资者,并将获得的价款交给 SPV。

第十步:SPV 将证券出售的价款转移给资产证券化的发起人。

第十一步:SPV 为投资者的利益而管理证券化的资产以及证券等受托事宜。

第十二步:SPV 监督资产证券化过程中的各个中介服务机构,并依合同履行支付报酬等义务。

第十三步:到期偿付证券,向投资者支付权益(坚决贯彻投资者优先的原则)。

第十四步:SPV 依约处置剩余资产。

第十五步:特殊情形下的其他事宜。

三、结构设计

1. 合格投资者通过与管理人签订《认购协议》,将认购资金以专项资产管理方式委托管理人管理,管理人设立并管理专项计划,认购人取得资产支持证券,成为资产支持证券持有人。

2. 管理人在设立专项资产管理计划时,可以聘请财务顾问,可以完善增信措施(主要包括内部增信和外部增信),可以聘请中介机构为专项资产管理计划的运作提供服务。

3. 根据管理人与原始权益人签订的《资产买卖/出售协议》的约定，原始权益人同意出售，并由原始权益人（作为卖方）向计划管理人转售基础资产，且管理人（作为买方）同意代表专项计划的认购人按照《资产买卖/出售协议》的条款和条件购买相应的基础资产，并向原始权益人直接支付转购买基础资产的全部价款。基础资产是指自初始日至截止日的特定期间，原始权益人根据特定合同的约定，对特定用户享有的债权及其从属权利。

4. 原始权益人根据《资产买卖/出售协议》的约定，对基础资产中的特定用户仍然负有持续责任和义务。同时，计划管理人委托原始权益人作为资产服务机构，负责基础资产对应的收取和催收等事宜。

5. 管理人对专项计划资产进行管理，托管人根据《托管协议》对专项计划资产进行托管。

四、主要业务参与人

1. 资产证券化过程中涉及很多当事人，主要业务参与人如图 5－14 所示：

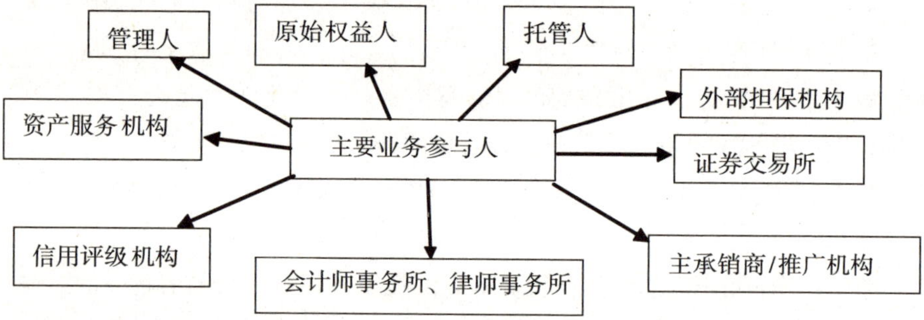

图 5－14　资产证券化主要业务参与人

2. 主要业务参与人分析

（1）原始权益人（发起人）：转移其合法基础资产用于融资的机构。

（2）管理人：为资产支持证券持有人之利益，对专项计划进行管理及履行其他法定及约定职责的证券公司、基金管理公司子公司；经中国证监会认可，期货公司、证券金融公司、中国证监会负责监管的其他公司以及商业银行、保险公司、信托公司等金融机构，可参照适用；托管人：为资产支持证券持有人之利益，按照规定或约定对专项计划相关资产进行保管，并监督专项计划运作的商业银行或其他机构。

(3)资产服务机构：为基础资产管理服务，发起人一般会承担资产服务机构的角色。

(4)信用评级机构：通过收集资料、尽职调查、信用分析、信息披露及后续跟踪，对原始权益人基础资产的信用质量、产品的交易结构、现金流分析与压力测试进行把关，从而为投资者提供重要的参考依据，保护投资者权益，起到信用揭示功能。

(5)外部担保机构：为资产证券化按时足额偿付提供外部增信(如不可撤销的连带责任担保)。中证登：是资产证券化的登记结算机构，负责资产证券化的登记、托管、交易过户、收益支付等。

(6)证券交易所：为资产证券化提供流通场所。

(7)主承销商/推广机构：不仅是承销发行，而且具备交易协调功能。

(8)律师事务所：律师事务所对发起人及其基础资产的状况进行尽职调查，明确业务参与人的权利义务，拟定相关法律文件，揭示法律风险确保资产证券化过程符合法律法规规定。

(9)会计师事务所：会计师事务所需对基础资产财务状况进行尽职调查和现金流分析，提供会计和税务咨询，为特殊目的机构提供审计服务。在产品发行阶段，会计师需要确保入池资产的现金流的完整性和信息的准确性，并对现金流模型进行严格地验证，确保产品得以按照设计方案顺利偿付。

五、信用增级

在发行资产证券化的过程中，为了保护投资者的利益，可以增强增信措施，主要分为内部增强和外部增强。

(一)内部增强

1. 结构化设计

将专项计划分为优先、次优、次级等机构，一般由原始权益人认购次级资产计划来实现。根据具体设计，优先级和次优级投资人在收益分配上享有优先受偿权。

2. 超额覆盖

指基础资产(SPV)资产总额超额覆盖资产支持证券票面金额来提供信

用增级。

3. 超额利差

是指进入资产池的基础资产产生的现金流入与专项计划存续期间扣除相关费用、投资者预期收益、未偿还本金后形成的差额部分。实践中，可将超额利差存入专门的利差账户，并以该账户内的资金作为弥补资产证券化业务过程中可能产生的损失。

4. 流动性支持

在资产证券化产品存续期内，当基础资产产生的现金流与本息支付时间无法一致时（临时资金流动性不足），由发起人提供流动性支持，该流动性支持只是为未来收入代垫款项，并不承担信用风险。由原始权益人提供的流动性支持为内部增信。

5. 现金储备账户

现金储备账户是指由发行人设置一个特别的现金储备账户建立的准备金制度，当基础资产产生的现金流入不足时，使用现金储备账户内的资金弥补投资者的损失。同时，也可以设立担保基金对基础资产可能发生的损失进行担保。

6. 差额支付

指以原始权益人担保的方式，承诺对基础资产收益与投资者预期收益的差额承担不可撤销、无条件的补足义务。

7. 信用触发机制

指当出现不利于资产支持证券偿付的情形（触发条件）时，通过改变现金流支付顺序、补充现金流、提高现金流流转效率、加强基础资产的独立性等措施，来保证资产支持证券的本息得到偿付，减少投资者可能的损失。

信用触发机制主要有三类：一是根据原始权益人自身经营状况设计的触发机制；二是根据基础资产的运营数据设计的触发机制；三是根据优先级证券是否偿付设计的触发机制。

8. 原始权益人回购：当发生违约事件或加速清偿事件时，原始权益人应按照约定回购剩余基础资产。

（二）外部增强

外部增强通过第三方来提供信用支持。目前主要有以下几种方式：

1. 超额担保。

2. 保险

是资产证券化常用的外部增信措施，通常由保险机构提供10%左右的保险，从而提高基础资产的整体信用（但发行成本较大）。

3. 信用证

通常是由银行出具的、具有明确金额的流动性贷款支持协议，承诺在满足预定条件时付款。流动性支持：在资产证券化产品存续期内，当基础资产产生的现金流与本息支付时间无法一致时（临时资金流动性不足），由第三方提供流动性支持，该流动性支持只是为未来收入代垫款项，并不承担信用风险。由第三方提供的流动性支持为外部增信。

六、申报材料

（一）提交基础信息

1. 融资主体公司简介、章程、营业执照；
2. 融资主体近三年财务报告；
3. 融资主体评级报告（如有）；
4. 基础资产状况。

（二）国内资产证券化产品申报材料主要包括以下十一类文件：

1. 资产支持收益凭证募集申请书；
2. 资产支持收益凭证募集说明书；
3. 专项资产管理计划有关法律协议；
4. 会计处理意见；
5. 信用评级报告；
6. 基础资产评估报告书；
7. 基础资产现金流量专项审核报告；
8. 资产支持收益凭证推广方案及推广协议；
9. 尽职调查报告；
10. 承诺；
11. 其他有关申报文件。

第五节　专项资产管理计划存续管理

一、专项计划资产的管理和投资

1. 专项计划资产包括但不限于以下资产：

(1)在购买原始权益人基础资产前，专项计划募集资金即为专项计划资产；

(2)在购买基础资产后，专项计划资产由以下几项的总和构成：

①专项计划成立后，计划管理人管理、运用认购资金购买的基础资产产生的现金收入及其孳息；

②专项计划资产在收益分配前由管理人按照专项计划约定方式进行投资所产生的金融资产及其收益；

③原始权益人履行差额(现金)补足义务支付的现金及其孳息(如有)；

④担保人履行担保义务支付的现金及其孳息(如有)。

注：上述专项计划资产项下的各类财产(权)及合同权益均由计划管理人为专项计划代为持有。

在专项计划存续期内，计划管理人对专项计划资产按照《计划说明书》的约定进行投资、运用、管理，并发出相关指令要求托管人负责专项计划资产现金收付，监管银行监管相关收款账户资金的收取及划付。

2. 现金及利息管理

(1)专项计划成立前的认购资金，应由计划管理人在推广期结束时划转至专项计划账户。

(2)专项计划存续期内，专项计划账户收到的资金及其利息在分配前应全额存放于专项计划账户(特殊约定除外)。计划管理人应妥善管理专项计划账户内的所有资金。

3. 专项计划资产的投资

(1)在专项计划存续期内，专项计划账户内的资金在分配前可投资于银行存款，但计划管理人必须保证因上述投资形成的资产及时变现，以保证及时向专项计划受益凭证持有人分配预期收益。

(2)计划管理人、托管人违反上述约定运用专项计划资产导致专项计划资产受到损失的，应以其固有财产进行赔偿。

(3)在专项计划存续期内,专项计划资产管理、投资所产生的收益均属于专项计划资产,在扣除专项计划费用后按照《计划说明书》等专项计划文件的约定向专项计划受益凭证持有人分配。

二、专项计划的分配顺序

计划管理人根据专项资产管理合同规定,对专项计划资产的收益进行分配。

(1)计划资产的收益分配顺序

专项计划资产及收益按以下顺序分配:

①支付计划管理人的管理费,支付托管银行的托管费;

②向各品种优先级资产支持证券持有人支付当期的预期支付额;

③专项计划到期时向次级资产支持证券持有人一次性支付剩余资金(如有)。

(2)无须启动担保的资产收益分配

下述R-N日,可以根据具体ABS项目进行适度调整:

R-7日,即分配信息发出日与资金确认日。分配信息发出日,计划管理人于当日向托管人发出本次权益日专项现金流分配指令。资金确认日,计划管理人发出分配指令后,与托管银行确认本次分配的资金确认日之前专项计划账户的资金余额可以足额支付优先级资产支持证券预期支付额。托管银行于当日向计划管理人发出收款确认函,计划管理人根据收款确认函确认资金足额到账,计划管理人向中国证券登记结算有限公司(以下简称中证登)提交权益分派申请材料。

R-6日,资产管理部经与托管银行确认,若发现专项计划账户划入金额累计未达到该特定期间对应的预计金额,则于当日通过录音电话或书面方式将相关情况告知前台业务部门(投行总部、财富管理中心等),并敦促前台业务部门与相关主体(回购方、原始权益人、担保方等)进行沟通联系。

R-3日,即公告日,计划管理人在证券交易所和计划管理人的网站上公告《权益分配报告》。

R-2日,分配指令发出日,计划管理人向托管银行发出分配指令。

R日,即权益登记日,于该日在中证登登记在册的资产支持证券持有人可获得该期的预期支付额或其他收益金额的相应款项。

R+1日,即收益分配日暨管理费和托管费支付日,托管银行按照分配指令将该预期支付额或其他收益金额于16:00前从专项计划账户划拨至中证登指定的账户。

R+3日,即兑付日,中证登将预期支付额的相应款项划拨至证券公司客户结算备付金账户,证券公司根据中证登结算数据中的投资者预期支付额或其他收益金额的相应款项明细数据将相应款项划拨至资产支持证券持有人资金账户。

(3)需启动担保的资产收益分配

R-7日,即分配信息发出日与资金确认日。分配信息发出日,计划管理人于当日向托管人发出本次权益日专项现金流分配指令。资金确认日,计划管理人发出分配指令后,与托管银行确认本次分配的资金确认日之前专项计划账户的资金余额可以足额支付优先级资产支持证券预期支付额。托管银行于当日向计划管理人发出收款确认函,计划管理人根据托管银行的收款确认函,如发现资金未足额到账,于当日向担保机构发出启动担保指令,计划管理人向中证登提交权益分派申请材料。

R-6日,资产管理部经与托管银行确认,若发现专项计划账户划入金额累计未达到该特定期间对应的预计金额,则于当日通过录音电话或书面方式将相关情况告知前台业务部门,并敦促前台业务部门与相关主体(回购方、原始权益人、担保方等)进行沟通联系。

R-4日,担保机构划款日,担保机构于16:00前将担保资金款项直接划入专项计划账户,托管银行收款后于当日向计划管理人发出担保款项收款确认函。

R-3日,公告日,计划管理人在证券交易所和计划管理人的网站上公告《权益分配报告》。

R-2日,收益分配指令发出日,计划管理人根据担保款项收款确认函确认资金足额到账后,向托管银行发出收益分配指令。

R日,即权益登记日,于该日在中证登登记在册的资产支持证券持有人可获得该期的预期支付额或其他收益金额的相应款项。

R+1日,即收益分配日暨管理费和托管费支付日,托管银行按照分配指令将预期支付额或其他收益金额的相应款项于16:00前从专项计划账户划拨至中证登指定的账户。

R+3日,兑付日,中证登将预期支付额或其他收益金额的相应款项划拨至证券公司客户结算备付金账户，证券公司根据中证登结算数据中的预期支付额或其他收益金额的相应款项明细数据将相应款项划拨至资产支持证券持有人资金账户。

三、专项计划的信息披露

专项计划存续期间，计划管理人应按照中国证监会《证券公司资产证券化业务管理规定》（已失效）、专项资产管理合同的约定，向资产支持证券持有人进行定期或不定期的信息披露。

1. 定期信息披露

计划管理人应通过证券交易所和计划管理人网站等指定媒体或通过电子邮件、书面等形式向资产支持证券持有人发送、告知如下信息披露：

（1）年度资产管理报告。计划管理人应于每个会计年度结束之日起3个月内编制、公布专项计划年度资产管理报告，应当至少包括下列内容：

①基础资产运行情况；

②特定原始权益人、计划管理人、托管人等业务参与人的履约情况；

③专项计划账户资金收支情况；

④需要对资产支持证券投资者报告的其他事项；

⑤会计师事务所对专项计划年度运行情况的审计意见。

收益分配报告。计划管理人应按照专项计划合同、说明书等约定，在每次收益分配前，至少提前3个工作日向资产支持证券持有人披露专项计划的收益分配信息，内容包括权益登记日、兑付日、兑付办法以及每份资产支持证券的兑付数额。

（2）年度资产托管报告。计划管理人应于每个会计年度结束之日起3个月内公布年度资产托管报告，年度托管报告应当至少包括下列内容：

①专项计划资产托管情况；

②对计划管理人的监督情况；

③需要对资产支持证券投资者报告的其他事项。

（3）跟踪信用评级报告。专项计划成立后每十二个月公布一次《跟踪评级报告》，由计划管理人聘请的评级机构对资产支持证券和担保银行进行跟踪信用评级信息。

（4）清算报告。专项计划终止后20个工作日公布、报告专项计划清算报告，且须经具有证券相关业务资格的会计师事务所审计。

(5)专项计划年度资产管理报告、年度托管报告和清算报告，应及时由计划管理人向所在地证监会派出机构备案；专项计划发行、设立情况应及时向所在地证券监管局备案。

2. 临时信息披露

专项计划存续期间发生下列情形的，管理人应当及时向资产支持证券投资者披露，并向住所地中国证监会派出机构报告：

①未按计划说明书约定分配收益；

②资产支持证券信用等级发生不利调整；

③基础资产发生超过资产支持证券未偿本金余额10%以上的损失；

④基础资产的运行情况或产生现金流的能力发生重大变化；

⑤特定原始权益人、计划管理人、托管人或者基础资产涉及法律纠纷，可能影响按时分配收益；

⑥预计基础资产现金流相比预期减少20%以上；

⑦特定原始权益人、计划管理人、托管人等相关机构违反合同约定，对资产支持证券投资者利益产生不利影响；

⑧特定原始权益人、计划管理人、托管人等相关机构的经营情况发生重大变化，或者作出减资、合并、分立、解散、申请破产等决定，可能影响资产支持证券投资者利益；

⑨计划管理人、托管人、资信评级机构等相关机构发生变更；

⑩特定原始权益人、计划管理人、托管人等相关机构信用等级发生调整，影响资产支持证券投资者利益；

⑪可能对资产支持证券投资者利益产生重大影响的情形。

3. 澄清公告

在任何公共传播媒介中出现的或者在市场上流传的消息可能对资产支持证券持有人的收益预期产生误导性影响或引起较大恐慌时，相关的信息披露义务人知悉后应当立即对该消息进行澄清。

四、计划份额转让与投资者适当性管理

1. 计划份额转让流通

专项计划存续期间经计划管理人提出申请并获得上海（深圳）证券交易

所核准后,专项计划优先级资产支持证券可在上海证券交易所固定收益证券综合电子平台(深圳证券交易所综合协议交易平台)进行转让流通。

2. 投资者适当性管理

投资者通过该平台受让专项计划优先级资产支持证券,需符合上交所(深交所)对合格投资者的要求,计划管理人在专项计划份额转让、登记过户、投资者适当性管理等环节须符合上交所(深交所)和中证登公司的业务规则和相关规定。

五、计划终止与清算

1. 专项计划的终止

有下列情形之一的,专项计划终止:

(1)专项计划收益分配完毕;

(2)受益凭证预期收益和本金兑付完毕;

(3)受益凭证持有人大会决定终止;

(4)法定到期日届至;

(5)不可抗力事件导致专项计划不能存续;

(6)法律、法规规定或中国证监会规定的其他情况。

2. 专项计划终止后的清算

(1)清算小组

①自专项计划终止日起5个工作日内由计划管理人组织成立清算小组。

②清算小组成员由计划管理人、托管人、会计师和律师组成,清算小组的会计师和律师由计划管理人聘请。

③清算小组负责专项计划资产的保管、清理、估价、变现和分配。

④清算小组在进行资产清算过程中发生的所有合理费用,如清算资产不足以支付的,由计划管理人负责支付。

(2)清算程序

①专项计划终止后,由清算小组统一接管专项计划,对专项计划资产和债权债务进行清理和确认,对专项计划资产进行估值和变现。

②清算小组应当在专项计划终止后20个工作日内完成专项计划的清算工作,编制专项计划资产清算报告。清算报告需经会计师事务所审计,由法律顾问出具法律意见书。清算完成后10个工作日计划管理人按照《计划说

明书》约定的方式向托管银行、资产支持证券持有人出具清算报告。

③清算小组对清算资产进行分配,并注销专项计划账户。

④在清算报告公布后15个工作日内,清算小组未收到书面异议的,视为认可清算报告,计划管理人和托管人就清算报告所列事项解除责任。

(3)清算资产的分配

清算资产按下列顺序清偿(同一分配顺序下如有不足,则按比例分配):

①支付清算费用;

②缴纳专项计划所欠税款;

③清偿未受偿的管理费、托管费及其他专项计划费用;

④支付优先级受益凭证持有人未受偿的预期收益;

⑤支付优先级受益凭证持有人未受偿的本金;

⑥剩余资金分配给次级受益凭证持有人。

(4)清算账册及有关文件的保存

清算账册及有关文件由计划管理人和托管人保存20年以上。

第六节 案例分析

一、中金证券资产证券化项目

1.“联通收益计划01、02”

按照中国证监会发布并于2004年2月1日起施行的《证券公司客户资产管理业务试行办法》(已废止),2005年8月,中金公司推出国内资产证券化产品第一单——“中国联通CDMA网络租赁费收益计划01、02”(以下简称“联通收益计划01、02”),是以中国联通2005年第4季度和2006年第2季度的CDMA网络租赁费作为基础资产,由中金公司募集、设立及管理的一种专项资产管理计划,并在托管银行开设资金托管账户。

“联通收益计划01、02”募集发行20亿元的规模,发行期限分别为175和354天,收益率分别为2.55%和2.80%,比当前半年期融资券的收益率1.54%和一年期的1.83%整整高出100个基点。实际于2005年8月26日完成募集,募集资金合计32亿元,远超过计划发行中的20亿元,而市场上的认购数量达到实际发行额度的10倍之多。

2005年9月6日开始在上证所大宗交易市场进行交易。截至2005年12

月 26 日,“联通收益计划 01、02”共有 12 笔成交,总成交额为 7.32 亿元人民币,总换手率为 23%。

本期收益计划的发售对象为合格的机构投资者。合格机构投资者限定于持有中国证券登记结算有限公司上海分公司 B 类或 D 类账户,且相关监管部门未明令禁止其投资于此类投资品种。投资者认购的金额应当是 50 万元的整数倍且不小于 100 万元,追加认购的最低金额为 50 万元。

2.“联通收益计划 05”

“联通收益计划 05”是“中国联通 CDMA 网络租赁费收益计划 01、02”的延续,以 2006 年第 4 季度联通运营实体向联通新时空支付的 CDMA 网络租赁费为基础资产,在法律结构、担保和托管安排上与“联通收益计划 01、02”基本相同。

“联通收益计划 05”由中金公司于 2005 年 12 月 20 日完成募集,募集规模为面值 21 亿元的计划份额,采用贴现发行的方式,发行价格为 96.55 元,产品期限为 421 天,年收益率为 3.10%,到期一次性向计划份额持有人支付本金和投资收益,发售对象为已在中国证券登记结算有限公司上海分公司开立首位为 B、D 证券账户的机构投资者,2005 年 12 月 28 日开始在上证所大宗交易平台进行交易。中金公司为该产品提供双边报价服务。

“联通收益计划 05”的年收益率为 3.10%,高于近期企业发行的一年期短期融资券 2.95% 的年收益率水平。该收益计划的发行为中国联通节省财务费用数千万元人民币。

二、广发证券资产证券化项目:“莞深收益计划”

广发证券管理的首个专项资产管理计划是“莞深高速公路收费收益权专项资产管理计划”(以下简称莞深收益计划)。2005 年 9 月 27 日,东莞控股通过广发证券发起设立,推出莞深高速公路收费收益权专项资产管理计划产品,以所持有的莞深高速一二期的未来现金流作为基础资产,募集公司收购莞深高速三期东城段和莞深高速龙林支线所需部分资金 5.8 亿元,融资年利率约为 2.3%,产品期限为 18 个月。

自 2005 年 12 月 22 日证监会正式批准“莞深收益计划”后,广发证券仅用两个工作日就完成了 5.8 亿元资金的募集、产品设计等工作,于 2005 年 12 月 26 日成功设立,并于 2005 年 12 月 29 日在深圳证券交易所的大宗交易系统正式挂牌交易。

三、阿里巴巴小贷:自有资产证券化,降低资金端压力

2013年7月8日,深交所发布公告称,上海东方证券资产管理有限公司设立的东证资产管理"阿里巴巴1号~10号专项资产管理计划"获得中国证监会批复,成为国内首单基于小额贷款的证券公司资产证券化产品。

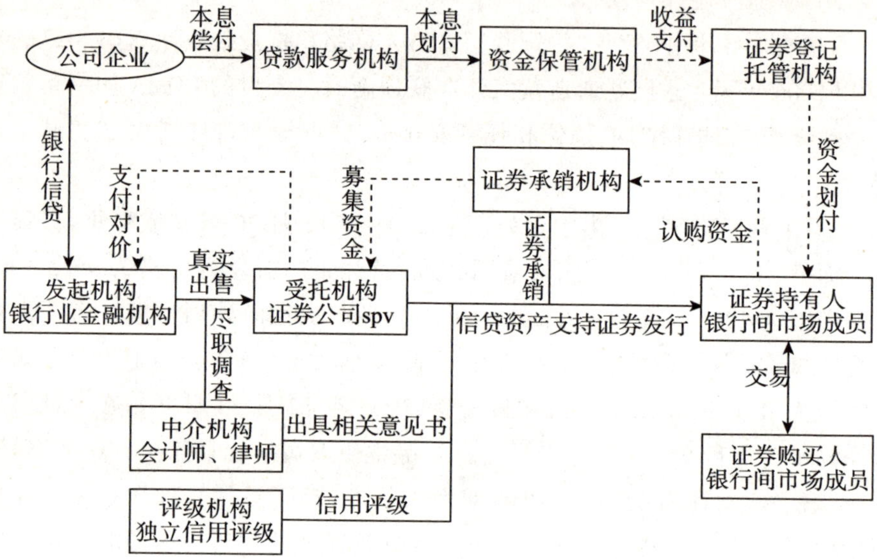

图5-15

"SPV"(Special Purpose Vehicle),即特殊目的机构/公司——专项资产管理计划。

基础资产——阿里小贷对其平台客户的小额贷款形成的债权。由于阿里很强势,证券方也不知道资产池具体有哪些资产。主体贷款业务:小额贷款,100万元以下。

产品类型——优级:次级=9:1,9倍杠杆(对比:银行贷款——不得超过其资本净额的50%,1.5倍杠杆)。

表 5-1

产品类型	评级	占比	认购方	交易场所	产品收益率
优先级	AAA	78%	合格投资者——机构为主：银行、信托	深交所 一级市场	5.9%
次优级	—	12%	合格投资者——机构为主：银行、信托	深交所 一级市场	8.3%
次级	—	10%	原始债权人——阿里小贷		—

发行方式及金额——1 次审批，分次发行，每期 10 亿元，2015 年已发放 2 期，合计 20 亿元。2013 年就以类似方式与东方证券以"东方资管——阿里巴巴专项资产管理计划"发放 10 期，每期 5 亿元，合计 50 亿元。

发行结构设置——1+1 循环购买基础资产。即基础资产回收款将循环购买蚂蚁微贷的合格资产，第 12 个月后为分配期。目的：解决期限错配问题，更好地满足电商平台上小微企业的资金需求节奏（每笔几周至半年）。

风险控制——担保（30% 本息）+劣后资产（次级产品）自持+部分出表（比例不详）。

日常管理——引入自动化资产筛选系统和支付宝提供的资金归集、支付服务。

第六章　跨境资产管理业务

第一节　QFII

一、基本情况

QFII 基金是英文 Qualified Foreign Institutional Investors 的简称。在 QFII 制度下，合格的境外机构投资者（QFII）将被允许把一定额度的外汇资金汇入并兑换为当地货币，通过严格监督管理的专门账户投资当地证券市场，包括股息及买卖价差等在内的各种资本所得经审核后可转换为外汇汇出，实际上就是对外资有限度地开放本国证券市场。

作为一种过渡性制度安排，QFII 制度是在资本项目尚未完全开放的国家和地区，实现有序、稳妥开放证券市场的特殊通道。包括韩国、印度和巴西国及中国台湾地区等市场的经验表明，在货币未自由兑换时，QFII 不失为一种通过资本市场稳健引进外资的良好方式。

QFII 是一国在货币没有实现完全可自由兑换、资本项目尚未开放的情况下，有限度地引进外资、开放资本市场的一项过渡性的制度。这种制度要求外国投资者若要进入一国证券市场，必须符合一定的条件，通过该国有关部门的审批后汇入一定额度的外汇资金，并转换为当地货币，通过严格监管的专门账户投资当地证券市场。

二、合格投资

在这当中需要很多条件，核心是不能短期炒作，应具有中长期投资的性质。韩国及中国台湾地区的经验表明，引入 QFII 机制后，热衷投资绩优股、重视上市公司分红、关注企业的长远发展的理性投资理念开始盛行，投机行为有所减少，在一定程度上降低了市场的巨幅波动。因此，通过引进 QFII 机制，吸引境外合格的机构投资者参与进来，将有利于进一步壮大机构投资者队伍；还可以借鉴国外成熟的投资理念，促进资源的有效配置；同时促进上市公司提升公司治理水平，加速向现代企业制度靠拢。

三、制度原理

QFII 制度的实质是一种有创意的资本管制。在这一机制下，任何打算投资境内资本市场的人士必须分别通过合格机构进行证券买卖，以便政府进行外汇监管和宏观调控，目的是减少资本流动尤其是短期“游资”对国内经济和证券市场的冲击。而通过 QFII 制度，管理层可以对外资进入进行必要的限制和引导，使之与本国的经济发展和证券市场发展相适应，控制外来资本对本国经济独立性的影响，抑制国外投机性游资对本国经济的冲击，推动资本市场国际化，促进资本市场健康发展。

四、核心问题

1. 资格认定问题

其一是合格机构的资格认定问题。认定资格包括注册资本数量、财务状况、经营期限、是否有违规违纪记录等考核标准，以选择具有较高资信和实力、无不良营业记录的机构投资者。

2. 监控问题

其二是对合格机构汇出汇入资金的监控问题。一般有两种不同的手段：一种是采取强制方法，规定资金汇出汇入的时间与额度；另一种是用税收手段，对不同的资金汇入汇出时间与额度征收不同的税，从而限制外资、外汇的流动。

3. 投资和额度限制

其三是合格机构的投资范围和额度限制问题。投资范围限制主要对机构所进入的市场类型以及行业进行限制。投资额度包括两方面：一是指进入境内市场的最高资金额度和单个投资者的最高投资数额（有时也包括最低投资数额）；二是合格机构投资于单个股票的最高比例。

QFII（合格境外机构投资者），是经中国证监会批准投资于中国证券市场，并取得国家外汇管理局额度批准的中国海外基金管理机构、保险公司、证券公司及其他资产管理机构。QFII 应当委托境内商业银行作为托管人托管资金（开立外汇账户和人民币特殊账户），委托境内证券公司办理在境内的证券交易活动，每个 QFII 可以分别在上海、深圳证交所委托 3 家境内证券公司进行证券交易，QFII 的单个证券账户只能通过 1 家受托证券公司的 1 个 QFII 专用交易单元进行交易，每个 QFII 只能有一个托管人，且可以更换。

五、操作规定

（一）境外投资机构申请 QFII 条件

1. 资产管理机构：经营资产管理业务 2 年以上，最近一个会计年度管理的证券资产不少于 5 亿美元。

2. 保险公司：成立 2 年以上，最近一个会计年度持有的证券资产不少于 5 亿美元。

3. 证券公司：经营证券业务 5 年以上，净资产不少于 5 亿美元，最近一个会计年度管理的证券资产不少于 50 亿美元。

4. 商业银行：经营银行业务 10 年以上，一级资本不少于 3 亿美元，最近一个会计年度管理的证券资产不少于 50 亿美元。

5. 其他机构投资者（养老基金、慈善基金会、捐赠基金、信托公司、政府投资管理公司等）：成立 2 年以上，最近一个会计年度管理或持有的证券资产不少于 5 亿美元。

注：申请 QFII 资格和投资额度，申请人可以通过托管人分别向中国证监会和国家外汇管理局报送文件。中国证监会自收到完整申请文件起 20 个工作日内，对文件进行审核并作出决定，若批准则颁发证券投资业务许可证；申请人应在取得证券投资业务许可证之日起 1 年内，通过托管人向国家外汇管理局提出投资额度申请。国家外汇局自收到完整申请文件日起 20 个工作日内，对文件进行审核并作出决定，通过则书面批准并颁发外汇登记证。

（二）境外投资机构申请 QFII 的方式及材料

须向中国证监会网站以电子方式及向证监会以书面方式提交以下文件：

1. 申请表；

2. 主要负责人员资本情况表；

3. 投资计划书；

4. 资金来源说明书；

5. 最近 3 年或者自成立起是否收到监管机构重大处罚的说明；

6. 所在国家或地区核发的营业执照（复印件）；

7. 所在国家或地区监管机构核发的金融业务许可证（复印件）；

8. 对托管人的授权委托书；

9. 最近 1 年经审计的财务报表；

10. 中国证监会要求的其他文件。

注：前款规定的文件，由申请人的法定代表人（指经申请人董事会授权或按申请人公司章程规定或者符合申请人所在国家或者地区法律规定，可以代表申请人办理 QFII 证券投资管理有关事宜的自然人，如董事会主席或者 CEO 等）的授权代表签署的，应该出具该法定代表人对其授权代表的授权委托书。

注：该授权委托书以及第 6、7 项文件须经申请人所在国家或地区法定认可的公正机构或律师出具公证书，或经中国驻该国的使、领馆认证。第 3、4、5 项文件凡用外文书写的，应当附有中文译本。

（三）境内机构申请 QFII 托管人资格（中国证监会、国家外汇局审批；中国证监会收到完整的申请文件后，于 30 个工作日内会签国家外汇局作出托管资格许可）：

1. 设有专门的资产托管部；

2. 实收资本不少于 80 亿元人民币；

3. 有足够的熟悉托管业务的专职人员；

4. 具备安全保管合格投资者资产的条件；

5. 具备安全、高效的清算、交割能力；

6. 具备外汇指定银行资格和经营人民币业务资格；

7. 最近 3 年没有重大违反外汇管理规定的记录。

注：外资商业银行境内分行在境内持续经营 3 年以上的，可申请成为托管人，其实收资本数额条件按其国外总行的计算。

(四)申请成为托管人须向证监会报送以下文件(一份正本和一份副本)

1. 申请表;

2. 托管人资格申请书(须加盖公章或由法定代表人签字);

3. 中国银监会对申请人开办合格投资者境内证券投资托管业务的意见(复印件);

4. 金融业务许可证副本(复印件)及营业执照副本(复印件);

5. 实收资本证明文件;

6. 境内托管部门基本情况(包括人员配备,安全保障措施等);

7. 有关托管业务的管理制度(主要包括托管业务管理办法、内部封孔制度、岗位职责与操作流程、员工行为规范、会计核算办法以及信息系统管理制度等);

8. 拥有高效、快速、安全、可靠技术系统的说明及有关证明;

9. 中国证监会、国家外汇管理局根据审慎监管原则要求的其他文件。

注:以下情况须予以更换托管人:

(1)QFII 有充分理由认为更换托管人更符合其利益的;

(2)证监会、外汇管理局认定托管人不能继续履行托管人职责的。

注:新任、原任托管人应当在原托管人退任后 3 个工作日内将有关情况报证监会、外汇管理局备案。

六、托管

(一)托管人职责

1. 保管合格投资者托管的全部资产;

2. 办理合格投资者的有关结汇、售汇、收汇、付汇和人民币资金结算业务;

3. 监督合格投资者的投资运作,发现其投资指令违法违规的,及时向中国证监会和国家外汇管理局报告;

4. 在 QFII 汇入本金,汇出本金或者收益 2 个工作日内,向国家外汇管理局报告 QFII 的资金汇入、汇出及结售汇情况;

5. 每月结束后 8 个工作日内,向国家外汇管理局报告 QFII 的外汇账户和人民币特殊账户的收支和资产配置情况,向中国证监会报告证券账户的投资和交易情况;

6. 每个会计年度结束后 3 月内,编制关于 QFII 上一年度境内证券投资情况的年度财务报告,并报送中国证监会和国家外汇管理局;

7. 保存 QFII 的资金汇入、汇出、兑换、收汇、付汇和资金往来记录等相关资料，保存时间不少于 20 年；

8. 根据国家外汇管理规定进行国际收支统计申报。

（二）账户

1. QFII 应当委托托管人向中国证券登记结算有限责任公司（中国结算公司）申请开立证券账户。QFII 可以开立多个证券账户，申请开立的证券账户应当与国家外汇管理局批准的人民币特殊账户对应。

2. QFII 应当为自由资金或管理的客户资金分别申请开立证券账户。QFII 为其管理的公募基金、保险资金、养老基金、慈善基金、捐赠基金、政府投资资金等长期资金申请开立证券账户时，账户名称可以设置为"合格投资者 + 基金（或保险资金等）"。账户资产属"基金（保险资金等）"所有，独立于 QFII 和托管人。

（三）投资范围

QFII 在经批准的投资额度内，可投资于下列人民币金融工具（证券公司保存委托记录、交易记录等资料不少于 20 年）：

1. 在证券交易所交易或转让的股票、债券和权证。

（1）股票。包括普通股、优先股和交易所认可的其他股票。

（2）债券。包括国债、国债预发行、地方政府债、公司债券、企业债券、可转换公司债券、分离交易可转换公司债券、可交换公司债券、中小企业私募债、政策性金融债、次级债和本所认可的其他债券品种。

（3）基金。包括各类交易型开放式指数基金（ETF）、封闭式基金、开放式基金、货币市场基金和交易所认可的其他基金品种。

（4）权证。

（5）资产支持证券。

（6）证监会允许的其他证券品种。

2. 银行间债券市场交易的固定收益产品。

3. 证券投资基金。

4. 股指期货（只能从事套期保值交易）。

5. 中国证监会允许的其他金融工具。

6. QFII 可参与新股发行、可转换债券发行、股票增发和配股的申购。

（四）QFII 对境内证券投资持股比例限制

1. 单个 QFII 通过合格投资者持有一家上市公司股票的，持股比例不得超过该公司总股本10%。超过比例的部分应当在5个交易日内予以减持。

2. 所有QFII对单个A股公司持股比例总和不超过公司总股本总数的30%。若超过30%,按照后买先卖的原则发出减持通知。

注:QFII根据《外国投资者对上市公司战略投资管理方法》对上市公司战略投资的,其战略投资持股不受上述比例限制(鼓励中长期投资)。

(五)QFII行使股东权利

QFII可以自行或委托托管人、境内证券公司、上市公司董事会秘书、上市公司独立懂事或其名下的国外投资者等行使股东权利。QFII行使股东权利时应向上市公司出示以下文件:

(1)QFII证券投资业务许可证原件或者复印件;

(2)证券账户卡原件或复印件;

(3)具体权利行使人的身份证明;

(4)若QFII授权他人行使股东权利的,除上述材料外,还应提供授权代表签字的授权委托书(QFII授权其名下国外投资者行使股东权利的,应提供相应的经合格投资者授权代表签字的持股说明)。

七、备案

1. QFII有以下情形,应当在其发生后5个工作日内报中国证监会、国家外汇管理局备案:

(1)变更托管人;

(2)变更法定代表人;

(3)其控股股东变更;

(4)调整注册资本;

(5)涉及重大处罚。

2. QFII以下情况要重新申领证券投资业务许可证:

(1)变更机构名称;

(2)被其他机构吸收合并。

注:重新申领证券投资业务许可证期间,QFII可以继续进行证券交易,被中国证监会认定需要暂停的除外。

3. QFII以下情形要将证券投资业务许可证和外汇登记证分别交还证监会和外汇管理局:

(1)申请人取得证券投资业务许可证后1年内未向国家外汇管理局提出投资额度申请的;

(2)机构解散,进入破产程序或者由接管人接管;

(3)QFII重新申领许可证;

(4)出现重大违法行为。

4. QFII申请投资额度,开立外汇账户和人民币特殊账户,应向国家外汇局提供以下材料:

(1)托管人及QFII提交的书面申请,书面申请的内容包括合格投资者基本情况、资金来源说明与投资计划书、合格投资者在锁定期内不撤资的承诺函等,并附上《国家外汇管理局合格境外投资者登记表》;

(2)证监会颁发的《合格境外机构投资者证券投资业务许可证》;

(3)经公证的合格投资者对托管人的授权委托书;

(4)国家外汇管理局要求的其他材料。

注:申请增加额度,还需提供《合格境外机构投资者外汇登记证》和已有投资额度在境内的投资情况说明,内容包括资产配置及变动情况、投资损益情况、合规履行情况和股票交易平均换手率等。

5. 外汇账户和人民币特殊账户的收入(两个账户存款利率按照人民银行规定)和支出范围:

(1)外汇账户收入范围。QFII从国外汇入的本金、利息收入、从QFII投资者人民币特殊账户购汇划入的资金及国家外汇管理局核准的其他收入。

(2)外汇账户支出范围。结汇划入QFII人民币特殊账户的资金,原路汇回国外的资金。

(3)人民币特殊账户的收入范围。QFII外汇账户结汇划入的资金、出售证券所得款项、现金股利、利息收入。

(4)人民币特殊账户的支出范围。买入规定的证券类等产品的支付价款(含印花税,手续费),支付税款、托管费、审计费和管理费等有关税费,购汇划入QFII账户的资金。

八、汇入与汇出

1. QFII申请投资额度及汇入规则

(1)单个QFII申请额度每次不得低于等值5000万美元,累计不得超过

10 亿美元;

(2)QFII 在上一次投资额度获批后 1 年内不得再次提出增加额度的申请;

(3)QFII 应在每次投资额度获批日起 6 个月内汇入本金,在规定时间内未足额汇入本金但超过等值 2000 万美元的以实际汇入金额作为其投资额度。

2. QFII 汇入的本金锁定期

(1)养老基金、保险基金、共同基金、慈善基金、捐赠基金、政府和货币管理当局等类型的 QFII,以及合格投资者发起设立的开放式中国基金的投资本金锁定期为 3 个月,其他 QFII 本金锁定期为 1 年。

注:开放式中国式基金指在国外以公募形式发起设立,且至少 70% 以上基金资产投资于中国境内的开放式证券投资基金。

(2)QFII 的投资本金锁定期自其足额汇入本金之日起计算;未在规定时间内汇足本金的自投资额度获批之日 6 个月后开始计算。

3. 本金锁定期结束后如需购汇汇出本金的申请材料(除开放式中国基金)

(1)书面申请;

(2)《外汇登记证》原件;

(3)有关本金汇入及既往投资情况的说明。

4. 购汇汇出累计收益的申请(除开放式中国基金),应在取得经中国注册会计师出具的专项审计报告后,委托托管人待其持以下材料向托管人所在地外汇管理局提出申请:

(1)书面申请及决定汇出收益的相关证明文件;

(2)中国注册会计师出具的投资收益专项审计报告;

(3)收益完税凭证;

(4)外汇局要求的其他材料。

九、交易

1. 单个 QFII 对于超过限定购买比例的部分,应在 5 个交易日内,根据股份类别按照以下顺序予以减持:

(1)当日非通过集中竞价交易与大宗交易两种方式取得的股份(含参与配股、增发、网下配售等取得的可流通未上市股份);

(2)当日通过大宗交易方式取得的股份;

(3)当日通过集中竞价交易方式取得的股份;

(4)当日可转换债券转股获得。

2. QFII参与股指期货交易(在中金所上市交易),只能从事套期保值交易,并按照中金所有关规定执行,每个QFII可以分别委托不超过3家境内期货公司进行股指期货交易。投资额度的要求如下:

(1)任何交易日日终,合格投资者持有的股指期货合约价值(多头+空头)不得超过其投资额度。

(2)任何交易日日终,合格投资者的股指期货成交金额(不包括平仓)不得超过其投资额度(买入和卖出合约成交金额,不包括平仓)。

注:若因市场价格波动等原因导致期货合约价值不符合上述规定,QFII应在10个交易日内调整完毕。

3. 参与股指期货交易的合格投资者应按照中金所的有关规定,办理开户、申请套期保值额度等事宜。投资额度发生变化的,合格投资者应当在3个工作日内报告中金所。需调整套期保值额度的,应当按照中金所的有关规定办理。

4. QFII在投资股指期货前应向证监会基金部、国家外汇管理局资本司递交更新的投资计划书,增加投资股指期货的内容,中国证监会基金部无异议后方可申请。完成投资计划报备后,QFII即可进行交易编码和套期保值申请,待中金所开户审批流程完成后正式参与股指期货市场。

5. 参与股指期货交易的合格投资者投资额度发生变化的,合格投资者应当在3个工作日内报告中金所。需要调整套期保值额度的,应当按照中金所的有关规定办理。中金所在批准QFII的套期保值额度申请时,将要求其提交套期保值方案等相关材料,并且对QFII获批套期保值额度的使用情况、股指期货交易行为等进行检查和监控。因此,QFII参与期货并不会对A股市场的正常运行造成冲击。

6. 合格投资者参与股指期货交易,应当根据国家外汇管理局(以下简称国家外汇局)核准开立的不同资金账户分别向中金所申请交易编码,交易编码应当与批准的人民币特殊账户一一对应。各个交易编码应当独立运作。

7. 有专用通道、通过交易员直接下单到场内的速度和现货通道的兼容性是QFII考察的关键。根据这些要求,上海的期货公司更靠近中金所,抢单速度更快,比北京的期货公司更受欢迎。而QFII早就在证券公司拥有账户,这些大的证券公司又多拥有自己的期货公司,这在通道的兼容和账户管理的便捷上取胜，证券公司系期货公司又比传统期货公司受欢迎。

8. 在任何交易日日终，合格投资者持有的股指期货合约价值不得超过其投资额度；在任何交易日日内，合格投资者的股指期货成交金额（不包括平仓）不得超过其投资额度。其中，持有的股指期货合约价值指多头合约与空头合约的价值之和，多头合约与空头合约不进行轧差；股指期货成交金额指买入合约和卖出合约的成交金额之和，不包括平仓交易。

9. QFII 开立股指期货账户，等到办出交易编码后，再通过上海总部办理套保额度及之后的事情。

十、QFII 制度的研究与思考

作为一种引进外资、开放资本市场的过渡性安排，QFII 的根本目的在于吸引国外的资金进入本国资本市场。允许外资直接投资国内证券，尤其是在我国资本项目没有完全开放、货币没有实现完全可自由兑换的情况下，允许一些具有较高资质和实力、无不良记录的外国机构投资者进入我国资本市场，无疑会有助于建立价值投资和理性投资的市场氛围，为我国资本市场走向最终完全开放并取得良好经验创造条件。

（一）境外 QFII 的成功经验及启示

1. QFII 在境外的成功

在一些新兴工业化国家和地区，由于货币没有实现完全可自由兑换，资本项目尚未完全开放，货币体系比较脆弱，金融市场发展也不成熟，外资介入对其证券市场可能造成较大的冲击，因此，它们选择 QFII 制度作为一种过渡性措施逐步开放证券市场，控制外来资本对本国经济独立性的影响，抑制投机性外资对本国经济的冲击，推动资本市场国际化，使其健康发展，例如韩国、印度、巴西和我国台湾地区，均在 20 世纪 90 年代初利用 QFII 制度成功推动了其证券市场发展。以我国台湾地区为例，台湾地区作为 QFII 制度的发源地，在利用这一制度发展岛内金融、促进经济的快速发展方面积累了一定的经验。实行 QFII 制度之前的台湾地区，股市低迷，证券市场投资主体结构不合理，投机活动盛行，与大陆今日的证券市场很相似，通过引入 QFII 制度，建立了证券市场上“价值投资”的理念，调整了证券市场主体结构，有效地重建了台湾地区的证券市场。台湾地区股市能避过 1997 年的亚洲金融风暴，QFII 制度功不可没，正是由于国外机构投资者的长期、理性投资对中小散户的影响，才使其对持有的证券保有信心，没有盲目地去买涨杀跌，保持了股市的基本稳定，从而力挺岛内经济避开了东南亚诸国的遭遇。

2. QFII 对大陆证券市场建设的意义

2002 年 11 月 5 日中国证监会和中国人民银行联合下发《合格境外机构投资者境内证券投资管理暂行办法》（以下简称《办法》），标志着 QFII 制度在我国大陆的确立和实施。在此前提下研究台湾地区实行该制度的得失成败，对我国的证券市场建设不无裨益。就我国的现状而言，资本项目尚未开放，国内证券市场尚不完善，资本市场的完全开放尚不现实。此时，援引 GATS（General Agreement on Trade in Service，服务贸易总协定）中的特定义务逐步市场化，分批吸收国外资质良好的投资机构进入我国证券市场，是我国开放全部资本市场的一条必由之路。近几年我国证券市场特别是股票市场行情低迷，股民结构畸形，中小散户构成股民的主体，而机构投资者比例过低，股票的盈利率偏高且股价易受政策影响，同时投资风险较大。这些都反映出我国股票市场的不成熟，这样的股票市场如果突然全面放开，外国游资大量涌入，就像一座排水泻洪系统不健全的水库突然被洪峰涌入一样，结果可能是全面崩溃。但我国已经加入世界贸易组织，按照其逐步开放金融市场的规定，是迟早要迎接国外资本尤其是国际游资冲击的，当务之急就是把自己的吞吐资本的能力和抵御风险的能力提高。而要达到这一目的，仅仅靠自身的慢慢调整和积累是不行的。采用 QFII 制度，先引进少数资本雄厚、经营历史久远、操作经验丰富、富有理性投资战略的外资机构进入我国的证券市场是大有裨益的。

3. QFII 所带来的积极作用

（1）激发投资者的信心，稳定证券市场的局势。以我国台湾地区为例，除了 1997 年亚洲金融危机期间外，QFII 对台股都是买超。由于他们被认为是经验丰富且富于理性的投资者，其购买的股票往往受到其他投资者特别是中小投资者的追捧和青睐，从而激励了岛内外对持有台股的信心。在 1997 ~ 1998 年的金融危机中，由于大部分 QFII 投资者坚持长期投资的理性观念，在危机中没有太大的买卖动作，才使台湾地区股市大体上保持了稳定，躲过了席卷东南亚的金融风暴。2000 年以后，尽管台湾股市熊市绵绵，股指点数屡创历史新低纪录，QFII 的资金流出也很少，而且还是持续买进，对市场起到了持续稳定的作用。

(2)引入QFII利于调整我国证券市场的投资主体结构。我国大陆证券市场上的投资者目前仍以中小散户为主体。大部分中小散户在买卖证券时的特点是缺乏理性分析,爱跟风起哄,投机心理严重,很少长期投资,大都抱着赚一把就走的心理。因为散户的资金投入很小,要想迅速获利最好的办法莫如做短线投机。同时,散户缺乏对市场的有效分析能力,对买入的证券潜力到底有多大没有准确的认知,所以只能去跟风。散户占主体的证券市场必定是一个稳定性差、极易波动起伏的市场,而这样的市场对整个经济是没有好处的。实力雄厚的机构投资者由于资本雄厚,经得起证券价格升降的折腾,拥有专业的证券分析家,能从长计议作出最优的选择。台湾地区证券市场在引入QFII制度前与大陆相仿,散户交易额占97%,机构投资者只有3%,引入QFII制度后,机构投资者交易额在10年间提高到15.6%,提高了4倍多。这些实力雄厚的机构投资者就成了台湾证券市场的中流砥柱,也成了广大散户的风向标。可以想见,QFII制度在我国大陆证券市场也可能带来同样的效应,QFII机构投资者和国内机构投资者同样会理性指引散户的投资方向,形成较为稳定的市场,而不是大起大落后熊市绵绵的市场。

(3)可以建立“价值投资”理念,活跃市场交易。股票价格说到底是上市公司价值的反映,价值规律决定了价格不可能长期偏离价值。股票价格一涨千里和一落千里都是一种不正常的、病态的现象。作为一个新兴市场,我国大陆证券市场长期以来一直呈现“双高”的特征,即高市盈率、高换手率,市场投机气氛浓厚,炒作之风盛行。QFII实施之后,这种资本市场的“双高”症状将逐步降温,证券市场将逐步趋于理性。从周边情况来看,台湾地区在QFII实施后,股票市盈率和国际逐渐接轨,从1991年的32.05倍的市盈率(几乎是当时纽约和伦敦市场的2倍)降到2001年10月与纽约和伦敦的市盈率十分接近的水平,而换手率也在1991年实施QFII制度后迅速降低。此外,随着上市公司市盈率的降低,国内市场的整体投资价值将会凸显,市场长期向好的格局将逐步确立。从韩国、中国台湾、印度在实施QFII制度后的情况看,证券市场对此制度均显现出积极反应,三地市场在实施QFII制度16周后股价显著推高。而韩国股市在引入QFII制度5年内暴涨了5倍之多。

(4)提高与国际证券市场关联度,推动我国证券市场国际化。我国目前的证券市场与国际证券市场的关联度并不高,尚不能够成为反映国际经济的晴雨表。这与我国经济日益融入世界的大形势是不相匹配的,有鉴于此,我们认为,将在国际证券市场上纵横驰骋多年、实力雄厚且操作经验丰富的QFII引入我国第3期证券市场,使其在此做长期投资,有利于我国投资者熟悉国际资本运作的游戏规则,积累应对各种风险的经验。引入QFII等于找到教学经验丰富的优秀教师,在与其交流中可迅速发展自己的操作技巧和经验理念。等到资本市场全面放开,国外资本蜂拥而入之日,已可从容应对,游刃有余。台湾地区在引入QFII的初期,即1991~1995年期间,与纽约、伦敦证券市场关联度还是较低的,到了第二阶段,即1996~1999年,关联度有所提高。而使用2001年的各月指标计算,台湾与纽约市场的关联系数达到0.682,与伦敦市场则达到0.785。这表明台湾地区市场越来越多地受到纽约和伦敦市场的影响,其证券市场的国际化程度加深。由是QFII制度可谓是一剂良药,其理论上的各种特点能有效地克服我国证券市场目前的各种缺陷。但无论如何,QFII制度现在仍然是一个新生事物,需要在实际运作中改进、丰富和发展,并且除了它的正面效应外,还要看到它的负面影响并及早预防。

(二)正确对待QFII并预防其消极影响

1. 对QFII要逐步、适当地放宽限制

大陆和台湾地区对QFII的准入准出门槛标准是不一样的,大陆的准入门槛远比台湾地区高。例如,《办法》中要求所有类型的境外机构投资者管理证券资产的规模均不小于100亿美元,台湾地区的限制是3亿~5亿美元;机构的经营历史要求除基金管理机构外大陆和台湾地区标准相同,都是5年,保险和证券公司都要求有30年以上的经营历史,而台湾地区仅仅要求保险公司要有10年以上经营保险业务的历史。在投资额度上,《办法》规定的单个QFII机构投资额下限是5000万美元,上限是8亿美元,台湾地区规定单个QFII机构投资的上下限是500万美元到5000万美元,只有大陆相应额度的1/10和1/16。不仅进入大陆QFII的标准比台湾地区严格,QFII本金汇出标准也比台湾地区严格。但国际社会能给出缓冲的时间是有限的,我国已经加入世界贸易组织,当承诺履行有关义务的时间到了之后,就要履行资本自由化的相关国际义务,要在有限的时间里达到国际资本运营的水平来和国际资本角逐,可谓时间短,任务重。我们的意见是,在现今QFII制度引入数年的前提下,也应该对引入的 QFII 机构较大幅度地放宽限制。毕竟一个 13 亿人口的大陆与台湾地区在吞吐资金量和抵御金融风险上的能力是不可同日而语的,对资金的需求和抵御金融风险的能力都远远高于台湾地区,理应引入更多的 QFII。放宽限制应具体体现在降低境外机构的准入资格,允许境外规模适中、业绩良好、信誉卓著的机构,尤其是亚洲各国的中小机构投资者进入我国大陆资本市场,同时对他们的投资品种、本金和利得的汇出时间、批准手续较大幅度地放宽和免除限制。对资质良好、愿意长期理性投资我国的 QFII 要给予国民待遇。

2. 理性、正确地监管 QFII

放宽了对 QFII 的限制必然会吸引更多的外资进入中国大陆的证券市场,在看到他们能带来的利益、经验、技巧和投资理念之外,还要对他们可能带来的负面影响有充分的考虑。毕竟外资来中国证券市场是来运作获利的,把国门打开后,进来的外资难免鱼龙混杂,这些 QFII 里有愿意长期理性投资的机构,但也有意图来浑水摸鱼者。例如,把大笔美元兑成人民币后不是投资而是放在银行账号上滞留,坐等人民币升值,大捞一把。因此要对这些 QFII 规范监管,使其投资符合我国的利益意图,为我国经济服务而不是仅仅作为他们的汇率套利工具。

要使境外金融资本为我所用,使其发展、运作符合我国利益目标,笔者认为应首先从监管入手。对 QFII 的外部监管要规范、严格,应该从其进入市场、中间的运作程序、信息的公开披露、盈利的报告、本金和利得的汇出、资本的追加、投资的种类和行业等方面通过立法进行管理。

目前我国的证券立法中对 QFII 尚无确切立法管理,虽有少数此方面规范(如《办法》)规定 QFII 要遵守我国法律,从而将其置于我国法律监管之下,但由于立法层次太低,立法规范中的监管部分不够全面,在监管中的效果不尽如人意。我们认为,从现实的角度来看,对现存的证券法没必要做大手术修改,可采取附加条款的方式填补缺乏对外资的相应规定而导致的漏洞,例如,对大规模恶意撤资的 QFII 要严惩,对进入中国大陆后一定时间内不做投资的 QFII 要征收高额赋税,对长期不投资的 QFII 可取消其额度并劝退以防止其投机汇率,对劝而不退者可采取严格有效的经济制裁措施甚至行政没收措施等。另一方面,要对这几年的 QFII 机构监管经验进行总结,尽快制定出切合我国实际并富有前瞻性的法规,除了在过渡期间监管 QFII 外,还要着眼于将来全面开放资本市场后的监管工作。眼下对 QFII 的监管难点在于实施 QFII 制度后,境外证券市场上的投资者可以通过 QFII 在中国境内进行投资,这使 QFII 在境外市场的投资行为和投资结果可能影响其在境内的投资行为,其在境外市场的失败很可能会传导到境内市场上来,因为 QFII 们乐于投资中国除了想获利外,还在于将在中国市场的投资与其他境外证券市场相组合来降低投资风险。所以,随着中国 QFII 制度的逐步放宽,如何加强在海内外多个市场进行投资的 QFII 的监管,如何把握 QFII 的财务能力,只让好的 QFII 进入中国证券市场就成为监管部门的一个难题。就 QFII 制度本身而言,当前比较突出的问题有两个,一是如何实施对 QFII 背后的客户的监管,在当前的 QFII 制度下,监管者只能监管 QFII 的操作,而其背后的客户之间,以及客户和其他客户的交易就无从而知了。二是 QFII 的信息披露问题,目前只有监管层才能通过托管银行看到 QFII 投资的具体信息,一般投资者只能通过上市公司间接看到 QFII 的不完整投资信息。笔者认为,在今后的金融立法中对于 QFII 建立相应的信息披露制度还是很必要的。

3. 健全我国证券市场的内部化解风险能力

发展中国家在自身的抗风险能力和化解风险能力尚不能与国际资本的冲击相抗衡之际就急于引入国际资本,期待着收获满满,实现超常规发展,结果往往被国际游资盯上,利用其内部防范化解风险能力的低下,轻而易举掠走了其多年积累的财富,并导致社会动荡。1997 年的亚洲金融危机与我国擦肩而过,台湾地区虽受到袭击但顶住了游资冲击。在庆幸之余,反观我国大陆的证券市场,问题颇多,上市公司不规范运作情况已是司空见惯,市场操纵行为广泛存在,公司薄利、负利并且盈利能力逐年下降的趋势明显,市场信息披露机制形同虚设,这样的证券市场抵御金融危机的能力极差,对国外投资机构能有多大的吸引力可想而知,QFII 要在这样的市场上生存发展也只能搞投机。毕竟 QFII 到中国是为赚钱来的,逐利是其本性,而选择何种股票买卖只是手段,在巨大的短期投机利益面前要求它们理性投资是不现实的,而能否为国人树立起理性投资的风气更非他们的义务。在化解金融风险方面,我们认为建立投资品种齐全的金融市场是十分必要的,台湾地区在拓宽投资渠道、创建金融避险工具方面的经验是值得借鉴的。台湾地区早在 1973 年颁布“制定国库券条例”,同年发行“国库券”;1976 年 5 月,台湾地区几家银行和"中央投资公司"合股成立首家票券公司——中兴票券金融公司,同年又有两家票券公司成立。1991年允许银行创造开发各种新型金融商品,包括外币保证金交易、利率互换、买卖期权等。1997年6月,台湾地区证交所允许31家上市公司可以发行认股权证。1998年,台湾地区期货交易所成立,推出台股指数期货。由于投资渠道不断拓宽,各种金融避险工具不断被创造出来,使得台湾地区在推出QFII制度并逐渐解除对QFII的限制上显得从容不迫,将潜在的风险一一化解。大陆的证券市场与台湾地区当初情况很相似,随着QFII的不断引入,金融风险也会逐渐积累,如果没有健全的金融避险工具体系,QFII们就有可能将其在国际证券市场上的风险转移到我国证券市场中来。同时,QFII们在中国的运作中产生的风险也会逐渐积累,由于他们的明星效应,其一举手一投足都可能获得大批资金追随,即使投资方向错误,仍可以利用其对国际金融避险工具的谙熟将投资转移而把风险留在中国大陆。QFII与国内机构投资者相比最大的优势在于其全球运作的视野,尽可以将风险转移。而国内投资者却无此转嫁风险能力。其结果是QFII们收获利润和平安,中国市场和投资者获得损失和风险。

(三)循序渐进、规范发展

我国QFII制度的特点是采取一步到位,是有限制的直接投资制度。由于祖国大陆证券市场和外汇储备规模较大,辅之以政府强大的监管力量,不必像台湾地区那样采用"海外基金"形式,而是直接引入QFII,因此外资投资证券市场速度要远快于当时的韩国及中国台湾地区。同时,台湾地区在QFII制度初期只允许第3期海外基金管理机构、保险公司和银行进入,而不允许证券公司和其他资产管理机构进入。而《办法》规定的投资主体几乎包括了所有类型的境外投资者,而且中国经济的高速发展是世界经济的亮点,为广大外国机构投资者看好。据了解,2005年9月,外汇管理局正式宣布QFII投资总额从40亿美元扩容到100亿美元,可以预见我国大陆实行QFII制度的前景是美好的。但是,QFII制度的成功实施不可能一蹴而就,需要不断探索,不断总结经验,不断改进相关的制度环境和监管环境,循序渐进,兴利除弊,以充分发挥QFII制度的应有的积极作用。毕竟我国的QFII制度还处于初创期,QFII们也还处于试水期,从借鉴台湾地区的经验来看,QFII作为资本市场开放过程中一种有效的过渡性制度安排,一般长达10年以上,无论资格条件、机构种类还是投资种类、持股比例、投资额度,都有一个循序渐进的动态演进过程,具有明显的持久性。再者,QFII们资金的涌入也必然导致对我国股市、汇率稳定和国际收支平衡的冲击,对此须慎重对待。启动QFII制度的第一步要慎重一点,实践一段时间后再寻求更平衡的做法,尽量减少和控制发展中的风险以及改革中可能伴随的问题。实施QFII可能只是中国证券市场国际化过程中的一小步,却是中国证券市场对外开放的一大步。可以预见,在现阶段成功的基础上,通过健全法制,总结经验,我国证券市场对外开放将会迈出更大的步伐,对外开放的程度将不断提高。

十一、资料参考:合格境外机构投资者(QFII)额度审批情况表

表6-1 合格境外机构投资者(QFII)额度审批情况

单位:亿美元

序号	QFII名称	批准日期	累计批准额度
1	瑞士银行	2003年6月4日	3.00
		2003年11月11日	3.00
		2004年9月15日	2.00
		小计	8.00
2	野村证券株式会社	2003年6月4日	0.50
		2006年11月7日	3.00
		小计	3.50
3	花旗环球金融有限公司	2003年6月18日	0.75
		2003年11月3日	1.25
		2004年9月15日	2.00
		2005年11月24日	1.50
		小计	5.50
4	摩根士丹利国际股份有限公司	2003年7月1日	3.00
		2005年2月24日	1.00
		小计	4.00
5	高盛公司	2003年7月24日	0.50
		2005年4月18日	1.00
		2006年9月5日	1.50
		小计	3.00

续表

序号	QFII 名称	批准日期	累计批准额度
6	香港上海汇丰银行有限公司	2003 年 8 月 26 日	0.50
		2003 年 10 月 28 日	0.50
		2004 年 12 月 9 日	1.00
		2005 年 11 月 7 日	2.00
		小计	4.00
7	德意志银行	2003 年 8 月 26 日	0.50
		2003 年 11 月 3 日	1.50
		2004 年 11 月 21 日	1.00
		2005 年 4 月 12 日	1.00
		小计	4.00
8	荷兰安智银行股份有限公司	2003 年 10 月 16 日	1.00
		2005 年 4 月 6 日	0.50
		2006 年 4 月 19 日	2.50
		小计	4.00
9	摩根大通银行	2003 年 11 月 4 日	0.50
		2006 年 4 月 12 日	1.00
		小计	1.50
10	瑞士信贷(香港)有限公司	2003 年 11 月 28 日	0.50
		2005 年 3 月 14 日	1.00
		2005 年 11 月 7 日	1.50
		2006 年 9 月 26 日	2.00
		小计	5.00
11	日兴资产管理有限公司	2004 年 2 月 9 日	0.50
		2004 年 9 月 15 日	2.00
		2006 年 5 月 17 日	2.00
		小计	4.50
12	渣打银行(香港)有限公司	2004 年 5 月 19 日	0.75
13	恒生银行有限公司	2004 年 6 月 22 日	0.50
		2005 年 9 月 1 日	0.50
		小计	1.00
14	大和证券资本市场株式会社	2004 年 7 月 5 日	0.50

续表

序号	QFII 名称	批准日期	累计批准额度
15	美林国际	2004 年 7 月 16 日	0. 75
		2005 年 11 月 1 日	2. 25
		小计	3. 00
16	雷曼兄弟国际(欧洲)公司	2004 年 8 月 16 日	0. 75
		2006 年 2 月 22 日	1. 25
		小计	2. 00
17	比尔及梅林达·盖茨信托基金会	2004 年 8 月 28 日	1. 00
		2009 年 12 月 8 日	2. 00
		小计	3. 00
18	荷兰银行有限公司	2004 年 9 月 17 日	0. 75
		2006 年 1 月 23 日	1. 00
		小计	1. 75
19	法国兴业银行	2004 年 9 月 17 日	0. 50
20	巴克莱银行	2004 年 10 月 15 日	0. 75
		2008 年 10 月 15 日	1. 25
		2010 年 7 月 23 日	2. 00
		小计	4. 00
21	法国巴黎银行	2004 年 10 月 27 日	0. 75
		2006 年 5 月 17 日	1. 25
		小计	2. 00
22	德国商业银行	2004 年 11 月 8 日	0. 75
23	富通银行	2004 年 11 月 21 日	1. 00
		2005 年 11 月 1 日	3. 00
		2007 年 1 月 11 日	1. 00
		小计	5. 00
24	加拿大鲍尔集团	2004 年 11 月 21 日	0. 50
25	东方汇理银行	2005 年 1 月 10 日	0. 75
26	景顺资产管理有限公司	2005 年 3 月 8 日	0. 50
		2006 年 12 月 11 日	2. 00
		小计	2. 50

续表

序号	QFII 名称	批准日期	累计批准额度
27	新加坡政府投资有限公司	2005 年 11 月 16 日	1.00
		2008 年 12 月 19 日	2.00
		小计	3.00
28	高盛国际资产管理公司	2005 年 11 月 16 日	2.00
		2009 年 5 月 12 日	3.00
		小计	5.00
29	马丁可利投资管理有限公司	2005 年 11 月 24 日	1.20
30	淡马锡富敦投资有限公司	2005 年 12 月 12 日	1.00
		2009 年 9 月 16 日	2.00
		小计	3.00
31	柏瑞投资有限责任公司	2005 年 12 月 12 日	0.50
32	日本第一生命保险相互会社	2006 年 2 月 22 日	1.00
		2008 年 7 月 28 日	1.00
		小计	2.00
33	星展银行有限公司	2006 年 4 月 12 日	1.00
34	JF 资产管理有限公司	2006 年 4 月 12 日	1.50
		2009 年 2 月 27 日	1.25
		小计	2.75
35	比联金融产品英国有限公司	2006 年 6 月 9 日	1.00
36	加拿大丰业银行	2006 年 6 月 9 日	1.50
37	法国爱德蒙得洛希尔银行	2006 年 7 月 19 日	1.00
38	耶鲁大学	2006 年 8 月 1 日	0.50
		2008 年 5 月 19 日	1.00
		小计	1.50
39	安保资本投资有限公司	2006 年 8 月 1 日	2.00
		2008 年 4 月 16 日	1.00
		小计	3.00
40	摩根士丹利投资管理公司	2006 年 9 月 5 日	2.00
		2010 年 4 月 22 日	2.50
		小计	4.50

续表

序号	QFII 名称	批准日期	累计批准额度
41	英国保诚资产管理（香港）有限公司	2006 年 10 月 12 日	2.00
		2008 年 10 月 20 日	1.00
		小计	3.00
42	斯坦福大学	2006 年 11 月 7 日	0.50
		2008 年 12 月 17 日	0.50
		小计	1.00
43	大华银行有限公司	2006 年 11 月 7 日	0.50
44	施罗德投资管理有限公司	2006 年 12 月 11 日	2.00
45	通用电气资产管理公司	2007 年 1 月 11 日	2.00
		2008 年 11 月 13 日	-0.12
		2009 年 4 月 14 日	0.12
		2010 年 7 月 22 日	1.50
		小计	3.50
46	瑞银环球资产管理（新加坡）有限公司	2007 年 1 月 11 日	2.00
47	瑞穗证券株式会社	2007 年 2 月 13 日	0.50
48	汇丰环球投资管理（香港）有限公司	2007 年 2 月 13 日	2.00
		2009 年 1 月 28 日	1.50
		小计	3.50
49	三井住友资产管理株式会社	2007 年 2 月 13 日	2.00
		2008 年 6 月 19 日	1.00
		2010 年 7 月 28 日	0.50
		小计	3.50
50	挪威中央银行	2008 年 1 月 24 日	2.00
		2008 年 12 月 5 日	3.00
		2010 年 9 月 1 日	2.00
		小计	7.00
51	百达资产管理有限公司	2008 年 4 月 1 日	1.00
52	哥伦比亚大学	2008 年 4 月 7 日	1.00
53	保德信资产运用株式会社	2008 年 5 月 4 日	0.75
54	荷宝基金管理公司	2008 年 6 月 20 日	1.50
55	比利时联合资产管理有限公司	2008 年 7 月 31 日	1.50

续表

序号	QFII 名称	批准日期	累计批准额度
56	未来资产基金管理公司	2008 年 9 月 2 日	1.50
		2010 年 7 月 22 日	1.00
		小计	2.50
57	铂金投资管理有限公司	2008 年 9 月 10 日	1.50
58	道富环球投资管理亚洲有限公司	2008 年 11 月 3 日	0.50
59	魁北克储蓄投资集团	2008 年 11 月 3 日	2.00
60	三星资产运用株式会社	2008 年 11 月 7 日	1.50
		2010 年 9 月 1 日	1.50
		小计	3.00
61	华侨银行有限公司	2008 年 11 月 12 日	1.50
62	联博有限公司	2008 年 11 月 12 日	0.50
		2010 年 5 月 31 日	1.00
		小计	1.50
63	安达国际控股有限公司	2008 年 11 月 13 日	1.50
64	哈佛大学	2008 年 11 月 14 日	2.00
65	普信国际公司	2008 年 12 月 3 日	1.10
66	大和证券投资信托株式会社	2008 年 12 月 26 日	1.00
		2010 年 11 月 26 日	1.00
		小计	2.00
67	阿布达比投资局	2009 年 1 月 17 日	2.00
68	德盛安联资产管理卢森堡	2009 年 3 月 4 日	1.00
69	法国兴业资产管理公司	2009 年 3 月 23 日	1.00
		2010 年 6 月 13 日	-1.00
		小计	0.00
70	三菱日联摩根士丹利证券股份有限公司	2009 年 3 月 25 日	1.00
71	资本国际公司	2009 年 3 月 31 日	1.00
72	瑞士信贷银行股份有限公司	2009 年 5 月 22 日	2.00
73	新兴市场管理有限公司	2009 年 6 月 3 日	0.50
74	首域投资管理(英国)有限公司	2009 年 6 月 16 日	1.20
75	韩华投资信托管理株式会社	2009 年 8 月 10 日	0.70
76	大华资产管理有限公司	2009 年 8 月 25 日	0.50

续表

序号	QFII 名称	批准日期	累计批准额度
77	马来西亚国家银行	2009 年 9 月 4 日	2.00
78	DWS 投资管理有限公司	2009 年 9 月 9 日	2.00
79	罗祖儒投资管理(香港)有限公司	2009 年 11 月 6 日	0.50
80	韩国产业银行	2009 年 11 月 9 日	1.00
81	邓普顿投资顾问有限公司	2009 年 12 月 8 日	2.00
82	壳牌资产管理有限公司	2009 年 12 月 8 日	1.00
83	东亚联丰投资管理有限公司	2009 年 12 月 8 日	1.00
84	韩国友利银行股份有限公司	2009 年 12 月 30 日	0.50
85	韩国投资信托运用株式会社	2009 年 12 月 30 日	1.00
86	日本住友信托银行股份有限公司	2009 年 12 月 31 日	0.50
87	霸菱资产管理有限公司	2010 年 2 月 10 日	2.00
88	安石投资管理有限公司	2010 年 2 月 10 日	2.00
89	野村资产管理株式会社	2010 年 5 月 4 日	2.00
90	宏利资产管理(香港)有限公司	2010 年 5 月 31 日	2.00
91	东洋资产运用(株)	2010 年 7 月 22 日	1.00
92	加拿大皇家银行	2010 年 8 月 19 日	1.00
93	常青藤资产管理公司	2010 年 9 月 1 日	1.00
94	达以安资产管理公司	2010 年 9 月 1 日	1.00
95	法国欧菲资产管理公司	2010 年 10 月 24 日	1.50
96	安本亚洲资产管理有限公司	2010 年 10 月 24 日	2.00
97	纽约梅隆资产管理国际有限公司	2010 年 11 月 26 日	1.50
98	富达基金(香港)有限公司	2010 年 11 月 26 日	1.50
	合计		197.20

截止日期:2010 年 12 月 31 日。

注:法国兴业资产管理公司因申请主体取消,QFII 资格和额度被收回。

第二节　QDII

一、概况

QDII(境内机构投资者赴境外投资资格认定制度,Qualified Domestic Institutonal Investors,QDII)制度是指一国国际收支资本项目尚未完全开放及本币与外币未实现完全可自由兑换的情况下，有限度地允许境内机构投资者投资境外资本市场的一种制度。QDII由香港政府部门最早提出，与CDR(预托证券)、QFII一样，是在外汇管制下大陆资本市场对外开放的权宜之计，以容许在资本项目未完全开放的情况下，境内投资者往境外资本市场进行投资。

2006年4月13日央行发布了被市场称作“QDII开闸”的五号公告，放行QDII，开放资本账户，允许合格的境内机构投资者(QDII)包括符合条件的银行、基金管理公司、保险机构等金融保险证券机构，集合境内机构和个人的人民币资金购汇和机构与个人自有外汇，投资于境外固定收益类产品、股票证券及货币市场工具，这是我国迈向资本项目开放的一个重大举措。

QDII基金即指通过设立若干以外币为单位的封闭式基金，从而投资境外证券市场。QDII基金拓宽了境内投资者的投资渠道，使投资者能够真正实现自己的资产在全球范围内的配置，在进一步分散风险的同时充分享受全球资本市场的发展成果。

二、QDII发展的回顾

1. 2007年QDII基金扬帆起航

国内首只公募QDII基金——华安国际配置基金于2006年11月成立，同时聘请了雷曼兄弟作为国外投资顾问。经过此后半年多时间，2007年6月中国证监会颁布了《合格境内机构投资者境外证券投资管理试行办法》及相关通知，标志着国内基金公司QDII产品的正式启航。同年9～10月，首批4只QDII基金即南方全球精选配置、华夏全球精选、嘉实国外中国股票、上投摩根亚太优势正式成立。当时A股市场正处于人气爆棚、心态亢奋的市场环境中，加之QDII新鲜的投资噱头加强了投资者的高收益预期，四只QDII产品发行募集资金全部在300亿元左右，是当年开放式基金平均募集资金规模的3.1倍，这充分说明国内投资者对国外投资需求的增加和对差异化理财产品的热情。

2. 2008年QDII基金折戟沉沙

首批QDII匆匆建仓后便遭遇百年一遇的金融危机由美国开始向世界范围蔓延并逐渐深化。加之国内QDII基金严重缺乏国外投资经验，使得这几只QDII风光未过便前赴后继跌破单位净值，严重打击了投资者对QDII基金的投资信心。尽管2008年以来均有新的QDII基金发行，但基于首批QDII基金的接连破发、对全球经济的悲观预期和当时A股市场仍处下降通道的市况，投资者的认购热情早已不复往日，新 QDII 基金的募集规模大不如前。2009 年的股票市场，从全球范围来看，无论是受到金融危机重创的发达经济体，还是受损相对较小的新兴市场，出现了历经 2008 年大跌后的快速反弹。但鉴于 2007 年、2008 年投资 QDII 基金的惨痛教训，个人投资者和机构投资者对 QDII 产品的均保持着较高的谨慎之心，基金公司在推出新的 QDII 基金方面也保持着相当的谨慎。随着在 2007 年、2008 年成立的 QDII 基金净值的回升，被套牢的资金大量赎回。在 2009 年 QDII 基金表现回暖的背景下，QDII 基金的整体规模和份额却没有实现有效增长。同时由于监管机构为控制风险而增加了 QDII 基金在产品审批和外汇额度申请方面的障碍，2009 年没有一只 QDII 基金发行。

3. 2010 年之后，QDII 基金进入新阶段

进入 2010 年后，全球市场出现了震荡局面，QDII 增长率也随之波动。随着 2009 年 QDII 基金业绩的回升和全球基金的回暖，2010 年国内 QDII 基金的发行数量激增，全年共成立 16 只 QDII 基金，数量超过 2007 年 ~2009 年成立的 QDII 基金的数量总和。然而由于投资者对投资 QDII 基金多了更多的了解、教训及理性，QDII 基金整体规模和份额都不大，大部分份额都在 5 亿份左右。这个阶段 QDII 在产品设计上出现些许创新，指数化投资开始被采用，而且开始出现了债券类 QDII。2010 年得益于国外市场的普遍上涨和部分市场货币兑人民币升值，在已成立的 22 只基金中，共有 16 只获得正收益，占比约 73%。这 22 只 QDII 基金的涨跌幅分布在 -9.96% ~21.9% 之间。其中较大的业绩表现差异主要来自于投资区域的差异。

三、QDII 发展的特征

1. 区域配置分析

QDII 基金设立的初衷在于分散单一市场风险，提高投资组合收益。这就要求 QDII 基金应在全球范围内进行积极的分散化的投资。但从 QDII 基金的境外市场分布来看，无论是第一批还是第二批，香港市场均是它们境外投资的主要战场。而第一批出海的 QDII 基金尤为严重，其对中国香港市场的投资占 QDII 净资产的 70.97%，其次是美国（10.98%）和澳大利亚（4.63%），再次是新兴市场经济体韩国（4.14%）和新加坡（3.24%）。这与当时境内 QDII 基金缺乏境外投资经验和充足的投研实力而选择相对谨慎的投资策略有关。而香港市场与 A 股市场的相关性越来越强，将香港市场

作为投资主要市场便使得将鸡蛋放在同一个篮子里的意味越来越浓,QDII基金分散投资单一市场的功能变弱。第二批QDII基金对香港市场的投资比例有所下降,其国外投资的分散性更加体现在对亚洲新兴市场的投资比例的上升,尤其是对韩国和印度。

从区域配置的分散程度来看,目前市场上运作的QDII基金大致可分为三类:一是投资于1~2个单一市场的QDII基金,如银华全球核心优势、南方全球精选、美国纳斯达克100、嘉实国外中国、华宝兴业中国成长、海富通国外精选;二是分散投资于亚太地区的QDII基金,如上投摩根亚太优势、易方达亚洲精选、汇添富亚澳精选、博时大中华亚太精选;三是分散投资于全球市场的QDII基金,如华夏全球精选、工银瑞信全球配置、交银环球精选、国投瑞银新兴市场。

2. 行业配置分析

长期以来,QDII基金始终热衷重仓两大行业——金融和能源,这两大行业的持仓总和占股票总投资额比例在40%~50%。而2010年相对2007年,变化最显著的是对电信服务行业的减持和对信息技术行业的增持。2007年第4季度,电信服务业占总投资的10.84%,2008年第4季度达到14.08%的高峰;在电信服务行业发展速度放缓和"公用事业化"的影响下,一路下滑至2010年第3季度的4.15%。而对前途光明、发展空间巨大的信息技术产业的投资则由2007年第4季度的2.41%增长至2010年第3季度的11.49%。

3. 产品设计分析

第一批成立的QDII基金同质化严重,第二批成立的QDII基金则展现了更为多元的产品风格,与投资者差异化的投资需求有了更高的契合度。在2007、2008年成立的第一批QDII基金中,均为混合型和股票型的主动管理的偏股型基金。而2010年成立的QDII基金中,出现了多只指数型和债券型基金的身影。在国内QDII基金普遍面临国际市场投资经验与实力的缺乏、主动管理式基金频频跑输国外股市的情况下,QDII指基的推出很好地修补了这一经验与实力的缺陷。同时,在国外成熟市场上,债券品种远比国内债券市场丰富多样,QDII债基的推出,满足了不愿承受较高国外投资风险的国内投资者希望分享全球经济成果的投资需求,QDII基金已经进入产品创新时代。

四、QDII 发展情况

(一)基本情况

虽然在 QDII 发行初期,投资者投资热情高涨,但随着美国次贷危机的爆发,由此引发全球股票市场的动荡,QDII 的收益也随之大幅缩水,部分 QDII 产品跌破面值,使得 QDII 局面尴尬。截止到 2008 年 6 月 4 日,国内发行的 QDII 基金净值均跌破面值,部分已跌入 0.6 元区间,如嘉实国外为 0.697 元,上投摩根亚太优势为 0.699 元,南方全球精选为 0.8181,华夏全球净值为 0.778 元。

而到了 2016 年,在国内股市和债市震荡背景下,QDII 基金却成为业绩领跑者,平均获得 6.54% 的正回报,更有 8 只产品收益超过 20%,创下了 2012 年以来新高。

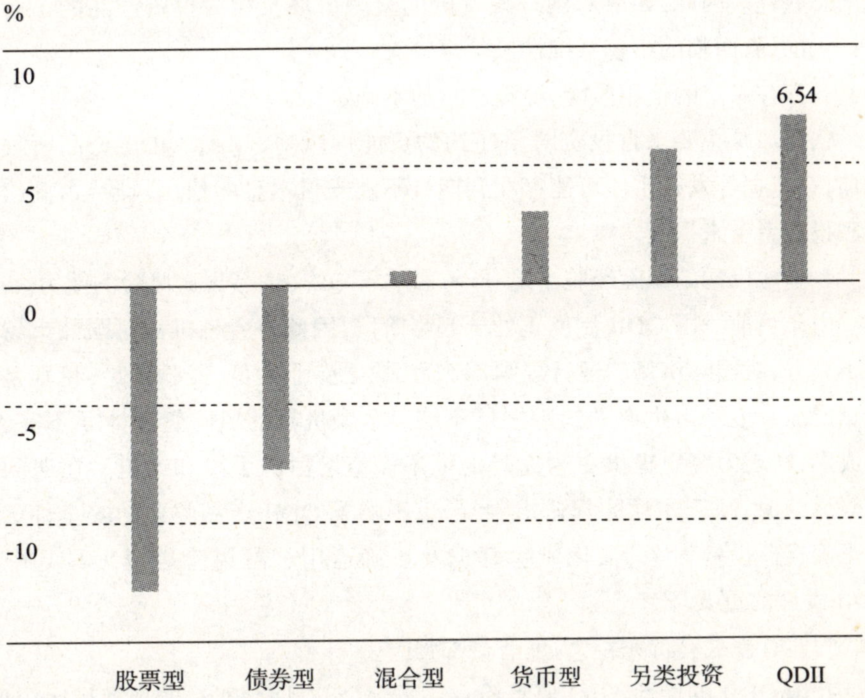

图 6-1 2016 年各类基金整体表现

资料来源:第一财经记者整理。

QDII 制度的实施是中国经济发展、资本市场日趋成熟的表现,但就目前的发展情况看，我国的QDII制度还不成熟，存在一定的制约因素。

（二）QDII发展的制约因素

1. 人民币波动，加大了QDII的汇率风险。

由于境内机构进行境外证券投资时是以美元等外币进行投资，而境内投资者是以人民币认购QDII产品的。从2006年以来，人民币连续波动，波动幅度逐步放宽。这会给QDII投资机构带来潜在的不确定性，在此背景下，加大了QDII的收益面临的汇率风险。

2. 国外投资市场的变化，带来系统性风险。

QDII业务是直接投资于国外金融市场，就必然要面临来自市场的系统性风险。国外投资国的汇率、税法、政策、对外贸易、结算等多种因素的变化会带来潜在的风险。国外宏观经济基本面的变动将直接影响本国代客国外理财业务的总收益。因此，如果对国外投资国的金融市场及相关投资产品的了解不够深入的话，面临的市场系统性风险也较大。

3. 存在一定的信用风险，导致收益的不确定性。

信用风险主要来自投资对象违约的可能性风险。由于QDII产品所投资的债权、票据等发行主体可能存在到期日不能支付本息的信用风险，由此给机构和投资者带来损失。

4. 金融机构的国际经验不足，严重影响了QDII产品规避风险的能力。

由于目前我国QDII制度正处于起步阶段，因此各金融机构对国外市场了解不充分，对国际市场的运行规则不熟悉，缺乏专业人员，经验不足，特别是对投资产品及金融衍生产品的掌握还不够。金融机构的风险管理体系不完善、不成熟，缺乏为客户提供更为完善的汇率保值增值的手段和渠道。在遇到汇率等风险时，缺乏主动的规避机制，严重影响了QDII产品收益的安全性。如何正确选择投资对象、强化风险意识及正确运用金融风险规避工具是中国QDII发展的重要环节。

5. 监管模式有待完善，力度有待加强。

我国QDII的经验不足，监管模式还不健全。目前QDII的规模还比较小，并且有一定的投资额度限制，这虽然在一定程度上减小在国际危机中受到的损失，但也无法享受国际资本市场发展带来的高收益。政府如何在制度上保证QDII的安全投资渠道是目前面临的一个重要问题。

6. 相关的法律法规不健全，投资者缺乏明确的法规保护。

我国的 QDII 制度相关的法律还不健全，有待于进一步完善。目前的法律法规层次较低，没有明确的体系。QDII 制度的决策主体包括中国证监会、中国银监会、中国保监会、外汇管理局、中国人民银行的各个部门，容易出现多头管理，因此还需要各部门之间的协调，以及各地区相关部门的配合。

QDII 是投资国外金融市场的一种制度，因此其涉外性就显得相当复杂，必然会涉及投资者权益保护的问题，涉及投资者权益保护的法律冲突，包括证券市场主体性质的认定、法律责任、国家证券管理机构与市场主体之间的监管关系、证券交易行为的合法性、税收的不同安排等多方面，这些法律冲突都会对 QDII 权益的保护产生影响。

（三）我国 QDII 的发展策略

根据对目前我国 QDII 发展状况和制约因素的分析，应该增强 QDII 的竞争力，增强投向选择的合理性、形成规避风险机制和加强监管力度。

1. 从立法上予以完善，加强监管力度，各个监管部门应该做好博弈

要进一步完善 QDII 的相关法律制度，加快与国际惯例接轨，形成完整的体系，从制度上为 QDII 的发展提供保障。要完善外汇管理法律制度，制定有效的资本账户外汇管理法律体系。还要完善 QDII 本身的法律体系，要做好实施 QDII 操作层面需要的制度安排，做好实施 QDII 在投资者类型选择、市场准入标准、代理人制度、投资规模管理、投资本金和投资收益外汇汇出和汇入管理、投资渠道和投资比例、投资监管等方面的制度安排，构建起系统的操作体系和主要框架。

监管问题是在 QDII 制度实施过程中的一个核心问题。要完善 QDII 的监管法律制度，相成一个反馈机制。由于 QDII 的实施涉及国内国外不同的国家，因此，要走监管法规国际化的道路，学习和借鉴国外的先进经验。还要不断扩大和深化与国外监管机构的合作，促进中国资本市场的健康发展。

QDII 制度的运行需要中国证监会、中国银监会、外汇管理局的合理协调，以应对该制度实施所带来的负面影响和提高对风险的承受预防能力，解决好在实施过程中的各种冲突，切实维护投资者的利益，共同推进 QDII 制度的发展。

2. 加强金融机构的风险意识，提高其规避风险的能力

在实施 QDII 过程中，风险是不可避免的，这就要求我国的金融投资机构

建立完善的风险管理机制。首先是要具有高度的风险意识,能够有效地主动防范风险。其次是建立与国际市场接轨的完善的风险管理机制,从投资额度、投资方式、投资范围进行合理地调控,并能够根据不同的情况预防和控制风险,找到风险与投资回报的最佳平衡点。

金融衍生产品是QDII规避风险的重要工具,利用金融衍生产品的对冲,至少可以规避60%~80%的风险。QDII各投资机构可以利用各种可行的金融投资工具规避风险,在产品设计上应多下功夫,提高规避风险的能力,增强产品竞争力。

3. 用战略的眼光进行投向选择,分散风险,提高收益

在投向选择上要采取投资品种多样化、投资地域广泛化的策略,以期分散风险,提高收益。既要享受新兴市场高额的收益率,又吸收借鉴成熟市场的经验,以达到投资效用最大化。在人民币波动的背景下,采取优化组合的策略,分别投资于不同国家货币计价的证券品种,将汇率风险降到最低。

4. 完善外汇衍生品市场,为投资者提供良好的外汇避险机制

为了保证QDII的顺利实施,给投资者提供良好的外汇规避机制,应该完善外汇市场。应扩大远期外汇市场的业务范围,为投资者提供远期汇率规避机制。同时,应活跃银行间的远期外汇市场,为银行提供良好的转移风险的场所。从国际经验来看,为了提高外汇市场的广度和深度,还可以允许部分实力较强、风险管理机制完善的非银行金融机构进入外汇远期市场。

5. 积极培养高素质的国际型金融投资人才

QDII涉及国际金融市场,具有一定的复杂性和风险性,投资者不会单纯地只关注品牌,往往会对构成QDII产品综合竞争力的各个要素进行综合评估。在购买QDII产品时会考察基金管理人的投资理念和经验,以及其国外合作方的研究能力和影响力。因此,实施QDII迫切需要那些熟悉国外资本市场的各种金融工具、具有国外资本市场操作经验、对国际市场的运作规律有深入把握、有较强的分析能力、能协调好风险与回报关系、具备与国外市场中投资者沟通能力的国际性投资人才。但目前我国这类人才比较缺乏,应通过吸引国际型人才和加强在职人员培训的方式逐步提高国际型金融人才的整体素质。要让他们在提升自身投资管理水平的同时,利用国外投资的多种渠道,开拓国际市场,提升境内投资机构的国际市场竞争力。

（四）案例

1. 华安国际配置基金

2006年9月13日，第一只QDII外币基金——华安国际配置基金正式通过中国工商银行、华安基金理财中心和华安基金网上销售向投资人定向募集。根据外汇局批准的额度，华安国际配置基金首次募集规模上限为5亿美元，募完即止。

该基金将投资于纽约、伦敦、东京及中国香港地区等国际资本市场，投资范围主要覆盖股票、债券、房地产信托凭证、商品基金等金融产品。

华安国际配置基金的单位面值为1美元，认购者以美元认购，最低认购金额为5000美元。

2007年9月12日，首只股票类QDII基金——南方全球精选配置基金一元发行，代码202801，募集规模150亿人民币元。

该基金认购门槛仅为1千元人民币，有不超过3个月的封闭期，之后每天开放申购与赎回。每个交易日都将披露基金净值。

（1）投资范围。以港股、国外交易所交易基金和主动管理型基金为主要投资标的，对基金和股票投资占本基金基金资产的目标比例为95%，其中对基金的投资不低于基金资产的60%，货币市场工具及其他金融工具占本基金资产的0～40%。

（2）投资策略。本基金主要投资于港股、国外市场的交易基金以及主动管理型基金，其中香港市场直接投资股票，其他国外市场则通过投资基金，以"基金中的基金"运作模式操作。

（3）风险收益。基金的预期风险和预期收益属于中等偏高的证券投资基金品种，其预期风险和收益水平低于全球股票型基金，高于债券基金及货币市场基金。

基金特点：

①投资国外分享盛宴。

中国只是全球市场的一部分，在A股上涨的同时，还有很多国家和地区的资本市场投资回报上胜于国内。投资国外，在全球市场寻求投资机会，享受世界各区域的经济成长。通俗地说，全球市场哪里有好的投资机会，南方全球精选配置基金就投向哪里。

②配置全球规避风险。

A股经历了两年的大幅上涨，指数已突破5000点高位，经济过热预期和市场整体估值偏高均可能会给 A 股的继续上涨带来压力，市场的波动风险在加剧。因此，对现有资产做适当配置，参与国际化投资，一方面可以规避单一市场风险，同时有机会获取良好的投资回报。

③投资多个市场回避汇率风险。

2. 泰达全球新格局基金

泰达宏利基金 2015 年 8 月 20 日发布公告称，公司于 9 月 7 日起以通讯方式召开持有人大会，对终止旗下泰达宏利全球新格局证券投资基金的基金合同有关事项进行表决。对于终止合同的原因，泰达宏利基金仅表示系“根据市场环境变化，为更好地满足投资者需求，保护基金份额持有人的利益”。

公开资料显示，泰达宏利全球新格局基金于 2011 年 7 月 20 日成立，截至 2015 年 8 月 17 日，该基金成立以来亏损 7. 1%，近三年、近两年、近一年等阶段性数据，也全部呈亏损状态。2015 年 1 月至 6 月、2014 年 8 月、9 月，净值曾回归至 1 元面值，顶峰时盈利近 10%。但业绩上升并未留住投资者的心，该基金规模自成立以来一直呈下降趋势。2015 年的上涨行情中，规模下降速度也在加快。基金季报数据显示，该产品在 2014 年底规模为 4863 万份，但 2015 年一季度末跌至 1016 万份，到二季度末进一步缩水至 770 万份。有业内人士认为，上半年偏股型基金多数出现翻倍收益，而 QDII 产品在四月初出现一波上涨行情后便持续下跌。同时该产品自成立以来业绩并不突出，获利了结心理也使得投资者集体出走。根据测算，该产品年管理费收入不足 20 万元，扣除各类成本费用后，该产品肯定处于赔钱状态，基金公司也愿意选择清盘。

泰达宏利全球新格局基金并不是业内首只宣布清盘的基金，但其却是业内首只主动权益类拟清盘产品，也是首只以亏损结局的拟清盘产品。虽然表面看来清盘是投资者及基金公司的最佳选择，但部分业内人士对此也有质疑，若持有人从认购阶段持有至今，均处于亏损状态，这样的产品是否应该给予投资者保本补偿？否则，投资者不但本金将受到损失，还需要额外付出清盘费用等。

值得注意的是，并非只有泰达宏利全球新格局基金缩水。QDII 至今已诞生 8 年有余，整体管理规模一直持续下滑，2015 年二季度缩水超过 25%。

公开数据显示，2007 年首批 QDII 诞生，当时正逢全球牛市，诞生之初规模就到达了 1200 亿元。不过好景不长，QDII 诞生不到一年，便遭遇百年一遇的全球金融危机，规模也迅速打对折；2009 年第二批 QDII 出海，规模反弹至 736 亿元，但又碰上欧债危机，再次折戟，此后规模一直徘徊在 500 亿～600 亿元之间。2015 年上半年全球市场回暖,QDII 规模出现回升,但二季报数据显示,二季度此类产品再度出现大幅净赎回,25 只 QDII 基金规模低于 5000 万元,触及清盘红线。

虽然此类产品规模连续下滑,但业内人士认为,全球化配置是应对人民币贬值的最佳措施之一,建议投资者借道 QDII,适当增加美元资产,对冲人民币贬值风险,分享美元增值收益。

第三节 RQFII 和 RQDII

一、基本情况

R 代表人民币。

RQFII(Qualified Foreign Institutional Investors,RMB),是指人民币合格境外投资者。其中 QFII(Qualified Foreign Institutional Investors)是合格的境外机构投资者的英文简称,QFII 机制是指境外专业投资机构到境内投资的资格认定制度。

RQFII 境外机构投资人可将批准额度内的外汇结汇投资于境内的证券市场。对 RQFII 放开股市投资,是侧面加速人民币的国际化。

RQDII(RMB Qualified Domestic Institutional Investor)是指人民币合格境内机构投资者。境内人民币将可以 RQDII 的形式投资境外人民币计价资本市场,且与 QDII 额度的审批制不同,RQDII 将以实际募集规模为准。

二、试点启动

中国证监会、中国人民银行、国家外汇管理局 2011 年 12 月 16 日联合发布《基金管理公司、证券公司人民币合格境外机构投资者境内证券投资试点办法》(以下简称《试点办法》),允许符合条件的基金公司、证券公司香港子公司作为试点机构开展 RQFII 业务。该业务初期试点额度约人民币 200 亿元,试点机构投资于股票及股票类基金的资金不超过募集规模的 20%。

根据《试点办法》,试点机构应具备这些资格条件:在香港证券监管部门取得资产管理业务资格并已经开展资产管理业务,财务稳健,资信良好;公司治理和内部控制有效,从业人员符合香港地区的有关从业资格要求;申请人及其境内母公司经营行为规范,最近三年未受到所在地监管部门的重大处罚;申请人境内母公司具有证券资产管理业务资格。

在资产托管方面，试点机构开展境内证券投资业务应当委托具有 QFII 托管人资格的境内商业银行负责资产托管业务；在投资运作方面，试点机构可以在经批准的投资额度内投资于人民币金融工具，为控制风险，不超过募集规模 20% 的资金投资于股票及股票类基金；在监督管理方面，证监会依法对试点机构的境内证券投资实施监督管理，央行依法对试点机构在境内开立人民币银行账户进行管理，外管局依法对香港子公司的投资额度实施管理，央行会同外管局依法对资金汇出汇入进行监测和管理。

证监会有关部门负责人表示，《试点办法》颁布实施后，相关配套实施细则将陆续发布，RQFII 额度也会很快发放，待此试点顺利启动和开展后，证监会将会同相关部门研究论证进一步扩大试点的可行性。

三、管理办法

初始额度 200 亿元投资股市不超过 20% 。

抓紧落实与港澳建立更紧密经贸关系安排（CEPA）中的相关要求，尽快出台人民币回流资本市场（RQFII）的实施办法，逐步扩大港澳地区投资沪深股市的实际规模，仅仅两天时间，RQFII 试点管理办法就落到实处。

《基金管理公司、证券公司人民币合格境外机构投资者境内证券投资试点办法》发布，允许符合一定资格条件的基金管理公司、证券公司的香港子公司作为试点机构，初期试点额度约人民币 200 亿元，其中不超过募集规模 20% 的资金可投资于股票及股票类基金。文件明确了试点机构应具备的资格条件，为控制风险还规定，试点初期不少于募集规模 80% 的资金投资于固定收益证券，包括各类债券及固定收益类基金。

四、批准

华夏基金、嘉实基金、易方达基金、博时基金、南方基金、华安基金、大成基金、汇添富基金、海富通基金等 9 家基金公司旗下香港子公司已获得中国证监会批准，首批拿到人民币境外合格机构投资者（RQFII）资格，其中华安基金、南方基金等香港子公司已经向香港证监会上报首只产品。

此次获批的 9 家基金公司均系首批申报，并全部获批。这些基金公司香港子公司普遍设立时间较长，准备较为充分。一些公司已经发行了多只公募产品和私募产品，具备了一定的投资经验。按照有关规定，获得RQFII资格的各基金公司香港子公司，还需要先向外管局申请相关额度。

在拿到RQFII资格后，已经有基金公司在第一时间上报产品。由于RQFII投资于固定收益证券的资金不少于募集规模的80%，基金公司上报的产品均为偏债基金。

对基金公司来说，RQFII资格获批意义重大，有利于国内资产管理行业进一步参与国际资产管理和国外业务拓展，将使得管理人国外业务获得实质性进一步拓展的空间，也将有利于提高公司整体竞争实力，符合设定的长远目标——成为具有全球视野的中国资产类别专业管理人。

RQFII试点的意义在于协助形成多层次人民币回流机制，同时，通过发行RQFII产品，国外投资者将获得进入中国市场的又一通道，让他们有机会分享中国优秀投资经理的投资能力。

中国证监会基金部先批基金公司，机构部后批证券公司，额度上，所有的试点机构可能平分200亿元。据悉，中金公司、中信证券、海通证券、国泰君安证券、申银万国证券、招商证券、华泰证券等证券公司旗下香港公司获得RQFII资格。建行（伦敦）RQFII资格获得中国证监会批准，成为首家在欧洲获得RQFII牌照的中资机构。

五、RQFII扩容

2013年3月1日，证监会发布了《人民币合格境外机构投资者境内证券投资试点办法》和《关于实施〈人民币合格国外机构投资者境内证券投资试点办法〉的规定》，明确了境内商业银行、保险公司等香港子公司或注册地及主要经营地在香港地区的金融机构将可以参与RQFII的试点，同时，放宽了对RQFII的资产配置限制，允许机构根据市场情况自主决定产品类型。投资门槛的放低带动了RQFII的快速发展。根据中国证监会网站数据，截至2013年11月底，共有39家机构获批RQFII资格，其中34家为2013年新获批。RQFII总额度为2700亿人民币，2013年获批投资总额度为905亿元人民币。此外，RQFII已经走出亚洲，2014年1月9日，中国南方基金管理公司香港子公司南方东英资产管理有限公司（CSOP Asset Management）与伦敦Source公司共同推出在伦交所挂牌交易的首只人民币合格境外投资者交易型开放式指数基金（RQFII-ETF）。

六、关于实施RQFII证券投资试点办法通知

(一)发布

中国证监会2013年3月1日晚间公布了《人民币合格境外机构投资者境内证券投资试点办法》和《关于实施〈人民币合格境外机构投资者境内证券投资试点办法〉的规定》。

中国人民银行2013年5月2日发文明确了人民币合格境外机构投资者(RQFII)在境内开立银行账户、投资银行间市场等方面内容,为RQFII扩围扫除了技术层面的障碍,下一阶段RQFII扩容将进入实质性阶段。

央行明确,RQFII机构应当根据规定,开立一个国外机构人民币基本存款账户。在基本存款账户开立后,应当选择具有合格境外机构投资者(QFII)托管人资格的境内商业银行,开立交易所市场交易资金结算专用存款账户和银行间债券市场交易资金结算专用存款账户,分别用于投资交易所证券市场和银行间债券市场。参与股指期货交易的,可以在期货保证金存管银行开立专门用于股指期货保证金结算的专用存款账户。

RQFII在开立上述三类专用存款账户时,应当区分自有资金和由其提供资产管理服务的客户资金从而分别开户;设立开放式基金的,每只开放式基金应当单独开户。央行规定,RQFII的专用存款账户与其他账户之间不得划转资金,自有资金账户、客户资金账户和开放式基金账户之间不得划转资金,不同开放式基金账户之间也不得划转资金。专用存款账户不得支取现金。

2013年3月,中国证监会、央行和外汇局联合发布修订后的《人民币合格境外机构投资者境内证券投资试点办法》,允许更多境外金融机构将离岸筹集的人民币资金投资境内资本市场,同时放宽RQFII投资范围的限制。

RQFII试点于2011年12月推出,初期参与机构仅限于境内基金管理公司、证券公司的香港子公司。2012年12月,中国证监会、中国人民银行和外汇局决定增发2000亿元RQFII投资额度,使试点总额度达到2700亿元。

(二)内容

为规范基金管理公司、证券公司人民币合格国外机构投资者(以下简称试点机构)境内证券投资试点工作,试点机构应遵循如下规定:

1. 试点机构应当根据《境外机构人民币银行结算账户管理办法》(银发〔2010〕249号文印发)等规定,选择一家同时具有合格国外机构投资者托管人

资格和银行间债券市场结算代理人资格的境内商业银行(以下简称托管及结算代理银行)开立国外机构人民币基本存款账户(以下简称基本存款账户)和国外机构人民币专用存款账户(以下简称专用存款账户)。

试点机构设立开放式基金的,每只开放式基金应当单独设立专用存款账户。

试点机构不得开立一般存款账户、非临时机构临时存款账户,中国人民银行另有规定的除外。

2. 试点机构可以在托管及结算代理银行开立三类专用存款账户,分别用于银行间债券市场交易、交易所债券市场交易和股票市场交易的资金结算。依据本通知开立的三类专用存款账户之间可以划转资金,专用存款账户与基本存款账户之间不得划转资金,专用存款账户不得支取现金。

试点机构开立银行间债券市场交易专用存款账户应当提供以下材料:中国人民银行批复试点机构进入银行间债券市场的文件、中国证券监督管理委员会关于试点机构境内证券投资的书面批复、证券投资业务许可证以及国家外汇管理局关于投资额度的书面批复、托管及结算代理银行的托管资格和结算代理资格许可书面文件、试点机构与托管及结算代理银行的托管协议。

试点机构开立交易所债券市场和股票市场交易专用存款账户应当提供以下材料:中国证券监督管理委员会关于试点机构境内证券投资的书面批复、证券投资业务许可证以及国家外汇管理局关于投资额度的书面批复、托管及结算代理银行的托管资格和结算代理资格许可书面文件、试点机构与托管及结算代理银行的托管协议。

3. 试点机构专用存款账户的收入范围包括:试点机构从国外汇入的投资本金、出售证券所得、现金股利、利息收入及中国人民银行规定的其他收入。

试点机构专用存款账户的支出范围是:买入证券支付的价款、汇出本金和投资收益及中国人民银行规定的其他支出。除开放式基金外,试点机构如需汇出投资收益的,应当提供境内会计师事务所出具的审计报告和相关税务证明。

4. 试点机构依据本通知所开立人民币银行结算账户的存款利率,按照中国人民银行有关规定执行。

5. 托管及结算代理银行应当依据《人民币银行结算账户管理办法》(中国

人民银行〔2003〕第5号令发布)、《境外机构人民币银行结算账户管理办法》等银行结算账户管理制度及本通知,做好试点机构人民币银行结算账户开立、使用、变更、撤销及管理等业务。

6. 试点机构进入银行间债券市场应当向中国人民银行递交书面申请,并提交下列材料:

(1)本机构基本情况说明;

(2)人民币资金来源及规模说明;

(3)投资计划书;

(4)债券投资相关负责人员基本情况表;

(5)登记注册文件或监管机构批准成立的证明;

(6)法定代表人或指定签字人的有效身份证件(复印件);

(7)香港证券监管部门颁发的资产管理业务许可证;

(8)中国证券监督管理委员会书面批复及其颁发的证券投资业务许可证;

(9)国家外汇管理局关于投资额度的书面批复;

(10)3年是否受到监管机构处罚的说明;

(11)3年经审计的财务报表;

(12)中国人民银行要求的其他材料。

试点机构投资银行间债券市场应当委托具备国际结算业务能力的银行间债券市场结算代理人进行债券交易和结算,并遵守《中国人民银行关于国外人民币清算行等三类机构运用人民币投资银行间债券市场有关事宜的通知》(银发〔2010〕217号文印发)中的相关规定。

7. 试点机构在香港募集人民币进行境内证券投资的资产配置应当符合以下要求:在获批的投资额度内,不超过募集规模20%的资金投资于股票及股票类基金,不少于募集规模80%的资金投资于固定收益证券,包括各类债券及固定收益类基金。

中国人民银行和中国证券监督管理委员会可以根据审慎监管的原则,对投资比例做出调整。

托管及结算代理银行负责监督试点机构境内证券投资符合中国人民银行和中国证券监督管理委员会规定的投资品种和比例。

8. 托管及结算代理银行应当在业务发生后1个工作日内向人民币跨境收付信息管理系统报送试点机构人民币银行结算账户的开销户信息、获批准的投资额度、所募集资金金额、资金跨境划转信息、试点机构境内证券投资的资产配置总体情况。

托管及结算代理银行应当在每月结束后的8个工作日内向中国人民银行报送上述信息的汇总报表。

9. 中国人民银行及其分支机构，对试点机构和托管及结算代理银行的账户管理、资金汇出入、投资比例和信息报送等进行监督管理。

10. 托管及结算代理银行在办理试点机构投资结算业务时，应当按照《中华人民共和国反洗钱法》和中国人民银行的有关规定，切实履行反洗钱和反恐融资义务，防范利用试点机构投资进行洗钱、恐怖融资等违法犯罪活动。

第四节 其他类型的跨境资产管理

一、概念

我国的资本市场是逐步对外开放的，国内的资金要到国外去必须有一个不自由到自由的过程，而国外的资金要到国内来也必须有一个不自由到自由的过程。在漫长的资本市场逐步对外开放过程中，证券公司首先接触到QFII和QDII。

QFII是合格的境外机构投资者，在经过证监会的审核之后，境外机构投资者可以在外管局允许的额度内将外汇换成人民币进行境内投资。

RQFII是人民币境外机构投资者，额度比QFII少，也称小QFII，是境外机构用人民币进行境内投资的制度。

R代表人民币的意思，与QFII的区别就是使用的货币的区别。

RQFII使用人民币，QFII使用美元。

RQFII境外人民币投资A股(通过香港中资金融机构)。

QFII境外外币投资A股(先换成人民币)。

随着资本市场的进一步开放、人民币国际化改革，QDLP、QFLP、QDIE制度慢慢推出。

QDIE(Qualified合格，Domestic境内，Investment投资，Enterprise企业)，英文直译和国内意译不一样，国内就称做：合格境内投资者境外投资。现在并没有相关的法律文件规定QDIE的具体定义，目前的市场理解是：境内人民币资本项目项下尚未实现自由兑换的情况下，符合条件的投资管理机构经中国境内有关部门批准,面向中国境内投资者募集资金对中国境外的投资标的进行投资的一项制度安排。

QDIE 的合规性:2014 年第 3 季度,深圳合格境内投资者境外投资试点(QDIE)方案获国家外管局同意,首批 10 亿美元额度。2014 年底,深圳市人民政府办公厅向各区政府、市政府直属各单位下发了《深圳市人民政府办公厅转发市金融办关于开展合格境内投资者境外投资试点工作的暂行办法》,表明深圳市金融办的《QDIE 试点办法》已经市政府同意并予贯彻落实。

QDLP(Qualified 合格,Domestic 境内,Limited 有限,Partner 合伙人),合格境内有限合伙人,上海于 2012 年 4 月启动。允许注册于国外,向境内的投资者募集人民币资金,并将所募集的人民币资金投资于境外市场。

QFLP(Qualified 合格,Foreign 境外,Limited 有限,Partner 合伙人),合格境外有限合伙人,允许境外机构投资者资格审核通过后,将境外资金投资到境内 PE(Private Equity,私募股权)市场。

二、QDIE

2014 年第 3 季度,深圳合格境内投资者境外投资试点(QDIE)方案获国家外管局同意,首批 10 亿美元额度。2014 年底,深圳市政府办公厅向各区政府、市政府直属各单位下发了《深圳市人民政府办公厅转发市金融办关于开展合格境内投资者境外投资试点工作的暂行办法》,表明深圳市金融办的《QDIE 试点办法》已经市政府同意并予贯彻落实。《QDIE 试点办法》允许满足条件的深圳市金融机构申请合格境内投资者境外投资试点资格,获批试点资格的机构可向深圳市 QDIE 试点工作联席会议办公室申请设立投资于境外的投资主体及产品外汇额度,境外投资主体可面向境内合格投资者募集资金,资金在获批的产品外汇额度内换汇出境。多家在深圳前海注册的机构获批 QDIE 试点资格,意味着业界期待已久的 QDIE 试点正式在前海开展,为境内高净值人群进行境外投资及跨境财富管理开辟了新的通道。

南方基金旗下南方资本、招商基金旗下招商财富、长城证券旗下长城富浩基金、中诚信托子公司深圳前海中诚股权投资基金等多家在前海注册的机构成为首批 QDIE 尝鲜者,首期试点总额度为 10 亿美元。

QDIE 试点意味着深圳的双向跨境投资渠道进一步打通,有助于前海成为跨境投资及财富管理中心。此前,深圳已经获得开展 QFLP(外商股权投资企业试点)试点资格,允许境外机构投资者资格审核后,将境外资金投资到境内PE市场。据深圳市金融办网站披露,截至2014年第3季度,外商投资股权投资试点(QFLP)稳步开展,2014年以来新增12家外商投资股权投资试点企业,试点企业总数达到44家,注册资本(认缴资本)近100亿元人民币。

1. QDIE投资主体资格和范围有突破

QDIE是Qualified Domestic Investment Enterprise(合格境内投资企业)的英文首字母缩写。目前,国内尚无任何法律文件对此术语的内涵进行明确定义,但根据市场上的一般理解,是指在境内人民币资本项目项下尚未实现自由兑换的情况下,符合条件的投资管理机构经中国境内有关部门批准,面向中国境内投资者募集资金对中国境外的投资标的进行投资的一项制度安排。

QDIE制度与中国已经实施的QDII(允许特定境内机构在限制的条件下在境内募集资金进行境外证券投资的制度安排,即Qualified Domestic Institutional Investors,合格境内机构投资者)在制度设计上有一些相似点。但QDII主要是面对商业银行、信托公司、证券公司、基金管理公司、保险机构和全国社会保障基金等特定机构,且投资范围一般被限定为国外证券投资,具有一定的局限性。

随着境内投资者国外投资和全球资产配置需求的日渐增加,市场迫切需要一项能突破QDII制度在主体资格和投资范围等方面的限制的制度安排,从而使更多类型的投资管理机构可以通过这项制度安排在中国境内募集资金对更广范围内的境外投资标的进行投资,QDIE制度因此被提上议程。

南方资本有关负责人介绍,此次QDIE试点最大优势就在于产品的投资范围扩大,除了QDII允许的投资标的,试点企业设立的境外投资主体还可投资对冲基金、私募股权基金甚至实物资产。

此前,上海于2012年4月启动了QDLP(Qualified Domestic Limited Partnership,合格境内有限合伙人)试点项目,允许获得试点资格的境外投资基金管理企业,在中国境内面向合格的境内有限合伙人募集资金,设立有限合伙制的境外投资基金企业,进行境外二级市场投资。

有专家认为,从实际操作来看,前海试点的QDIE与上海的QDLP实质上是相同的;但也有专家分析认为,如从广义理解QDIE,亦可以将QDLP制度理解为QDIE制度的一个子集,相对QDII和QDLP而言,此次深圳QDIE试点政策在主体资格和投资范围等方面都有了进一步突破。

2. 高净值人群境外投资需求旺盛

随着富裕阶层理财观念的日益成熟，越来越多的高净值人士将资产配置的眼光投向境外。波士顿咨询公司统计数据显示，目前中国高净值人士在境外有大约5000亿美元资产，未来三年中国人的境外投资预计会翻倍。但是由于对国外市场的不熟悉，中国投资者更喜欢实物投资，投资的范围往往限于欧美不动产。

对于境内投资者来说，以往QDII是进行境外投资的主要渠道。想要在境外购买房产的投资者，需要提前分批购汇，或者通过地下钱庄等灰色地带将资金转移至境外。自2013年下半年开始，我国的外汇政策出现明显松动，合格境内有限合伙人(QDLP)试点，以及跨境担保外汇管理新规的推出，都为直接投资境外的资产管理产品的发展提供了条件。

从收益率的角度来看，境外投资的收益水平也比较喜人。以美国为例，中金公司提供的数据显示1977年~2013年近四十年的时间内，美国的房地产涨了23.3倍，年化收益率为9.1%；美国股市涨了19.4倍，年化收益率为8.6%。

QDIE推出后，与QDII和QDLP构成当前境内个人投资者可以投资境外的合法渠道。目前，美元进入升值周期，境内高净值人群对境外投资的兴趣日益浓厚，QDIE的推出能够更好地满足富裕人群跨境资产配置和财富管理的需要。

3. 基金证券公司信托试点机构积极筹备

深圳首批获QDIE试点资格的机构既有基金也有证券公司、信托等投资机构，为各种形式的资产投资和财富管理机构都提供了机会。

南方资本自2014年初就开始了相关业务的探索。他们认为，QDIE业务创新了境内机构对外投资的模式，有助于提高资产管理机构财富管理水平。目前国内有相当一批高净值客户具有境外投资、进行全球资产配置的需求，QDIE的推出可以很好地满足投资者跨境投资的需求。

南方资本表示，拟将境外投资业务作为未来公司产品线的一块重点业务进行布局，产品主要定位于境内高净值客户，目前在产品设计和标的资产筛选上，主要侧重于以绝对收益为主、波动率较小的优质产品。

继合格境外投资者(QFII)、合格境内投资者(QDII)后，中诚信托子公司深圳前海中诚股权投资基金管理有限公司(前海中诚)，成为信托系内首家获批QDIE

资格的公司。前海中诚是中诚信托的香港子公司在深圳前海设立的全资子公司，也是首批获得外商投资股权投资业务试点资格（QFLP）的企业之一。此次获批 QDIE 资格，使中诚信托跃升为拥有跨境业务全牌照的首家信托公司。中诚信托的跨境业务将从资金单向出境，扩展到资金出入境双向流动；从传统的证券投资，扩展到包括对冲基金、衍生品、不动产、非上市公司股权在内的多元化资产标的。

三、QDLP

根据上海市 2012 年《关于本市开展合格境内有限合伙人试点公司实施办法》（以下简称《实施办法》），允许获得试点资格的境外投资基金管理企业，在中国境内面向合格的境内有限合伙人募集资金，设立有限合伙制的境外投资基金企业，进行境外投资。

根据该定义，我们可以明确 QDLP 的投资架构如图 6－2 所示。

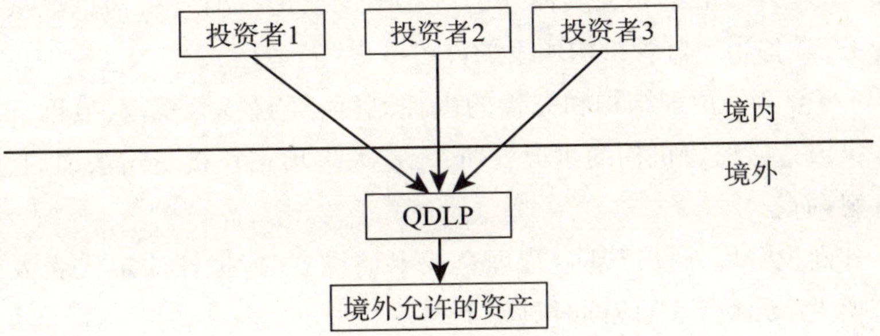

图 6－2　QDLP 的投资架构

境内的投资者，通过进入到境外大型基金在境内设的管理公司旗下的基金，然后经过外管局批准换汇，监管机构监管，境内还有托管银行和行政管理人监督，最后进入大型对冲基金的旗舰基金。

根据《实施办法》，开展 QDLP 的机构仅适用于境外的金融机构，其投资门槛较高，机构投资者必须净资产不低于 1 亿元人民币，个人投资者的金融资产必须不低于 500 万元人民币。QDLP 的投资范围理论上讲可以投资 QDII 和 QDIE 领域以及境外的对冲基金、REITS 和大宗商品交易等，但现已发行产品的投向也多为证券类产品和二级市场，监管层对一级市场和房地产仍持谨慎态度。目前全国进行第二批 QDLP 试点的地区已从上海扩展到青岛和重庆两地。

试点机构要求:

1. 企业章程或合伙协议中约定从事如下业务:

发起设立投资于境外二级市场的境外投资基金企业;受托管理境外投资基金企业的投资业务并提供相关服务;投资咨询业务;经过审批或登记机关许可的其他相关业务。

2. 外商投资境外投资基金管理企业的注册资本(或认缴出资)应不低于200.00万美元或等值货币,出资方式限于货币形式。注册资本(或认缴出资)应当在营业执照签发之日起3日内到位20%或以上,余额在2年内全部到位。

3. 外商投资境外投资基金管理企业的控股投资者或该控股投资者的关联实体应具备下列条件:

(1)经营投资境外二级市场的私募基金投资管理业务,且有良好投资业绩;

(2)在境外设立的相关实体须经所在国家或地区监管机构批准从事投资管理业务,具备当地监管机构颁发的许可证件(若适用);

(3)有健全的治理结构和完善的内控制度,经营行为规范,最近三年未受所在国家或地区监管机构的重大处罚,无重大事项正在接受司法部门、监管机构的立案调查。

4. 外商投资境外投资基金管理企业申请设立时,拟任法定代表人或执行事务合伙人(委派代表)应同时具备下列条件:

(1)在被投地区有超过7年以上的证券投资或相关经历;

(2)有2年及以上高级管理职务任职经历;

(3)个人信用良好,在最近五年内无违规记录或尚在处理的经济纠纷诉讼案件;

(4)外资境外投资基金管理企业在本市必须设有一名高级管理人员作为常驻人员。

5. 外商投资境外投资基金管理企业的高级管理人员应在证券投资领域及证券投资管理行业具有良好的业绩。

6. 企业运作规范,具有严格合理的投资决策程序和风险控制机制。

7. 按照国家企业财务、会计制度规定具有健全的内部财务管理制度和会计核算办法。

QDLP 的运作模式：首先须由符合条件的外资基金（主要是对冲基金）或管理人先在上海注册一个“联络基金”，再由该“联络基金”在境内以人民币形式向符合条件的境内投资者募集资金，将募集到的资金结汇后交给境外注册的对冲基金，最后由境外对冲基金投资于境外二级市场。

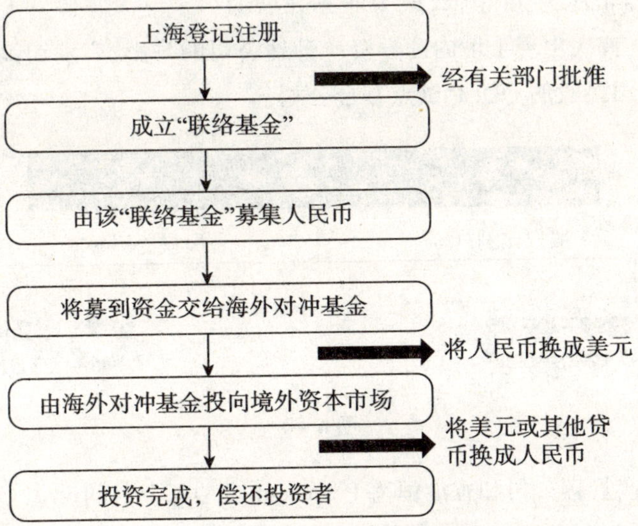

图 6－3　QDLP 操作模式示意

资料来源：私募通 2013 年 4 月。

还有一种模式，是由中资机构作为 GP（General Partner，一般合伙人）发起设立一只私募股权基金，外资的资产管理机构作为有限合伙人（LP，Limited Partner）参与其中，基金的投向必须是境外二级市场。

表 6－2

时间	QDLP 试点	试点家数	试点企业	额度
2013 年 9 月	第一批	6	金英仕曼、元盛资本管理、美国橡树资本、城堡投资、奥氏资本、Canyon Partners	每家 5000 万美元
2015 年 3 月	第二批	5	瑞银全球资产管理、德意志资产及财富管理、野村资产管理、EJF Capital、世邦魏理仕全球投资公司	每家 1 亿元
2015 年 9 月	第三批	4	广发钧策、上投摩根、贝莱德集团、黑石集团	每家 1 亿元

上海自贸区共推出了3批QDLP试点，总计15家机构参与。第一批6家，第二批5家，第三批4家。由于QDLP在中国刚开始试点，审核较为严格，只有资产管理规模雄厚、投资业绩良好的境外对冲基金巨头才能获得该资格。然而这些境外优秀的对冲基金公司，之前在中国境内没有开展过相关业务，境内投资者对他们的接受度很低，成为业务开展的一个巨大障碍。于是在第三批试点企业中，首次出现了境内证券资产管理公司的身影，广发钧策更是首家由境内证券公司控股的QDLP试点基金公司。

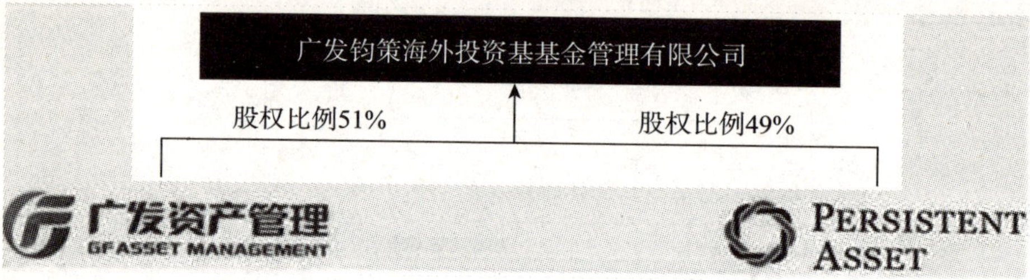

图6－4

广发资产管理公司和香港恒盛Persistent对冲基金共同设立了广发钧策管理公司，成为首家具有QDLP政策试点资格的境内合资企业。由广发资产管理公司控股51%，香港恒盛持股49%。香港恒盛是国际顶级FOF（Fund of Funds，基金中的基金）基金管理人。广发资产管理公司负责产品在境内市场的推广和发行，恒盛负责基金管理。

广发钧策QDLP产品，初始额度是1亿美元，最高不封顶，每次额度用到70%的时候，都可追加1亿美元。该产品主要投资香港恒盛旗下的FOF基金。主要面对机构发行，产品门槛是500万元人民币起，有6个月的封闭期。收益区间为8%～15%。广发证券提出试点意向后，3天就得到监管层口头批准，接着找到境外合作伙伴签署协议，设立广发钧策只用了3个月时间。

表 6－3

金融开放政策	国家层面		区域性	地方性			外管局
	QDII	QDII2	沪港通	上海 QDLP	青岛 QDLP	QDIE	外汇通
投资者	机构＋个人	个人	机构＋个人	机构＋个人	机构＋个人	机构＋个人	个人
投资范围	股票、债券、基金、现金、衍生品	同 QDII	股票	资金为有限合伙人身份，仅限投资境外二级市场	以投资境外二级市场为主，审慎探索一级市大宗商品投资	二级市场私募、非上市交易股权、实物等	房地产、基金等
募集/结算货币	人民币、美元及其他主要外汇货币	同 QDII	人民币	人民币募集、外币投资	人民币募集、外币投资	人民币募集、外币投资	人民币募集、外币投资
运作模式	境内机构发售境外理财产品	尚无明确方案	投资者经大陆经纪商向港交所申报买卖股票	境外机构境内设点，投资境外基金	境外机构境内设点，投资境外基金	境外机构境内设点，投资境外标的	嘉实财富打通境外通道，个人直接投资

可以看到，QDLP 是地方层面的金融开放政策，相比国家层面的 QDII 把钱交给境内投资机构、投资境外股票与债券等，QDLP 则是把钱交给境外投资机构，并投资于境外市场的对冲基金。QDLP 在投资范围方面更为灵活，是对 QDII 一定程度上的补充，可以向境外私募产品进行投资。

四、QDIE 与 QDLP 对比

1. 相同点：

QDIE、QDII、QDLP 一样，都是进一步开放资本账户，满足境内投资者境外投资需求的一种手段，操作过程中都是在境内募集人民币后，再换汇出境投资。

2. 不同点：

(1) 运作模式不同。

QDLP 分为了两个阶段（虽然深圳和青岛也陆续获批了 QDLP 试点，但这里是以上海第二批试点机构获批作为第二阶段开始的标志）。第一阶段（2013 年 9 月～2015 年 2 月）：有限合伙型私募基金运作模式。参与 QDLP 试点的境外对冲基金需在上海注册一个联络基金，由这只联络基金向境内高净值群体完成募资并结汇美元，再将资金委托交给境外对冲基金，投向境外金融市场。第二阶段(2015 年 3 月至今)：可能采用契约型私募基金运作模式，但是还没有定论。之所以会改变基金的运作模式，是因为有限合伙型私募基金带来的高税负是 QDLP 最大的问题之一，严重削弱了对投资者的吸引力。

QDIE：境内外机构在深圳市发起设立的投资管理机构可申请“境外投资基金管理企业”试点资格，继而在获批外汇额度内向符合条件的中国境内“合格境内投资者”募集资金，在深圳市发起设立并受托管理“境外投资主体”，运用所募集的资金直接投资于境外投资标的。境外投资主体(QDIE 基金)可以采用公司制、合伙制、契约型基金、专户等多种形式。

(2)投资范围不同。

①QDLP。第一阶段(2003 年 9 月～2015 年 2 月)：境外证券投资(直接投资境外二级市场，倾向大部分募集资金投向 ETF、高信用评级债券、境外蓝筹股等高流动性品种)；第二阶段(2015 年 3 月至今)：境外证券投资(境外一级市场、二级市场)、大宗商品交易。

②QDIE。境外证券投资；境外非上市公司股权、债权、对冲基金以及不动产、实物资产等经联席会议办公室备案通过的其他标的资产。实际上《关于开展合格境内投资者境外投资试点工作的暂行办法》甚至对“境外投资主体”的投资范围没有施加任何限制，默认 QDIE 不得进行《境外投资管理办法》(商务部令 2014 年第 3 号)禁止的投资。

(3)试点机构要求不同。

QDLP：

①企业章程或合伙协议中约定从事如下业务：

发起设立投资于境外二级市场的境外投资基金企业；受托管理境外投资基金企业的投资业务并提供相关服务；投资咨询业务；经领审批或登记机关许可的其他相关业务。

②外商投资境外投资基金管理企业的注册资本(或认缴出资)应不低于 200.00 万美元或等值货币，出资方式限于货币形式。注册资本(或认缴出资)应当在营业执照签发之日起 3 日内到位 20%或以上，余额在 2 年内全部到位。

③外商投资境外投资基金管理企业的控股投资者或该控股投资者的关联实体应具备下列条件：

经营投资境外二级市场的私募基金投资管理业务，且有良好投资业绩；

在境外设立的相关实体须经所在国家或地区监管机构批准从事投资管理业务，具备当地监管机构颁发的许可证件（若适用）；

有健全的治理结构和完善的内控制度，经营行为规范，最近三年未受所在国家或地区监管机构的重大处罚，无重大事项正在接受司法部门、监管机构的立案调查。

④外商投资境外投资基金管理企业申请设立时，拟任法定代表人或执行事务合伙人（委派代表）应同时具备下列条件：

在被投地区有超过7年以上的证券投资或相关经历；有2年及以上高级管理职务任职经历；个人信用良好，在最近五年内无违规记录或尚在处理的经济纠纷诉讼案件；外资境外投资基金管理企业在本市必须设有一名高级管理人员作为常驻人员。

⑤外商投资境外投资基金管理企业的高级管理人员应在证券投资领域及证券投资管理行业具有良好的业绩。

⑥企业运作规范，具有严格合理的投资决策程序和风险控制机制。

⑦按照国家企业财务、会计制度规定具有健全的内部财务管理制度和会计核算办法。

QDIE：

■外资基金管理企业：

①注册资本（或认缴出资）不应低于200万美元（或等值货币）；

②具备控股投资者（普通合伙人）或该控股投资者（普通合伙人）的关联实体经营管理境外投资基金，持续经营3年以上；

③至少1名具有5年以上、2名具有3年以上境外资产管理经验和相关专业资质的主要投资管理人员等条件。

■内资基金管理企业：

①注册资本（或认缴出资）不应低于1000万元人民币（适用于机构投资者）或“金融资产不低于300万元”（适用于自然人）；

②具备控股投资者（普通合伙人）或该控股投资者（普通合伙人）的关联实体经营管理境外投资基金，持续经营3年以上；

③至少1名具有5年以上、2名具有3年以上外资产管理经验和相关专业资质的主要投资管理人员等条件；

④控股投资者（普通合伙人）或该控股投资者（普通合伙人）的关联实体还

应是以下任一主体：

境内金融企业（具备我国金融监管部门颁发的金融许可证）；

持续经营3年以上，且管理资金规模不低于10亿元人民币的股权投资基金管理企业。

对比中可以看出来，这次前海QDIE相比QDLP，放松了主体资格的要求，扩大了投资范围，但是在很多核心内容上还是有所重合的。所以QDLP就是一支谨慎的境外投资先锋队，初步试探了一下市场，在调整了战略部署之后，QDIE这支大部队就这么登场了。QDIE的很多细节并没有对外公开或者确认，实践出真知，QDIE相关实施肯定会在运行中进一步规范。

第七章　私募基金

长期以来，私募基金行业显得神秘莫测，私募界投资高手耐人寻味，从中国资本市场建立发展以来，私募便相伴而生，我们将从客观的角度介绍私募基金的发展情况。

第一节　概　　况

一、私募基金的定义

私募基金（Private Fund）是私下或直接向特定群体募集的资金。广义的私募基金指除证券投资基金外，还包括私募股权基金。私募基金主要是根据其募集方式而言为私募，即是一种非公开宣传的，私下向特定投资人募集资金的一种集合投资。

与之对应的公募基金（Public Fund）是向社会大众公开募集的资金。人们平常所说的基金主要是共同基金，即证券投资基金。

公募和私募的区别在于证券发行方法的差异，以是否向社会不特定公众发行或公开发行证券为标准，界定为公募基金和私募基金。

私募根据其内涵一般可以分为对冲基金、私募股权基金和创业投资基金三种。

二、私募基金优势

与公募基金相比，私募基金具有多种优势，私募基金

发展的原因如下:

首先,在投资目标方面,私募基金面向少数特定的投资者,其投资目标可能更具有针对性,圈子虽小门槛却不低,可根据客户的特殊需求提供量身定做的投资服务产品,因而私募资金更能满足客户的不同具体要求。

其次,在操作的灵活性方面,私募基金的灵活性更高,私募基金所需的各种手续和文件较少,受到的限制也较少,政府的相关监管也相对宽松,一般法规要求不如公募基金严格详细,因而更具有灵活性。

最后,在信息披露方面,公募基金有严格的信息披露要求,而私募基金的要求则低得多,它不必像公募基金那样定期披露详细的投资组合,一般只需半年或一年内私下公布投资组合及收益即可,政府对其监管也远比公募基金宽松,因而它的投资更具有隐蔽性。相应获得高收益回报的机会也更大。

三、私募基金兴起

在国际私募股权基金迅速发展的状况下,我国的私募基金行业的政策限制将逐渐变得宽松,我国的私募基金不断发展和壮大。

通常上市公司不论何种形式的收购,都会给其财务结构带来较大的影响,并导致股票价格有所变化,这种变化必然改变私募基金的投资模式。其中有些私募基金可能专注于这样的业务,由目前的普遍投机性私募基金转变为专业化从事上市公司并购甚至产业并购的合作伙伴性基金。这种收购基金正是发达国家金融市场为数庞大的私募股权基金中的一种。以近年来在我国多有斩获的美国凯雷集团为例,该公司自有资金约为 80 亿美元,而投资带动的资金可达 800 亿美元,比我国 A 股市场全部私募基金的总数还要多。强大的资金优势、政治优势和全球资本上谙熟的人脉关系,使其对一些并购项目基本上可以进行一些外科手术式的操作,即整体收购,不用十分费力地拿到国外资本市场上市,获取超过 30% 的年收益率。此外,近年来在大陆非常活跃的房地产投资商凯德置地,其母公司则是新加坡交易所上市的大型房地产商嘉德置地集团在中国的全资子公司。这些国际投资机构,以全球化的金融眼光来看待机会,巧妙地组合资产,进行跨国金融市场套利。

以当前我国证券市场规模,有 3 亿元左右人民币自有资产的私募基金可以向这个方向摸索,通过 3 倍的杠杆比例,带动 10 亿元左右的投资。

实际上,我国快速成长的中小型企业一直是风险投资机构掘金的领域。

据安永公司的统计,2016 年,在全球私募股权及风险投资基金募资及投资金额较 2015 年有所下降的不利背景下,中国市场表现强劲,募资及投资金额均创历史新高。数据显示,2016 年中国私募股权及风险投资基金募资金额大幅攀升至 725.1 亿美元,较 2015 年增长 49%。就交易数量而言,在 2016 年,高科技行业仍为私募股权基金最青睐的投资行业。

值得注意的是,2016 年人民币基金募资金额较 2015 年猛增 177%,达到 548.9 亿美元,占总募资额比例剧增至 76%,而 2012 ~ 2015 年间,该比例仅为 40% 左右。人民币基金首次成为市场主导力量,其中大量的小型人民币基金为国内投资、A 股相关活动和退出融资。

四、私募基金的投资形式

私募基金的投资形式基本有两种:一是基于委托投资合同的契约型集合投资基金;二是基于共同出资入股成立股份公司的公司型集合投资基金。对于中国的企业而言,实际上是引入国外风险投资者和策略投资者,也就是通过非公共市场的手段定向引入具有战略价值的股权投资者。

第二节　私募股权基金发展状况

一、私募股权基金(PE)概念

Private Equity(PE)在我国通常称为私募股权投资,从投资方式角度看,依国外相关研究机构定义,是指通过私募形式对私有企业,即非上市企业进行的权益性投资,在交易实施过程中附带考虑了将来的退出机制,即通过上市、并购或管理层回购等方式,出售持股获利。有少部分 PE 基金投资已上市公司的股权(如后面将要说到的 PIPE),另外,在投资方式上有的 PE 投资如 Mezzanine 投资亦采取债权型投资方式。不过以上只占很少部分,私募股权投资仍可按上述定义。

广义的私募股权投资为涵盖企业首次公开发行前各阶段的权益投资,即对处于种子期、初创期、发展期、扩展期、成熟期和 Pre-IPO 各个时期企业所进行的投资,相关资本按照投资阶段可划分为创业投资(Venture Capital)、发展资本(development capital)、并购基金(buyout/buyin fund)、夹层资本(Mezzanine Capital)、重振资本(turnaround finance),Pre-IPO 资本(如 bridge finance)，以及其他如上市后私募投资(private investment in public equity，PIPE)、不良债权(distressed debt)和不动产投资(real estate)等(以上所述的概念也有重合的部分)。狭义的PE主要指对已经形成一定规模的，并产生稳定现金流的成熟企业的私募股权投资部分，主要是指创业投资后期的私募股权投资部分，而这其中并购基金和夹层资本在资金规模上占最大的一部分。

并购基金是专注于对目标企业进行并购的基金，其投资手法是通过收购目标企业股权，获得对目标企业的控制权，然后对其进行一定的重组改造，持有一定时期后再出售。并购基金与其他类型投资的不同表现在：风险投资主要投资于创业型企业，并购基金选择的对象是成熟企业；其他私募股权投资对企业控制权无兴趣，而并购基金意在获得目标企业的控制权。并购基金经常出现在MBO(Management Buy - Outs，管理层收购)和MBI(Management Buy - Ins，管理层换购)中。

夹层资本，是指在风险和回报方面介于优先债权投资(如债券和贷款)和股本投资之间的一种投资资本形式。对于公司和股票推荐人而言，夹层投资通常提供形式非常灵活的较长期融资，这种融资的稀释程度要小于股市，并能根据特殊需求作出调整。而夹层融资的付款事宜也可以根据公司的现金流状况确定。夹层资本一般偏向于采取可转换公司债券和可转换优先股之类的金融工具。

二、PE的种类

根据投资阶段和方式不同，私人股权投资基金主要可分为风险投资基金(Venture Capital Fund)、收购基金(Buyout Fund)和直接投资基金(Direct Investment Fund)等几类。

其中，风险投资基金主要投资于成长性企业，待企业波动或上市时再出售而获利。收购基金则专注于收购成熟企业，通过企业重组而改善经营，使其增值后再出售或者上市而获利。

三、PE的主要特点

在资金募集上，主要通过非公开方式面向少数机构投资者或个人募集，它的销售和赎回都是基金管理人私下与投资者协商进行的。另外，在投资方式上也是以私募形式进行，较少涉及公开市场的操作，一般无需披露交易细节。

多采取权益型投资方式,较少涉及债权投资。PE 投资机构也因此对被投资企业的决策管理享有一定的表决权。反映在投资工具上,多采用普通股或者可转让优先股,以及可转债的工具形式。

一般投资于私有公司即非上市企业,较少投资已公开发行公司,不会涉及要约收购义务。

比较偏向于已形成一定规模和产生稳定现金流的成形企业,这一点与 VC 有明显区别。

投资期限较长,一般可达 3 年至 5 年或更长,属于中长期投资。流动性差,没有现成的市场供非上市公司的股权出让方与购买方直接达成交易。

资金来源广泛,如富有的个人、风险基金、杠杆并购基金、战略投资者、养老基金、保险公司等。

PE 投资机构多采取有限合伙制,这种企业组织形式有很好的投资管理效率,并避免了双重征税的弊端。

投资退出渠道多样化,有 IPO、售出(TRADESALE)、兼并收购(M&A)、标的公司管理层回购等。

四、PE 与 VC 等概念的解析

风险投资(Venture Capital, VC)是风靡全球的投资方式。Venture Capital 五个阶段的种子期、初创期、成长期、扩张期、成熟期无不涉及较高的风险,具体表现有项目的筛选、尽职调查、后期监控、知识产权、选择技术、公共政策、信息高度不对称、道德品质、管理团队、商业伙伴、财务监管、环境、税收、政治、沟通平台等。在西方国家,据不完全统计,Venture Capitalists(风险投资家)每投资 10 个项目,只有 3 个是成功的,而 7 个是失败的。正是因为这样,在风险投资界才会奉行“不要将鸡蛋放在一个篮子里”的分散组合投资原则。“在高风险中寻找高收益”,可以说,VC 具有先天的“高风险性”。

风险投资的目的不是控股,无论成功与否,退出是风险投资的必然选择。风险投资的退出方式包括首次上市(IPO)、收购和清算。目前国内风险投资公司进行 IPO 的退出渠道主要有:以离岸公司的方式在国外上市;境内股份制公司去国外发行 H 股实现国外上市;境内公司国外借壳间接上市;境内设立股份制公司在境内主板上市;境内公司境内 A 股借壳间接上市。

PE 与 VC 虽然都是对上市前企业的投资,但是两者在投资阶段、投资规

模、投资理念和投资特点等方面有很大的不同。

很多传统上的VC机构现在也介入PE业务，而许多传统上被认为专做PE业务的机构也参与VC项目，也就是说PE与VC只是概念上的一个区分，在实际业务中两者界限越来越模糊。比如，著名的PE机构凯雷（Carlyle）也涉及VC业务，其投资的携程网、聚众传媒等便是VC形式的投资。

另外证券公司也要搞清PE基金与大陆所称的"私募基金"的区别，如上所述，PE基金主要以私募形式投资于未上市的公司股权，而证券公司所说的"私募基金"则主要是指通过私募形式，向投资者筹集资金，进行管理并投资于证券市场（多为二级市场）的基金，主要是用来区别共同基金（mutualfund）等公募基金的。

五、中国资本市场中的PE机构

1. IDG技术创业投资基金（最早引入中国的VC，也是迄今国内投资案例最多的VC，成功投资过腾讯、搜狐等公司）。

投资领域：软件产业、电信通讯、信息电子、半导体芯片、IT服务、网络设施、生物科技、保健养生。

2. 软银中国创业投资有限公司（日本孙正义资本，投资过阿里巴巴、盛大等公司）。

软银赛富投资顾问有限公司是一家总部设在香港主导亚洲区域投资的企业，在中国、印度和韩国有分支机构。软银赛富投资顾问有限公司目前已参与投资近20亿美元。软银赛富投资顾问有限公司投资领域横跨几个高成长性部门，涵盖消费品服务、技术、媒介、电信、金融服务、医疗保健、旅游业和制造业。软银赛富投资顾问有限公司致力服务于中国、印度、韩国及中国香港和中国台湾等地区。投资团队集中在中国（北京、上海、天津）、印度（海得拉巴、新德里）和韩国（首尔）及中国香港地区。软银赛富投资顾问有限公司形成的投资团队拥有丰富的投资经验，并为其与合作企业建立的牢固伙伴关系而感到自豪。

投资领域：IT服务、软件产业、半导体芯片、电信通讯、硬件产业、网络产业。

3. 凯雷投资集团（美国著名PE，投资太平洋保险集团、徐工集团）。

投资领域：IT服务、软件产业、电信通讯、网络产业、信息电子、半导体芯片。

4. 红杉资本中国基金(美国著名互联网投资机构,投资过甲骨文、思科等公司)。

红杉资本创始于1972年,共有18只基金,超过40亿美元总资本,总共投资超过500家公司,200多家成功上市,100多个通过兼并收购成功退出。

5. 高盛亚洲(著名证券公司,引领世界IPO潮流,投资双汇集团等)。

6. 摩根士丹利(世界著名财团,投资蒙牛等)。

7. 美国华平投资集团(投资哈药集团、国美电器等公司)。

8. 鼎晖资本(投资过南孚电池、蒙牛等企业)。

9. 联想投资有限公司(国内著名资本)。

投资领域:软件产业、IT服务、半导体芯片、网络设施、网络产业、电信通讯。

10. 浙江浙商创业投资股份有限公司(民企)。

投资领域:关注(但不限于)电子信息、环保、医药化工、新能源、文化教育、生物科技、新媒体等行业及传统行业产生重大变革的优秀中小型企业。

11. 今日资本(投资项目包括我要钻石网、土豆网、真功夫等)。

2005年创立,是一家专注于中国成长性企业的国际投资基金,目前的一期基金管理着超过2.8亿美元的基金,主要来自英国政府基金、世界银行等著名投资机构。

12. 兰馨亚洲投资集团。

13. 深圳达晨创业投资有限公司。

14. 凯鹏华盈中国基金。

15. 德同资本管理有限公司。

第三节　私募股权投资的模式分析

一、私募股权投资(PE)释义及特点

(一)定义

私募股权投资(Private Equity Investment, PE)是对非上市公司进行的股权投资,广义的私募股权投资包括发展资本(Development Finance),夹层资本(Mezzanine Finance),基本建设(Infrastructure),管理层收购或杠杆收购(MBO/LBO),重组(Restructuring)和合伙制投资基金(PEIP)等。

PE 也有称私募股权投资、私募资本投资、产业投资基金、股权私募融资、直接股权投资等。本书称 PE 为私募股权投资基金。

(二)私募股权投资的特点

私募股权投资具有以下特点:

1. 对非上市公司的股权投资,因流动性差被视为长期投资,所以投资者会要求高于公开市场的回报;

2. 没有上市交易,所以,没有现成的市场供非上市公司的股权出让方与购买方直接达成交易。而持币待投的投资者和需要投资的企业必须依靠个人和机构的关系、行业协会或中介机构来寻找对方;

3. 资金来源广泛,如富有的个人、风险基金、杠杆收购基金、战略投资者、养老基金、保险公司等。

(三)投资回报方式

私募股权投资回报方式主要有三种:公开发行上市、售出或购并、公司资本结构重组。

综上,凡是在一家企业上市前所涉及的股权投资都属于私募股权这一投资产业。

二、私募股权融资优势

对引资企业来说,私募股权融资不仅有投资期长、增加资本金等好处,还可能给企业带来管理、技术、市场和其他需要的专业技能。如果投资者是大型知名企业或著名金融机构,他们的名望和资源在企业未来上市时还有利于提高上市的股价、改善二级市场的表现。

其次,相对于波动大、难以预测的公开市场而言,股权投资资本市场是更稳定的融资来源。

最后,在引进私募股权投资的过程中,可以对竞争者保密,因为信息披露仅限于投资者而不必像上市那样公之于众,这是非常重要的。

三、私募股权融资对象

企业可以选择金融投资者或战略投资者进行合作,但企业应该了解金融投资者和战略投资者的特点和利弊,以及他们对投资对象的不同要求,并结合自身的情况来选择合适的投资者。

1. 战略投资者

战略投资者是引资企业的相同或相关行业的企业。如果引资企业希望在降低财务风险的同时,获得投资者公司管理或技术的支持,通常会选择战略投资者。这有利于提高公司的资信度和行业地位,同时可以获得技术、产品、上下游业务或其他方面的互补,以提高公司的盈利和盈利增长能力。而且,企业未来有进一步的资金需求时,战略投资者有能力进一步提供资金。

战略投资者通常比金融投资者的投资期限更长,因为战略投资者进行的任何股权投资必须符合其整体发展战略,是出于对生产、成本、市场等方面的综合考虑,而不仅仅着眼于短期的财务回报。例如,众多跨国公司近年在中国进行的产业投资是因为他们看中了中国的市场、研究资源和廉价劳动力成本。因此,战略投资者对公司的控制和在董事会比例上的要求会更多,会较多地介入管理,这可能增加合作双方在管理和企业文化上磨合的难度。

引资企业要注意的一个风险是战略投资者可能成为潜在竞争者。如果一家跨国公司在中国参股数家企业,又出于总部的整体考虑来安排产品和市场或自建独资企业,就可能与引资企业的长期发展战略目标相左。此外,战略投资者还可能在投资条款中设置公司出售时的“优先购买权”(投资方有权按同等条件优先购买原股东拟转让的股权)和其他条款来保护其投资利益。因此,引资企业需要了解投资方的真实意图,并运用谈判技巧来争取长期发展的有利条件。

2. 金融投资者

金融投资者是指私募股权投资基金。基金未必不是行业专家,而且有些投资基金有行业倾向和丰富的行业经验与资源。金融投资者和战略投资者对所投资企业有以下三个方面的不同要求:

(1)对公司的控制权;

(2)投资回报的重要性(相对于市场份额等其他长期战略的考虑);

(3)出资的要求(时间长短、方式)。

多数金融投资者仅仅出资,除了在董事会层面上参与企业的重大战略决策外,一般不参与企业的日常管理和经营,也不太可能成为潜在的竞争者。一旦投资,金融投资者对自己的投资就很难控制,因此挑选出管理好、成长性高和拥有值得信赖的管理团队的投资对象就十分关键。在中国,很多外国投资基金往往要求自己选派合资公司的财务总监,以保障自己对企业真实财务状况的了解。

金融投资者关注投资的中期(通常3~5年)回报,以上市为主要退出机制。唯有如此,他们管理的资金才有流动性。所以在选择投资对象时,他们就会考查企业3年至5年后的业绩能否达到上市要求,其股权结构适合在哪个市场上市,而他们在金融方面的经验和网络也有利于公司未来的上市。

四、私募股权基金的投资模式

私募股权基金投资过程可涉及创业资本投资或杠杆买断交易活动。由证券经纪行或创业公司组织的创业资本投资合伙人有限公司,为新创立公司或正处于成长初期的公司或正处于产品或服务开发早期的公司筹集所需资金。合伙人一般以资金换取公司的股本权益。数目有限的合伙人从公司所赚利润中获取收益。假如公司经营成功并取得上市资格,数目有限的合伙人便可通过向公众出售所持有的私募股份,把投资和利润套现。进行杠杆买断交易的经理人利用借贷资金购入某公司的所有权。

在多数情况下,目标公司的资产会被作为收购贷款的抵押品。管理层可运用这一技巧取得控制权,把公司从公众公司转为私营公司。在差不多所有的杠杆买断交易中,公众投资者都能取得高于现行价的溢价。

(一)募资模式

私募股权基金资金来源广泛,最大的资金来源是富有的个人、风险基金、杠杆并购基金、战略投资者、养老基金、保险公司等。

在发达国家资本过剩的大背景之下,投资基金需要在全球范围特别是以中国、印度为代表的新兴市场寻找出路。有关数据表明,2004年亚洲私人股权投资筹集额在60亿美元以上,总投资额超过110亿美元。

私人股权投资基金有其独特的基金募集机制。比如,要建一个10亿美元专门针对中国市场的私人股权投资基金,经过路演筹齐资金后,基金就进入了封闭期。基金封闭并不意味着国外投资者已经把这笔钱放到了这个中国基金的账号上,而是给基金管理者一个10亿美元规模的不可撤销的投资承诺。基金管理团队决定投资项目时,才会要求资金到账。

(二)投资模式

国内上市公司、大型企业投资的项目不乏优秀的企业,但是往往会出现这样一些问题:

国内企业投资项目希望是控股,作主的人是投资者,最后结果是投资人累了,管理团队积极性不够;而私募基金投资企业一般不谋求控股,企业管理团队有足够的动力,同时有很大的压力。

国内的企业投资项目,他们都会要求控股,以达到合并财务报表的需要。殊不知,虽然对企业的控制力加强了,但是企业的经营管理人员没有足够的经营压力和激励机制,经营效果反而不佳。

私募基金一般情况下占有公司股份不超过30%,他们只需要在董事会占有一席,但是要求拥有一票否决权,这就意味着他们不想参与企业的日常经营,但是希望严格控制企业的发展方向。事实上,由于私募基金的人员少,尤其是合伙人(partner)这一级别的人员很少,所以他们很少有时间去干涉企业的日常经营管理,据统计,平均每一个合伙人(partner)每周只有几个小时的时间可以去监控已经投资的项目,所以从他们的投资哲学看,他们希望管理层承担足够的压力去经营,同时也给予管理团队更多的激励政策。

国内企业投资项目虽然有一整套的程序,但更多的是机会主义,领导拍脑袋,投资的金融工具单一,谈得最多的是行业整合,最后投资的项目也是行业分布广,项目参差不齐,号称是企业发展多元化;私募基金投资项目有严格的投资领域,项目的收入和盈利规模、项目发展阶段有严格的规定,在投资前有一整套的项目考察、评估、风险分析程序,并采用组合投资、分段投资、多种股权投资机制来控制未来的风险。

除了一些特别优秀的企业外,国内公司投资项目没有严格的投资哲学,看市场机会来了,盲目跟风投进去,对项目的选择没有经过充分的调研和选择,投资领域多元化,把企业有限的资源分散到不同的行业,使主业受到巨大影响。

国内企业投资项目是实业投资和产业投资。私募基金投资项目一般只是金融投资,注重的是未来的投资回报。

国内企业投资项目很多是从空白做起,看到了某一个领域突然热起来了,就马上投入巨资建厂房、购买流水线,这种投资非常盲目,可能等到工厂建好,开始销售时,市场已经饱和了。这种投资方式带来的另一个问题是重复建设多,资源浪费严重。

国内企业投资项目还比较注重产业投资,看到哪个产品有机会了,就希望通过对产业上下游进行投资,打通整个产业链,从而获得丰厚的利润,这种投资哲学也有可取之处,只是中国的企业家往往看到一些机会,就会盲目乐观,从而带来巨大风险。

私募股权投资基金投资一个项目的风险50%以上可以通过投资前的评估和尽职调查找出来,除了几个有限的特例,他们很少在企业的一开始就开始投资,但这时候主要就看管理团队的素质,他们一般在企业进入高速成长期和扩张期时进入公司,通过提供企业发展必要的资金,并提供必要的增值服务,他们会在企业上市后退出套现,因此不会过分关心企业或者产业的长期发展。

国内企业投资项目的目的是通过控制优质企业进行资本放大,便于资本运作和市场运作,经常利用优秀企业进行融资担保,为企业未来发展带来很大风险;私募基金投资企业的目的很纯粹,是通过投资高成长性企业,推动其快速上市,实现投资的退出,以实现投资的高额回报。

所以国内企业投资项目失败率高,而私募基金投资项目,尤其是投资处于成长期的项目的那些基金,很少有失败的,年平均回报率高于20%,甚至超过30%。有些顶级的基金号称所有的投资百分百成功,他们都是有成功的案例可查的。

私募基金看一个行业是否具有投资价值,是看这个企业所在的领域和市场内是否处于产业发展S曲线的高速发展期。如果是太早,则整个行业还没有起来,风险太高;如果处于后期,市场没有成长性,利润很低,几大巨头占据了主要的市场份额,企业之间更多是兼并和收购。

私募基金投资项目还要看过去3年的业绩和未来3年到5年的收入和盈利预测,这中间包含几个目的,比如收入和利润要求是否达标、成长性是否持续、资本进来后是否可以达到所要求的增值水平。

私募基金投资项目还看这个项目是否有足够的竞争壁垒,可以让他领先于其他同类型企业,私募基金对项目投资是希望加大项目的竞争壁垒,而不仅仅是投钱。

(三)进入模式

增资扩股:企业向引入的国外战略投资者增发新股,融资所得资金全部进入企业,此种方式比较有利于公司的进一步快速的发展。

老股东转让股权:由老股东向引入的投资者转让所持有的股权(通常是高溢价),满足部分老股东变现的要求,融资所得的资金归老股东所有。

增资和转让一般同时进行。

（四）操作模式

国外曲线 IPO，俗称“红筹上市”，一般不选择直接投资中国企业的本土实体，而要对企业进行改制，通过成立国外离岸公司来控制境内的实体公司。

其一般操作流程是：境内企业在国外设立离岸公司或购买壳公司→将境内资产或权益注入壳公司→以壳公司名义在国外证券市场上市筹资。这样，私人股权投资基金对中国的投资和退出，都将发生在管制宽松的离岸。

通常离岸公司设立在英属维京岛、巴哈马、开曼群岛、百慕大群岛、巴拿马等世界著名的避税岛。这些避税岛对当地注册公司每年只收取很少的年费，豁免所得税、资本利得税、公司应付税和印花税。

国外曲线 IPO 还有很多好处。首先，可以绕开国内严格的资本与外汇管制；其次，通过收购、注资、换股，境内企业股权为国外公司所控制，成为法律意义上的外商投资企业，可享受相应优惠待遇；第三，也是对于私人股权投资基金来说最有意义的一点——通过国外上市公司可实现所持股份的全流通，并可在离岸注册地简便地办理有关股权转让退出等资本运作。同时，国外公司累积盈余可以无限制地保留。

除了在离岸设立壳公司，国际私人股权投资基金一般还要在境内设立一个由离岸公司控股的境内外商全资子公司，负责国内实际的商业运作，包括与欲投资的中国企业之间签署协议、交易合作等经营活动。有了这些合法化的经营活动，才能使这个外资公司产生源源不断的赢利，并通过“母子”纽带，将境内资产的收入和利润合法地导入国外控股母公司。

尽管这种结构安排显得累赘，却能使被投资公司实现国外上市。尤其对于那些受限制行业，这样的构造更是必不可少。比如，盛大网络，由于监管部门规定互联网内容提供商的经营牌照必须掌握在中国公司手里，那么构造上述通道来引渡资产，就成了不可或缺的安排。

（五）盈利模式

私人股权投资基金的完美闭环操作，是以股权投资方式进入企业，以其专业技能帮助企业提升内在价值，并实现成功上市，最终在合适时机以股权转让、售卖等方式退出企业，从而获得原始投资的高倍增值。

大多私募股权基金以优先股（或可转债）入股，通过事先约定的固定分红来保障最低的投资回报，并且在企业清算时有优先于普通股的分配权（我国的《公司法》尚未明确优先股的地位,投资者暂时无法以优先股入资)。

另外,国外私募股权融资的常见条款还包括卖出选择权和转股条款等。卖出选择权要求引资企业如果未在约定的时间上市,必须以约定价格回购引资形成的那部分股权,否则投资者有权出售公司,这将迫使经营者为上市而努力。转股条款是指投资者可以在上市时将优先股按一定比例转换成普通股,同享上市的成果。

私人股权投资基金行业唯一的考核指标就是投资回报率,上一轮的投资业绩对基金的下一轮融资起决定性作用。在中国,投资的回报率基本要求在25%~30%左右。如果到不了这个水平,国外资金就失去流入的动力了。

五、私募股权基金投资评估方法

(一)公司价值的评估

对公司价值进行评估是私募投资的一个重要的必备环节。公司价值的评估是指一定的评价主体采用特定的评价方法按照一定的程序对照一定的标准通过定量或定性的对比与分析对公司的价值进行判断的过程。

资产的评估需由独立及有专业资格的估值师或其他专家确认,需说明估值根据的基础,具体操作都是采用国际通行的评估方法如市场价格法、账面价值法、市盈率法、现金流折现法、经济增加值法等,侧重于通过对企业的财务状况、盈利能力和发展潜力来评估资产的价值,再辅以公开竞价等方式,使交易价格的确定较为透明。

(二)估值方法种类

1. 账面价值法(Book Value):账面净值是反映企业清算前财产的账面原值扣除账面损耗后的余值。账面价值法是遵循历史成本原则的计算方法。

2. 现金流量折现法(DCF, Discounted Cash Flow):现金流量折现法的基础是企业未来若干年的现金净流量。现金流量折现法最重要的步骤之一是对未来营业年度的相关现金流的分析和估计。

其公式如下:$Value = \sum_{t=1}^{n} \frac{CFt}{(1+r)^{\wedge}t}$

公式中,*Value* 代表企业的估值,n 为资产的年限,CFt 为 t 年的现金流量,r 为包含了预计现金流量风险的折现率。

这种方法需要至少未来5年的详细财务计划数据。通常,这些现金流用一个假定的折现率来进行折现，这个折现率综合考虑了未来业务发展和潜在风险等诸多方面的因素。其中的风险因素可能是对于某一公司、某一具体行业或某一具体的细分市场的特定的风险。概括地讲，折现率反映了某一行业特定的资金成本。最后，将未来各年的现金流折现后相加，即得出整个公司的价值。

3. 市盈率 P/E 法

(1) 市盈率的含义：市盈率(P/E) = 每股价格/每股收益

静态 P/E = 股价/上一年度的每股收益(EPS)(年)或动态 P/E = 股价 × 总股本/今年或下一年度的净利润(需要做预测)。

市盈率代表了投资回收期的一种计量方式，每股价格代表投资股票的成本，每股收益代表投资每年可产生的利润，两者之比反映投资回收的倍数，市盈率越高，投资回收期越长。市盈率也代表整个股市对某支股票的预期，市盈率高反映投资者总体对某支股票的预期高。这种预期可能反映股票本身的增长潜力，也可能是投资者对该股票过于乐观，甚至可能是过度投机等短期因素造成的。欧美等发达国家股市的市盈率一般保持在 15 ~ 20 倍左右。而亚洲一些发展中国家的股市正常情况下的市盈率在 30 倍左右。

(2) 市盈率的选择

市盈率决定于当期收益，所以它的使用受到当期收益是否真实、是否正常的限制。但当收益为负时市盈率是没有意义的。如果被估价公司当前亏损，或收益因公司自身因素(如重组)、宏观经济因素(如萧条时期)而发生扭曲时，则应采用不直接受当期收益影响的其他比率(如市价/账面价值或市价/销售额)。

(3) 市盈率法的步骤

首先寻找一组可比公司；随后根据它们的市盈率估计所选用市盈率的数值；最后根据被估价公司与可比公司组的差异做相应的调整。其中关键的问题是找到可比公司。

4. 经济增加值法(EVA)

在利用 EVA 评估一个企业的价值时，企业的价值 = 投资资本 + 预期 EVA 的现值。

该方法以会计数据为基础，是对投资者获得超过公司资本成本的经济回报的评价。因此经济增加值的计算过程是一个由会计利润向经济利润调整的过程。

经济增加值 Economic Value Added(EVA)是指公司税后净营业利润扣除资本成本之后的资本收益,即投资者所得到的超过必要回报之外的超额回报,其计算公式如下:

EVA = 税后净营业利润(NOPAT) - 资本成本(C% × TC,机会成本) = 税后净营业利润 - 资本占用 × 加权平均资本成本率

其中 EVA 是指经济增加值,NOPAT 指税后净经营利润,C% 是资本成本系数,TC 是使用的全部资本包括债务资本和权益资本。

(三)各种估值方法的比较与选择

分析人员对公司价值评价方法的选择应以实际情况为出发点,坚持相对论。上述价值评价方法都有其自身的适用性和优缺点,没有绝对的好与不好,只有适用与不适用。各种估价方法都有各自的适用条件和利弊。

1. 账面价值法

优点:企业的账面价值可以从财务报表中直接获得,运用简单。

缺点:按照会计准则核算的账面价值不能反映连续经营公司(Going Concern Value)的价值,特别是高成长型的公司的内在价值。在美国账面资产规模最大的前 100 家公司中,主要是金融、石油化工、汽车等行业中的企业。而生物技术,信息技术领域高成长性公司由于其重要价值驱动因素按照会计准则难以核算,资产账面价值相对较低,但这些公司股票市场价值却很高。

2. 现金流量折现法

(1)优点。现金流量折现法是资本投资和资本预算的基本模型,被看做是企业估值定价在理论上最有成效的模型,因为企业的经济活动就表现为现金的流入和流出。由于有坚实的基础,当与其他方案一起使用时,现金流量折现法所得出结果往往是检验其他模型结果合理与否的基本标准。

(2)缺点。现金流量折现法的使用须有历史的数据用于预测未来的现金流量,且可以比较准确地估计,有合适的贴现率。此外该方法对现金流量估计和预测存在固有的不确定性。由于必须对许多的有关市场、产品、定价、竞争、管理、经济状况、利率之类作出假定,准确性因而减弱。不过,在每次并购中,人们都应该使用现金流量折现法。因为它把注意力集中到最重要的假定和不确定性上,尤其是将它用于为买方确定最高定价时,其结果具有重要的参考价值。

3. 市盈率法

(1)优点。简单且易于使用,没有对未来现金流量或股利流以及贴现率等参数过度依赖,可迅速获得被估价资产的价值,尤其是当金融市场上有大量“可比”资产进行交易,并且市场在平均水平上对这些资产的定价是正确的时候。

(2)缺点。首先市盈率法的前提条件难以满足市盈率法要求,可比公司与目标公司不仅在历史数据上具有可比性,还要在未来的风险和成长性等方面具有可比性,但是在实务中往往难以完全准确地把握市盈率风险和成长性之间的关系,这就给可比公司的选择设置了一定的障碍。其次虽然市盈率的含义非常丰富,但是其中关于风险资本成本和成长性的假设是隐含的。因此,没有一个合理的经济模型能够求出令人满意的市盈率。最后市盈率法过于依赖于会计利润,易受会计信息质量的影响。

4. 经济增加值法

(1)优点。经济增加值法计算出经济意义上的税后净经营利润 NOPAT,承认公司的全部资金成本真实地反映了企业的经济状况。该方法不但简化了贴现现金流的计算,还可以提供公司每年的经济利润情况,将公司价值分为利润创造与投资成本价值两部分,为公司价值评价提供更丰富的信息。在每年的经济增加值计算中各个指标在计算过程中可以分别列示有利于分析人员寻找公司财富创造的源泉。EVA 方法明确地指明了企业的经营风险和财务风险,使投资者能够判断投资回报的数量和回报的持续性。再有就是 EVA 方法提示了价值创造的三个基本原则、现金流风险和回报的持续性,在所有的财务指标中 EVA 能够最好地解释股东价值的创造过程。

(2)缺点。由于分析人员在计算经济增加值时可以自由选择调整事项,所以,计算结果会受到调整事项取舍的影响,具有一定的主观性,但是,分析人员计算 EVA 的目的是对不同的公司进行评价而非追求理论上纯粹的经济利润,一些具体的会计调整可能在某些行业非常重要而在其他行业并不重要,因此,分析人员可以利用经济增加值的灵活性对不同行业选择不同的调整事项。

最后需要说明的是公司价值评价方法可以结合起来使用,这样可能会达到更好的效果。例如,可以用每股市价除以每股经济增加值,这样就将市盈率法与内在价值法结合起来,可以提供更丰富的信息。

六、私募股权基金投资流程

以世界银行集团所属国际金融公司(IFC)为例,一般机构典型投资流程如下:

1. 申请融资

向国际金融公司申请融资没有统一的格式。建立新企业或扩展现有的企业均可直接与国际金融公司取得联系。最好的方法是先阅读有关材料,之后呈交投资建议书。

投资建议书可向国际金融公司行业部门局或向位于华盛顿总部的国际金融公司地区部提交,也可向距离拟议项目所在地最近的国际金融公司驻当地办公室提交投资建议书。

2. 项目评估

在取得初步联系和经国际金融公司初步审议后,国际金融公司可能进而要求公司企业提供详细的可行性研究报告或经营计划,以决定是否评估项目。

典型的情况是,项目评估小组由一位具备财经专长和了解项目所在国情况的投资官员和一位具备相关技术专长的工程师及一位环保专家组成。

小组负责从技术、资金、经济和环保方面评估项目。

这一进程涉及专家小组对拟议的项目作实地访问和与项目主办单位作深入的讨论。

3. 建议报告

回到总部后,小组向国际金融公司相关部门的高级主管提交建议报告。

如果在部门一级批准为项目提供融资,国际金融公司法律部在外部法律专家的协助之下(如有必要)起草相关法律文件。

与公司和其他相关方面(诸如政府部门或金融机构)就存在的问题进行谈判。

4. 对外公布

在向国际金融公司董事会提交拟议的投资项目之前,向公众通报项目的主要情况,也公布对项目所作的环保审议报告。

5. 董事会审批

向国际金融公司董事会提交项目,由董事会审议所建议的投资。

6. 募集资金

国际金融公司通过鼓励其他机构向项目投资来动员或募集更多的资金。

7. 法律上的承诺

如果董事会批准为项目投资,如果先前谈判的细节已落至实处,国际金融公司与项目公司签署这一交易的文本,在法律上做出了承诺。

8. 拨付资金

根据所有各方签署的法律承诺书中的条件来拨付资金。

9. 项目监督

一旦拨付资金后,国际金融公司将密切监督它的投资运行情况,定期与项目管理单位进行磋商,派出现场专家小组实地访问项目公司。

同时要求项目公司提供关于项目进展情况的季报,以及可能严重影响投资企业的所有因素的情况,包括提交由独立公共注册会计师审计过的年度财务报表。

10. 终结

当全部偿还投资或当国际金融公司通过出售其股权而退出投资项目后,国际金融公司正式合上项目账本。

第四节 私募股权基金通行的运作方式

在中国目前现行法律框架下私募产业投资基金可能采用三种方式,即有限合伙模式、公司模式以及信托基金模式。

一、有限合伙模式

(一)有限合伙模式概况

此种方式是国际上普遍流行的模式。但由于中国还没有《有限合伙法》,中国资本设立的此类基金基本通过英属维尔京群岛(BVI)、香港等设立的有限合伙企业运行,而且该模式是目前通行的做法,其运作模式可以概括为:

以国外控股公司作为投资和退出主体,寻求国外上市或购并等退出途径;

境内的外商独资企业(WOFE)为所投资企业真正的业务经营实体;

针对一些外资禁区,如网络内容服务商(ICP)等,设立境内本地企业;

通过商业条款来达到参与经营的目的，并合并境内的收入和利润。

(二)有限合伙模式框架

信托安排/商业条款是为了对境内本地企业的投资进行更多、更好的保护。有限合伙模式的框架为：

1. 普通合伙人

普通合伙人发起设立有限合伙企业，其出资一般为总资金的1%。普通合伙人的权利包括：

(1)全权负责基金的使用、经营和管理；

(2)管理费收取权，每年从基金经营收入中提取相当于基金总额约2%的管理费；

(3)收益分配权，普通合伙人可以从收益中分得20%，其余出资者分得80%。

2. 有限合伙人

有限合伙人一般要出资99%。通常普通合伙人将出资额分成等额的一定数量的份数(如50份)，通过路演将该份额卖给感兴趣的机构投资者。有限合伙人不参与有限合伙企业的经营管理，其主要权利就是参与分红。

3. 有限合伙协议

协议规定有限合伙的宗旨、资本以及普通合伙人和有限合伙人权利和义务，为有限合伙最重要的文件。

4. 产业投资

此类基金通过投资中国境内精心选择的一些行业，最终实现国外上市的目的。由于红筹方式不必经过中国政府有关部门的批准，所以基金偏爱以红筹方式上市。因此基金在投资时并不直接投资国内产业，而是基金先设立一国外控股公司，再通过该国外控股公司直接投资国内产业。根据经营的具体情况，基金将以国外控股公司为载体实现国外上市的目的。

5. 外商投资禁区

对于遇到诸如ICP(增值电信业务领域外资比例最高可达50%)等一些外商投资的禁区，通常的做法是：

(1)设立内资企业；

(2)国外控股企业在国内设立外商独资企业；

(3)外商独资企业与内资企业以合同捆绑的形式实现利益转移。

该模式最大缺点是给企业造成不必要的税收负担。

6. 境内企业的引资和上市

为了吸引国外风险投资基金并最终红筹上市，国内企业首先要做的是将自己的股权转由一国外控股公司持有。从法律上说，该等转变最方便的模式就是采取换股并购的方式。根据《外国投资者并购境内企业暂行规定》(已失效)的规定，境内居民为换取国外公司股权凭证及其他财产权利而出让境内资产和股权的，应取得外汇管理部门的核准。该规定可以说是政府有关部门对采用红筹方式上市从源头上的控制。根据该规定，换股显然要经过外汇管理部门的核准，然后方能通过外经贸委的审批。目前外汇管理部门还没有批准过一家。当然可以采取其他的方式实现上述目标。由于国家对投资目的地为维京、开曼等地的管制趋严，因此建议国外控股公司最好在香港设立。

二、公司模式

公司模式流行于台湾的创业投资企业中。也比较符合目前中国的国情和法律现状。主要的思路是通过合同捆绑的方式来规范投资行为和保障资金的安全。其运作模式为：

1. 投资管理公司：私募产业基金管理人出资设立一投资管理公司。

2. 投资公司：投资人出资设立一投资公司。

3. 投资管理合同：投资公司与投资管理公司签订《投资管理合同》。根据该合同投资管理公司的责任为：

(1)为投资公司寻求、甄别并评估适当的投资；

(2)代表投资公司对确认的项目进行投资；

(3)管理已有投资项目；

(4)制作有关的报告等。

4. 投资账户托管协议：投资公司、投资管理公司和银行需要签订《投资账户托管协议》。该协议的目的是通过银行对投资管理公司资金运用的监督来保证投资资金的安全。

5. 有关法律问题：根据公司法，除经授权的国有投资公司外，中国个人、内资企业设立的投资公司，其对外投资额不能超过公司净资产的50%，这就极大地限制了公司的对外投资能力。另外，商务部于2004年颁布了《关于外商投资举办投资性公司的规定》。根据该规定设立的外商独资或中外合资的的投资公司对外投资可以突破公司净资产50%的比例。目前无论个人、内资企业和外商设立投资管理公司都不存在法律上的障碍。

三、信托基金模式

根据中国人民银行2002年发布的《信托投资公司资金信托管理暂行办法》(已失效),只有中国人民银行依法批准设立的信托投资公司才有资质发行资金信托。该模式由信托投资公司发行集合资金信托,募集到的资金投资于信托投资公司选择的项目。

该模式与当前信托投资公司发行的集合资金信托产品的区别是:当前发行的集合资金信托产品都是先有项目然后发行信托凭证,而证券公司的模式是在没有项目的时候,信托公司就发行集合信托凭证。目前来说已有部分企业进行了尝试并取得了较好的融资效果。

第五节　私募股权基金的投资和风险控制

一、私募股权基金越来越倾向新兴传统行业

风险投资一直是在高风险中追求高回报,“与风险相伴”是风险投资与生俱来的本性。然而现在风险投资却纷纷转向那些没有什么风险的传统业务领域,这让很多创业者颇为迷惑。投向传统行业的风险投资是否还能称之为“风险投资”?其实,风险投资不一定限于所谓的高技术。实际上,携程也不是高科技,而是以互联网为手段,提供传统的订房业务,只不过这种业务依靠互联网方式,比原来的传统业务更快捷,更容易扩大客户规模。“如家”连锁便捷酒店属于传统行业,但是采用了一些现代科技的手段以及连锁经营的模式,属于“新兴传统产业”。

与高科技行业相比,传统行业发展时间长,市场广,技术稳定,效益可以预测,因此,当风险资本介入以后,引入一些新的业务模式、营销手段或是管理模式,包括互联网技术的应用,就很容易把市场做大,而风险却比较低。

风险公司偏好的是高成长,而不是风险,但控制风险的要求,让冒险家变得稳健。经历过高科技泡沫折磨的投资者越来越关心企业的基本面和盈利能力。投资于传统产业,只要被投企业的经营状况相对稳定,风险就可以被较好地锁定。风险投资在退出时,也很容易就能找到接棒的下家。而这恰恰

适合了资本市场的胃口。

说到根本,谁都愿意远离风险。即使是专业的风险投资家,也希望能够尽量减少投资中的风险。而在中国,传统产业的发展空间给这些投资者们提供了一个既能够保证高成长性、健康现金流的投资机会,又把风险减到了最小,这样的诱惑,谁也不会轻易拒绝。

风险资本参与的传统行业,大多由于种种因素进入新的增长期,具有高成长性。其中最重要的一类,就是能够为国内新兴中产阶层所接受和消费的产品。中国中产阶层的崛起,导致消费者从必需的消费品转换到一个可以有选择性的消费,有相当多的消费品都是呈现高速增长的情形。

二、各类基金投资风格及偏好

国外投资基金投资往往看重行业发展前景和企业在行业中的地位,投资是战略性的长期回报;

风险投资机构投资追求资本增值的最大化,他们最终目的是被投资企业通过上市、转让或并购的方式在资本市场退出;

产业投资机构(部分行业基金)投资希望被投资企业能与自身的主业融合或互补,形成协同效应;

大型企业集团投资往往是为了其产业结构调整的需要。

三、私募股权基金投资重点区域及市场

重点投资区域:美国高盛、TDF、英国3i公司、英联投资、凯雷投资等国际风险投资巨头,纷纷看好中国市场,特别是长三角、珠三角以及京津冀等地。

重点投资行业:风险投资家重新恢复对市场的信心以后,投资观念有所变化,不再唯技术至上,对技术型创业企业的投资日趋理性,而且更关注创业企业的市场潜力。

四、私募股权基金投资关注因素

对创业者来说,选择一个有发展潜力的领域,能吸引风险投资商的目光。但如今风险投资商的投资行为日趋理性,除了关注创业者的创业领域,创业者的个人素质也是考察重点。一般来说,创业者要具有以下"特征"才容易受到风险投资商的青睐。

1. 出色的个人条件

在风险投资商的眼里，创业者的个人素质尤为重要。他们认为，外在因素的可变性太大，唯有创业者的个人品质这样内在素质是难以在短时间内改变的，它对创业企业能否获得成功起着决定性作用。一般来说，风险投资商在挑选投资对象时，除了关注创业者手中的技术外，还看重其创新意识、敬业精神、诚信程度、合作交往能力、应变决断能力等“软因素”。

2. 足够的盈利能力

风险投资商是商人，他们投资是因为创业者的企业能赚钱。因此，创业者的技术必须是市场所需要的，而且有足够的盈利能力，才能引起风险投资商的兴趣。风险投资商会对投资项目进行详细而周密的调查与评估，包括创业企业的总体状况及发展规划、企业所在行业的情况、竞争对手的分析、企业管理方面的调查、市场销售分析、财务分析等。只有那些能够层层过关的创业者才能获得风险投资商的青睐。

3. 高科技的背景

虽然现在风险投资商对创业者技术优势的关注度有所减低，但那些在高科技领域具有领先优势的创业者，仍能获得风险投资商的青睐。特别是软件、药品、通信技术等高科技行业，原本就具有很高的利润空间，而领先的技术和产品则更能使企业一鸣惊人，并实现快速盈利，因此成了风险投资商眼中美味可口的“奶酪”。

一般来说，选择投资对象时主要考虑管理团队、行业趋势和公司潜力。公司潜力是风险投资商选择投资对象时主要考虑的因素，而管理团队的诚信是风险投资商最为看重的。对企业管理层人员诚信问题和企业的诚信管理的考察，是在国内投资时一个很重要的问题。国外投资者最担心的就是有些企业把融资看做是一个“圈钱的途径”，而不是为了把企业做大、做好、做强。所以，一定要看管理层融资是不是为了实现企业的长期增值。

其次，要看企业的经营理念，尤为重要的是企业扩展业务的方向。风险投资商往往更看好长期专注于自身业务发展的公司。因此，风险投资商会非常谨慎地判断企业的意图，对企业并购与自己本业不相关领域的行为，会认为投资风险较大。但是如果企业真有一个非常强的本业，而且管理层也有经验的话，证券公司也会考虑去支持做一些并购扩展的。

最后，还要看企业的管理规范和业绩。

总之,风险投资商投资评估的指标就是:优秀的管理团队、行业前景不错、处于成长的好企业。

五、私募股权基金投资障碍

(一)估值难题

估值困难是私人股权投资基金投资中国企业的一个障碍。对于国有企业来说,主要担心之一是国有资产如何定价,卖便宜了是国有资产流失,卖贵了投资方不买账。民营企业虽然不存在这个问题,但中国市场缺乏透明度,财务、数据等信息都不规范,对民营企业的价值评估也比较困难。

一般来说,投资者对企业的估值,建立在对企业以往业绩的评判和未来业绩的预期上,但是无论哪种估值方法,未来收益、无形资产等都是一些难以准确量化的因素。市场缺乏做价的尺度,所谓公平的价格,最终就是买卖双方的心理均衡。

为了防止投资前期企业估值失误,一些私人股权投资基金采用动态价值评估方法,即设计出一种类似期权的结构,看起来好像是企业与私人股权投资基金的一种对赌。根据企业能否在给定的时间段内实现约定的利润增长率,投资基金将给予企业或从企业获得一定数量的股权。

蒙牛乳业和亚信两个案例均采用了动态价值评估。蒙牛乳业超额完成约定的50%年复合利润增长率,由此管理层获得7830万股公司股票,并将所持公司股份从39.5%增至45.2%,实现了投资机构与企业的双赢。在华平入股亚信的案例中,华平注资1100万美元之初,占有11%股权,但随后亚信未能实现约定的增长目标,由此付出的代价是华平持有的股权比例自动升至22%——虽然华平"赢"了,但这并不是它所愿意看到的结果。

之所以采用这一结构作为激励手段,是因为在中国,依靠看管企业的做法行不通。整个团队只有不到十个人而管理数亿美元资金的私人股权投资基金者比比皆是,依靠派人到企业去做行政日常管理不太现实,而需要依靠利益结构的设计,从根子上把投资方和企业的利益绑在一块。

尽管动态价值评估效果立竿见影,但更适合于投资者占优势的情况。因为随着项目竞争的日益激烈,私人股权投资基金越来越难以迫使企业接受如此激进的激励设计。好项目不再会接受苛刻条件,愿意接受这一安排的可能投资风险又过大。

(二)政策难题

2005年1月24日,中国国家外汇管理局颁布《关于完善外资并购外汇管理有关问题的通知》(称为"11号文",已失效),目标直指国内企业红筹上市路径中可能存在的非法国外转移资产及偷逃税款的行为。4月21日,国家外汇管理局又以一纸"29号文"——《关于境内居民个人境外投资登记及外资并购外汇登记有关问题的通知》(已失效),进一步加强了外汇监管。

这些新规定,在红筹上市的几个关键点上设置了障碍:

——境内居民以个人名义在国外设立公司要到外管局审批;

——境内居民不经审批,不得以其境内资产或股权为交易对价,取得国外企业股权及其他财产权利。这使境内企业的利润与资产转移成为难以完成的任务;

——在离岸避税岛国的造壳操作,已被纳入严格监管的视野;

——以国外公司并购境内资产,要经过商务部、发改委、外管局三道审批;

——外商投资企业并购操作中的外汇登记工作要加强。

可见,在现在的制度框架下,很难再有第二个盛大或蒙牛的成功案例了。

为了绕过监管,可能会有一些不太常规的结构被设计出来。2005年8月26日,软银、凯雷两大国际私人股权投资基金联合投资顺驰(中国)不动产网络集团的签字仪式,在北京高调举行。这是国外资本首次进入中国房地产中介领域。顺驰集团董事长孙宏斌透露,他本人以美国公民身份,已在开曼群岛注册了顺驰中国不动产网络公司,软银和凯雷合计4500万美元的现金投资在国外即可完成注入。这使得企业控制人公民身份及资产转移两道环节,都绕过了外管局文件的制约。

六、私募股权基金投资风险分析

以地产行业为例,私募股权基金投资中国的风险分析:

有外资投行房地产分析师指出,与境内开发商不同,国外投资者在中国投资地产市场,除了要面对普遍的市场风险即开发风险外,还有许多必须考虑的额外因素。开发风险主要来自于国大陆产市场信息的透明度不够。虽然2002年7月生效的《招标拍卖挂牌出让国有土地使用权规定》指明,大多数商业用地必须公开拍卖。但一些准备扩大在华投资组合的欧美大型机构投资者,如美国 Hines、Lowe 企业集团、LendLease 房地产投资公司和摩根士丹利房地产基金等仍然认为,当地既得利益者仍会力图保护其在不透明的房地产市场所享有的优势。一些国外投资者担心,本地开发商会与当地政府共同策划,将地价人为抬高,以对付外来竞争者。

一些以往的经验说明了某些问题的存在。

首先,在项目地块的购买过程当中,往往涉及动迁的问题。有时项目已经被批准,却不能立即拿到土地使用证,或者收购合作载体时无法同时获得土地。

其次,地块的价值和政府的规划要求在整个过程中起着至关重要的作用,项目规划不但要符合政府各种各样的规划要求,更严重的是动迁费用成了土地价值的决定因素。在我国,许多问题出现在动迁方面。而在投资过程中证券公司又无法和当地政府进行深入的探讨,如果证券公司与他们在动迁问题上进行探讨,土地的价值反而有可能上升一倍。所有这些都在一定程度上加大了证券公司的投资风险。

还有一些有别于国内开发商的额外投资风险。比如,资金的变现、退出、出境等基金风险;比如,汇兑风险,国外投资者需考虑 5 年之后能否用人民币把产品卖出去,再按原来那个比较合算的比率兑换;还有税收方面,许多投资者都可能遇到有关税法的政策变动,这会对投资者的利益产生重大的影响。总而言之,具体的市场参数、经济的多变性、政局的稳定性、外汇波动与资本返还等都会成为影响国外投资者的因素。

七、私募股权基金投资运作要求

由于私募股权投资期限长、流动性低,投资者为了控制风险通常对投资对象提出以下要求:

1. 优质的管理,对不参与企业管理的金融投资者来说尤其重要。

2. 至少有 2 年至 3 年的经营记录、有巨大的潜在市场和潜在的成长性,并有令人信服的发展战略计划。投资者关心盈利的“增长”。高增长才有高回报,因此对企业的发展计划特别关心。

3. 行业和企业规模(如销售额)的要求。投资者对行业和规模的侧重各有不同,金融投资者会从投资组合分散风险的角度来考察一项投资对其投资组合的意义。多数私募股权投资者不会投资他们不了解的行业。

4. 估值和预期投资回报的要求。由于不像在公开市场那么容易退出，私募股权投资者对预期投资回报的要求比较高，至少高于投资于其同行业上市公司的回报率，而且期望对中国等新兴市场的投资有“中国风险溢价”。要求25% ~30% 的投资回报率是很常见的。

5. 上市的可能性，这是主要的退出机制。希望数年后可以通过上市减持达到顺利退出的目的。

另外，投资者还要进行法律方面的调查，了解企业是否涉及纠纷或诉讼、土地和房产的产权是否完整、商标专利权的期限等问题。很多引资企业是新兴企业，经常存在一些法律问题，双方在项目考察过程中会逐步清理并解决这些问题。

设立项目需要完成投资方案设计、达成一致后签署法律文件、投资方案设计包括估值定价、董事会席位、否决权和其他公司治理问题、退出策略、确定合同条款清单并提交投资委员会审批等步骤。由于投资方和引资方的出发点和利益不同、税收考虑不同，双方经常在估值和合同条款清单的谈判中产生分歧，解决这些分歧的技术要求高，所以，不仅需要谈判技巧，还需要会计师和律师的协助。

退出策略是投资者在开始筛选企业时就十分注意的因素，包括上市、出让、股票回购、卖出期权等方式，其中上市是投资回报最高的退出方式，上市的收益来源是企业的盈利和资本利得。由于国内股票市场规模较小、上市周期长、难度大，很多外资基金都会在国外注册一家公司来控股合资公司，以便将来以国外注册的公司作为主体在国外上市。

八、私募股权投资监管及风险控制方式

一般来说，一个私募股权投资基金所投资的项目，10 个中间大概有一半左右是正常经营，即不亏本。另外有 2 ~3 家企业经营不善，甚至只能关门，而最终 10 家企业中间只有 2 家左右可以达到这些基金所要求的高额回报即超过 20% 。但是在中国，这种做法也正在被调整，一方面投资的风险大大降低，尤其是那些投资于企业扩张期的私募基金；另一方面如果投资回报超过 5 倍以上，这个项目就算非常成功了。但是，这种项目投资周期大大缩短，一般 3 ~5 年就可此退出。所以投资者一般不会一次性注入所有投资，而是采取分期投入方式，每次投资以企业达到事先设定的目标为前提。

实施积极有效的监管是降低投资风险的必要手段,但需要人力和财力的投入,会增加投资者的成本,因此,不同的基金会决定恰当的监管程度,包括采取有效的报告制度和监控制度、参与重大决策、进行战略指导等。投资者还会利用其网络和渠道帮助合资公司进入新市场、寻找战略伙伴以发挥协同效应、降低成本等方式来提高收益。另外,为满足引资企业未来公开发行或国际并购的要求,投资者会帮其建立合适的管理体系和法律构架。

第六节　私募股权融资解决方案及工作

一、私募融资解决方案内容

1. 寻找合适战略投资者。企业在国外私募过程中应尽量寻找和自己业务或者行业有相通之处的国外战略投资者,可以根据企业的具体情况,在全世界为其选择合适的战略投资者。

2. 企业改制建议。国外风险投资者在进入到企业前,对企业有一个基本的要求,将根据企业的情况和战略投资者的相关要求来制定详细的改制方案,对管理层进行全面的辅导,以保证公司能符合国外战略投资者的要求。

3. 企业融资方案制定。每个国外风险私募基金的运作风格各不相同,将根据海外基金的具体情况为企业制定切实可行的融资方案。

4. 企业融资文件撰写。完善的商业计划书是成功融资的关键一项内容。

5. 企业融资谈判。企业进行推介和路演,投资者信息收集反馈,并及时优化融资方案,参与融资谈判,起草融资协议及其他相关文件。

6. 企业后续融资跟踪。

二、私募融资一般程序

1. 尽职调查阶段。

2. 融资方案的设计和选择阶段。

3. 融资方案执行和修正阶段。

(1)进行符合国外投资者的要求的前期准备工作,包括资产重组、规范治理结构、进行系统性战略咨询等工作;

(2)协调会计师事务所、资产评估机构和律师事务所等中介机构的工作;

(3)完善商业计划书。

4. 国外投资者广泛的接触和洽谈。

(1)项目推介/路演;

(2)投资者信息收集反馈;

(3)完善、优化融资方案;

(4)与意向投资者沟通,初步选择国外战略投资者。

5. 融资谈判阶段。

(1)首轮融资谈判;

(2)确定入围国外战略投资者;

(3)后续融资谈判;

(4)指导相关中介机构完成评估、验证、审记、法律等方面的事项。

6. 起草融资协议和其他相关文件。

7. 签署融资协议。

8. 后续融资跟踪阶段。

三、私募融资策略

(一)企业私募融资的关键不单单是短期引进资金如此简单,可以认为包括:

1. 以透明化的资讯披露原则,建立双方了解、信任关系;

2. 以市场化的科学测算原则,对股价进行估值;

3. 以开放化的友好保密原则,考量双方企业文化、人力资源、价值观。

(二)管理层偏好、管理理念、风险防范。

1. 以节约化的产业运营原则,降低融资成本,合理避税,合理策划未来财务规划、资产负债、收益分配。

2. 以理性化的公允对价原则,选择最优融资进入模式、搭建完善的公司治理结构、重整资产(扩张、紧缩),为后期不断成功融资、产业健康可持续发展奠定基础是最终的目标。

(三)私募融资的考量核心:项目的选择和资金的选择是私募投、融资的核心。

资金的选择、投资标的的相关信息、基金的投资风格、基金的投资方式、基金的退出方式等都需要全面考量。

四、私募融资注意事项

私募基金进行投融资服务收取费用的标准通常是:专业机构向客户预先

收取一定的专业服务费(管理费),数额因投融资机构声誉和项目融资难度不同而有较大差异,一般在融资总额的1.5%～3%左右,此项费用需在融资实现前支付;融资实现后再按资金规模收取一定的佣金,大约在1.5%～2%。融资实现前,融资方一般要支付10万～50万元的保证金(履约金)。而融资实现的速度则与项目难度和资金需求规模有关,一般至少在1至3个月。资金回收年限也根据具体情况三方协商约定,但由于私募基金的快速回报要求,通常最长不超过5年,一般在2年左右。

企业使用私募基金的利率远远高于银行贷款,不同地区、不同时期、投向不同领域,利率有一定区别。在银行贷款供给正常时,这个利率一般在10%～20%之间,东部沿海略高于西部地区。但碰到当前银根紧缩、企业资金面普遍趋紧的情况,私募基金利率就会明显趋升,据了解,在江浙地区,个案甚至高达40%～50%。另外,与实业投资相比,一般投向证券领域的私募基金利率会偏高些。

目前,私募基金似乎更看好能源、基础设施、旅游、政府支持项目、医疗机构等投资,而曾经很被看好的生物医药则需要根据具体项目来定。在具体的投资选择中,融资规模在2000万元～1亿元左右的项目似乎更容易获得私募基金的青睐,因为这样的项目一般前期已经有一定的投入,企业已经积累了运作经验,容易获得私募基金的信任。资金过少的项目反而不容易获得资金。

五、规范私募基金监管,开启规范化全新局面

近年来,私募基金快速发展,成为证券资产管理行业的重要力量,但也暴露出不少问题,如非法集资、兼营P2P、民间借贷、担保等非私募业务;还有变相公开募集,突破合格投资者标准,将自有财产与基金财产混同甚至挪用或侵占;此外,有些机构信息失真,甚至长期"失联""跑路",兑付危机时有发生。这些对私募基金的形象造成严重损害,影响行业健康发展。

2016年一季度发生的私募基金非法集资风险事件涉案基金5.73亿元,涉及投资者1774人。据基金业协会统计,2015年5月至2016年4月底,共收到投诉事项及线索814件,其中私募基金相关投诉765件,占比高达94%。

监管层对私募行业多方位、全维度地加强监管,监管环境日趋严格,高压监管下,鱼龙混杂的私募基金业已发生巨变,私募基金管理人也经历了大浪

淘沙般的洗牌。

为了让私募基金行业告别“野蛮生长”,朝规范化、制度化方向发展,近年来,在证监会的指导下,基金业协会开始搭建私募自律管理规则体系,坚决打击私募违法违规行为。管理层制定了对私募行业的监管思路和目标,私募基金自律监管就是要以注册制为出发点,将市场与监管部门的博弈转为市场主体之间的博弈,通过透明的注册标准、明确的行业行为准则和有效的事中事后监测处罚,保障市场主体之间的博弈秩序和博弈环境,让市场主体行为真正回归市场,让私募管理人关注焦点回到自身信用声誉、客户利益和实体经济。

从目前情况来看,监管已经产生了初步效果。比如,多达万家“空壳”私募被注销,规范私募募集环节的行为,完善内控制度、信息披露等,增强市场透明度,提高行业准入门槛。业内普遍明确,私募管理人登记和产品备案绝不是“一备了之”,应当持续履行产品备案、按要求向投资者进行信息披露以及向协会报告更新季度、年度和重大事项信息等,并主动接受自律管理。此外,私募行业还有很多固有成本,形成了行业的事实门槛,包括募集成本、运营成本及合规成本。

私募行业方兴未艾,在规范化、制度化的发展基调下,中国私募基金行业将开启全新的发展局面,未来任重道远。未来将会是政策扶持与加强监管并举,确保私募基金可持续健康发展。维护行业秩序,工作重心由事前登记、备案向事中事后的监控监测和自律管理转移,切实做到“宽进严管”。同时,“扶优限劣”将是私募基金行业自律管理的主基调,创造条件鼓励优秀机构做大做强。同时清理违法违规私募,优化行业生态,促进行业公平竞争。

2016 年,中国证券投资基金业协会接连发布内控指引、信息披露、募集行为等重磅私募行业规则,2 月 5 日公告规范私募备案;同时,证监会发布私募资产管理业务新规引起广泛关注;监管层针对一些私募违法违规行为进行查处,等等。私募监管成为贯穿始终的主线,由此初步建立了私募行业监管的规则体系,描绘出未来私募行业的前景蓝图。协会颁布了多个私募自律规则,包括内部控制、信息披露、募集行为、合同指引等,对规范私募基金行为,引导行业诚实守信、规范运作,赢得投资者的信任托付及社会、资本市场的认可,起到了重要作用。

2016 年 2 月 1 日,中国证券投资基金业协会发布《私募投资基金管理人内部控制指引》,对资金募集、投资研究、投资运作等环节做出规范,明确私募主营业务要清晰,不得兼营与私募无关或存在利益冲突的其他业务,要求设置风控合规高管人员,建立完善财产分离制度等。

2016 年 2 月 4 日,中国证券投资基金业协会发布《私募投资基金信息披露管理办法》,要求在募集期间不能使用夸大措辞,禁止承诺收益、误导投资者等;在运行期间要有季度披露和年度披露,5000 万元规模以上的产品每月披露净值等;还需向协会指定私募基金披露备份平台报送信息。

2016 年 4 月 15 日,中国证券投资基金业协会发布重磅文件《私募投资基金募集行为管理办法》,明确私募基金募集主体资格,对募集专用账户进行监督,产品宣传必须面向特定对象、不得公开宣传产品和业绩,要进行合格投资者确认,禁止非法拆分转让,实行 24 小时投资冷静期和确认回访制度等。为了使私募适应新规,协会预留 3 个月过渡期,到 7 月 15 日正式实施。同时,协会还出台了首套《私募投资基金合同指引》,确立契约型、公司型、合伙型三类产品合同规则。

2016 年 11 月 15 日,中国证券投资基金业协会发布《私募投资基金服务业务管理办法(试行)》(征求意见稿),全面梳理服务业务类别,重点规范了份额登记、估值核算、信息技术系统三项业务,同时对相关机构提出门槛、资质要求,并引入服务机构退出机制。

中国证券投资基金业协会表示,今后将陆续推出《私募基金登记备案管理办法》《私募基金管理人从事投资顾问业务管理办法》《私募基金托管业务管理办法》《基金从业资格管理办法》等规则,构建一套“7 +2”完整的自律规则体系。

第七节　私募股权基金的退出

私募股权基金以获得中期投资回报为目标,在投资于某一公司之前就会考虑如何收回投资和获取回报,在投资经过一段时间之后,便会评估损益,选择退出。

私募资金一般有三种退出方式:目标公司上市、股权转让、减资或清算。

一、目标公司上市

目标公司上市，即所谓的首次股票公开发行。目标公司上市后，私募基金可以卖出其持有的目标公司股票，成功退出。

无论对于私募基金而言，还是对于目标公司而言，目标公司上市都是实现双方利益最大化的最好途径，是私募基金最理想的退出方式。

对于私募基金而言，目标公司一旦上市，其退出时机的选择就很自由，而且一般情况下，目标公司上市后，其退出获得的溢价会很高。因此，私募基金在选择目标公司时，就会考查目标公司在近期的业绩能否达到上市要求，其股权结构适合在哪个市场上市。另外，他们在包装目标公司方面的经验以及他们在证券市场方面的资源网络也有利于目标公司未来的顺利上市。

对于目标公司而言，在引入私募基金的时候，一般也会对管理层持股作出安排。目标公司上市后，一旦限售期结束，大部分的管理层便可以实现其利益，这对于管理层而言，无疑是最好的激励。此外，我国《公司法》允许公司回购股份并奖励给职工，这就为目标公司上市后采用期权等一系列激励员工的方式，保持企业在人力资源上竞争力提供了法律依据和保障。因此，这些措施有助于激发管理层和关键员工的积极性，推动目标公司达到上市要求。

二、股权转让

股权转让，即私募基金通过转让其持有的目标公司股权从而实现退出。虽然目标公司上市是私募基金最好的退出方式。但是上市并不是每个目标公司都能做到的。股权转让的退出方式也是不错的选择，特别是在股市行情不好时。股权转让退出方式也有它的优点，私募基金可在任意时候将其持有的股权变现，而且与目标公司上市相比，这种退出方式操作程序比较简单，成本也低很多，并且适合各种规模的目标公司。

具体而言，私募基金转让其股权有两种途径，一种是在内部公司内部转让，另一种是向目标公司外部转让。

内部转让包括目标公司原有股东转让、向目标公司管理层转让（管理层回购）以及向目标公司员工转让。一般而言，在私募股权融资协议中约定回购条款，即如果目标公司未能在约定的期限内上市，目标公司就必须以适当的方式以约定价格（或者约定计价方式）回购私募基金所持有的股权。这里说的适当的方式就包括约定的主体（原股东、管理层或员工）进行回购。

外部转让是指私募基金将所持有的目标公司股权向目标公司之外的其他投资者（包括其他私募基金、战略投资者等）转让。这种转让必须遵守《公司法》的相关规定，即有限责任公司的股东向股东之外的人转让股权，应当经其他股东过半数同意。股东应就其股权转让事项书面通知其他股东征求同意，其他股东自接到书面通知之日起满30日未答复的，视为同意转让。其他股东半数以上不同意转让的，不同意的股东应当购买该转让的股权；不购买的，视为同意转让。经股东同意转让的股权，在同等条件下，其他股东有优先购买权。有些私募基金会在投资协议和章程中约定目标公司原有股东必须同意私募基金转让其股权，甚至要求目标公司原有股东放弃优先购买权。

三、减资或清算

减资或清算，即通过减少目标公司注册资本或者清算、解散目标公司，从而实现私募基金的退出。

减资或者清算都是私募基金和目标公司不愿意看到的，但是如果目标公司因为某种原因经营不成功，在不能上市，也无人愿意受让私募基金所持有股权的情况下，就只能走这一步。

减资尚能维持公司的存在，而清算则需解散公司，是不到万不得已不会采用的退出办法。

第八节　活跃在中国的国外私募基金

一、凯雷中国

（一）凯雷简介

凯雷投资集团（The Carlyle Group）是世界上最大的直接投资公司之一。成立于1987年的凯雷，总部位于美国华盛顿，30年来，凯雷已经由最初专注航空、电讯和国防领域的收购基金逐渐发展为一个多样化的基金组合，在美国，凯雷主要投资于管理收购、创业投资、房地产以及高收益债券投资。

自1997年起，凯雷集团的业务范围扩展到国际市场，在欧洲、亚洲先后设立了投资基金。目前，该公司拥有来自世界55个国家的440位投资者，以及500名为这些投资者服务的员工。此外，凯雷集团还包括130名各下属公司的首席执行官、300 名公司主管以及 70 名专业顾问，他们为所投资公司及客户提供着强有力的技术和专业支持。

自 1999 年以来，凯雷集团已从其在汉城、东京、新加坡以及中国香港、班加罗尔的办事处进行泛亚地区的企业收购投资、创业投资及房地产业投资运作。凯雷旗下的三家亚洲基金拥有超过 10 亿美元的资金，以投资于泛亚地区。

凯雷下属投资于泛亚地区（包括中国）的三家基金：

凯洲亚洲合伙人（Carlyle Asia Partners）——7.5 亿美元企业收购基金。

凯雷亚洲创投Ⅰ（Carlyle Asia Venture PartnersⅠ）——1.59 亿美元创业基金。

凯雷亚洲创投Ⅱ（Carlyle Asia Venture PartnersⅡ）——1.64 亿美元创业基金。

（二）凯雷背景

凯雷集团通过旗下的 21 个基金，管理着 160 亿美元的资产，投资领域涉及国防、航天、通信、媒体、消费品和医疗保健等。凯雷给投资者的年均回报率高达 34%，这也使凯雷集团被称作“全球最具吸引力的赚钱机器”。但是，媒体对凯雷公司的高关注度不只是来自其令人垂涎的高额投资回报，还由于该公司与白宫之间非同寻常的关系。在凯雷集团的投资回报人中包括两位总统，一个是前任美国总统小布什，另一个则是小布什的父亲美国前总统老布什。

在老布什任美国总统期间，担任国务卿的詹姆斯·贝克曾担任凯雷高级顾问并为其大股东之一，美国前国防部长弗兰克·卡路奇曾任其董事长，前白宫预算主任迪克·达尔曼也曾担任其顾问。除此以外，在凯雷集团的顾问名单上还有英国前首相约翰·梅杰、菲律宾前总统拉莫斯等，因此投资界戏称凯雷集团的顾问委员会是“总统俱乐部”。

有这么豪华的顾问阵容，自然吸引了全球不少的投资人。凯雷投资集团的投资者主要包括富有的个人以及家族投资者，通过并购和出售全球各地的企业盈利。

（三）凯雷历史

“每次旅程都始于小小的一步。”这是凯雷的创始合伙人戴维·鲁宾斯坦（David Rubenstein）最著名的一句话。20 年来，凯雷创造了全球超过 30% 的平均年投资收益，如今，凯雷的名字已成为美国资本历史上的一个传奇。

凯雷于1987年由大卫·鲁宾斯坦（David M. Rubenstein）、威廉康威（William E. Conway）及丹尼尔·德安尼罗（Daniel A. D. Aniello）成立并设立总部在美国首都华盛顿，是全球最大私人股权投资公司之一。目前，凯雷由三位创始人及主席郭士纳（Louis V. Gerstner）共同领导，管理的资本达350亿美元，通过旗下37只基金共投资了超过150余家公司，跨越四大投资领域即收购、创投和成长资金、房地产及杠杆融资。自成立以来凯雷已参与超过439项投资案，共投入达143亿美元，并投入自有资金达12亿美元，总收购价值超过519亿美元。

2004年无疑是凯雷迄今最成功的一年，共进行了107宗总计达23亿美元的投资。当年向投资者返回的原始投入资金及利润合计为53亿美元，同时又筹集到了78亿美元新增基金。同年4月，凯雷在上海开设了它的首个中国大陆办事处。

对携程旅行网的投资通过公开招股并在纳斯达克（NASDAQ）上市获得超过14倍的高额回报，鲁宾斯坦称中国市场已然为国际私人股权投资基金提供了“戏剧性的成功投资案例”。

（四）凯雷重要投资案例：携程网的超14倍投资收益神话

携程网不是凯雷在中国的第一笔投资，但却是凯雷中国故事经典的部分。

成立于1999年7月的携程网是国内最早“落地”的网站。在2000年11月凯雷投入800万美元前，携程网曾获得了在国内高科技行业普遍撒网的IDG的第一轮投资以及以软银集团为首的第二轮投资。

携程网无疑是中国互联网行业中最擅长利用融资获得高速增长的企业，这与其创始人个人背景有关。但凯雷的适时引进才使其最终成功地走上了国外上市的融资道路。

应该注意的是，凯雷的进入时机选在了2000年11月携程网收购国内最早、最大的传统订房中心——现代运通并因此成为中国最大的宾馆分销商之后。而此后，携程网收购了北京最大的散客票务公司——北京海岸航空服务公司，建立了全国统一的机票预订服务中心，在十大商旅城市提供送票上门服务。

融资方面，携程网三轮融资共计吸纳国外风险投资近1800万美元。

2001 年 10 月,携程宣布盈利。2002 年携程全年相关营收超过 10 亿元。2003 年 12 月 9 日,作为互联网寒冬后的第一只中国概念股,携程网成功登陆 NASDAQ,其发行价为 18 美元,收盘价达 34 美元,增幅近 90%。之后道琼斯发表评论文章指出,越来越多的美国投资者更加看好中国网络公司。

作为直接投资,凯雷投入携程的规模为 800 万美元,回报是占有携程 30% 的股份。而在 3 年后上市退出,凯雷得到的则是超过 14 倍的投资回报。

实施该项目的是凯雷亚洲创投及增长基金,是凯雷在亚洲三大业务(收购、创投及增长基金和房地产)之一,此基金在中国、印度、日本和韩国处于成长阶段的公司中进行收购少数股权的投资。凯雷亚洲创投及增长基金投资于各种高增长领域、具有卓越当地管理团队的公司,并强调与所投资公司的高层密切合作,积极参与董事会的决策,并通过凯雷的全球网络和资源提供增值。

值得注意的是,在这项经典案例中,凯雷所表现出来的过人的判断力。

在 2000 年底凯雷投资携程的时候,这个项目并不为人们看好。凯雷当时主要是看中了携程的市场前景和他们的管理团队。而凯雷果断注资之后,还利用自身的优势和经验帮助携程一步步从一个比较小的创业公司,成长为一个各个方面都具有国际标准的公司。

除了对项目价值的判断外,凯雷对进入国际资本市场时机的判断同样是非常到位的。

在纳斯达克刚刚有上升的苗头时,就帮助携程着手筹备上市的工作,并且在恰当的时机将携程送上了 NASDAQ,凯雷也因此实现了其对携程的承诺并获利退出。

携程网的巨大成功也同时造就了凯雷中国区在全球范围内的战略性地位。2004 年 4 月,凯雷在上海开设了它的首个中国大陆办事处的国际私人股权投资机构,在 2005 年 5 月相继于北京设立办事处的公司,成为唯一一家在北京、上海及香港三个中国重要据点同时拥有办事处的公司,可见凯雷在中国的资源投入已相当可观。凯雷自此开始常驻中国进行正式运作,业界纷纷预言这将很快结束凯雷没有大规模投资大陆企业的状况。

预测显然是准确的,8 个月后,即传出消息,凯雷在收购太平洋人寿保险及徐工机械等大型国企上动作频频。

(五)凯雷启示

在徐工之前,外资私人股权投资并未在中国大型企业上有所斩获,很多投资银行家将不成功的缘由归结为“中国还未形成收购文化”。

私人股权投资的兴起得益于全球化的趋势,以及其有目共睹的对经济发展的正面影响。随着私人股权投资基金在美欧的获利空间逐渐收窄,亚洲私人股权投资基金正面临供不应求的缺口,潜藏着巨大的机会。在巨额资本寻求出路和回报最大化驱动下,收购基金对亚洲新兴市场尤其是中国的兴趣越来越浓。据《亚洲私人股权投资观察》(Asia Private Equity Review)调查,2004年亚洲私人股权投资募集了约65亿美元资金,是自2001年来的最高纪录,其中收购基金占了56%,为37亿美元,2004年亚洲私人股权总投资额为116亿美元。

私人股权投资基金存在的价值在于是以股权投资方式进入企业,以其专业技能帮助企业提升内在价值,并实现成功上市,最终在合适时机以股权转让、售卖等方式退出企业,从而获得原始投资的高倍增值。这个问题在凯雷看来,则更愿意展示自己作为长期投资者帮助所投资企业提升价值的一面。

凯雷中国利用凯雷的国际声誉和它的关系网络为旗下的公司吸引最好的管理人才、治理机制、财务资源以及商业伙伴,这些都是国际化企业需要的。而且证券公司很重视与管理层的沟通与密切的合作,这样才可以为公司及社会带来正面的影响及创造就业机会。

以凯雷亚洲收购基金为例,该基金所投资公司的条件是这样的:具有强有力的、成熟的管理团队;市场份额领先或能够控制特定市场;可以预计的现金流;市值超过5000万美元,收入超过5000万美元。

二、摩根丹士利

(一)摩根丹士利简介

摩根士丹利房地产基金MSREF(Morgan Stanley Real Estate Funds)是摩根士丹利物业投资部门属下的基金,在世界各地进行物业投资。自1991年起,摩根士丹利成为全球最活跃的房地产投资者之一,目前在世界各地的房地产项目总投资已达300亿美元。其下属的亚洲机会基金拥有25亿美元的自有资本,通过借贷,该集团将具有100亿美元的购买力。

(二)摩根丹士利私募基金

亚太区经济的高速增长,将带动该地区更多企业成为国际资本的“目标”。2005年8月,摩根士丹利一只金额高达5.15亿美元的私募股权投资基金已经募集成功,这也是大摩首次设立专注亚太的私募基金。

该基金将由隶属于大摩机构证券业务的直接投资部管理,投资目标集中在亚太地区内优质企业,基金的期限定为5年投资期加5年投资收获期。而该私募基金的投资者名单也是声名显赫,包括大摩自身在内的全球各主要的机构投资者都位列其中,此外还有一些高净资产的个人投资者。

虽然大摩并未透露这只私募基金的投资方向和策略,但大摩认为,亚洲私募基金的成立将可以使大摩自身、客户和其他投资者,通过此基金进行直接投资,进而从亚洲的增长机遇中获益并共享繁荣。这也是对投资银行、证券销售与交易、私人财富与资产管理及房地产投资等业务的促进。

(三)摩根丹士利投资风格

在全球性投资银行中,摩根士丹利的中国业务最为完备,在房地产市场的投资也最为活跃。其下属的亚洲机会基金(The Asia Opportunity Fund)拥有25亿美元的自有资本,通过借贷,该公司还将具有100亿美元的购买力。

专注于高档物业是摩根丹士利投资的重要风格。

摩根士丹利物业投资部门对于上海高档住宅市场非常看好。2003年7月,摩根士丹利房地产基金(MSREF)与卢湾区政府控股的永业集团联合投资“锦麟天地雅苑”,该项目共有90套住宅、106套服务式公寓与5000平方米的商铺面积,总投资预计达9000万美元。2004年1月,摩根士丹利在推动上海最大的民营房地产开发企业复地(集团)股份公司在港招股集资15亿港元的同时,还与“复地”合作投资金额约为5000万美元的“复地雅园”(项目共有约500套住宅,分为两期建设)。

2004年4月,MSREF又与天津最大房地产开发商顺驰中国控股签订战略合作投资意向书,在天津共同进行房地产开发投资。摩根士丹利房地产基金亚太区执行董事盖迪表示,这次的合作将有助该基金捕捉天津市场的商机。在合作方式上,双方将在天津成立专业项目公司共同投资合作,其中顺驰将负责项目投资可行性研究、招标规划设计方案、项目开发建设及销售等工作,而MSREF则提供融资服务。

(四)摩根丹士利避险策略

世界知名的摩根士丹利房地产基金 MSREF 终于向中国迈出了第一步,但是摩根的这一步却迈得异常谨慎。在合作伙伴上,MSREF 选择的是有政府背景的中方公司,在资金来源和使用方法上亦对媒体保持神秘的低调。虽然证券公司还没有充足的证据证明 MSREF 将一改正常状况下地产基金不单独控股项目的模式而自己操盘,但从以往的荷兰国际集团(ING)等在中国的运作方式上可以发现,为了避免有中国特色的政策和信息风险,跨国地产基金宁愿自我控股,自我操盘。

尽管 MSREF 不愿意透露项目操作细节,但证券公司从"战略联盟"字样上可见 MSREF 与中方的合作并非欧美通行的地产基金运作方式。在欧美,地产基金通常是以投资者身份参股地产项目,股份一般也不超过 30%,参股后再委托相关专业公司经营管理,因此独立性和专业性是基金运作的主要特点和要求。进入中国后,跨国基金一改游戏规则,由投资者身份变成投资者兼任开发商,由参股变控股,这些资金的募集完全是按照欧美基金模式募集,而使用上则完全变成另一种风格。中国地产人士也将进入中国的外国地产基金戏称为"前半截与后半截"。

近几年,国内住宅产业的蓬勃发展和高回报率令国外投资者为之心动。据摩根士丹利公布的有关海外基金投资中国房地产市场的研究报告显示,在未来 2~3 年内,将有 3 亿~20 亿美元的国外资金投向中国的房地产市场,越来越多的西方投资者来到中国寻找房地产投资机会。来自澳大利亚、新加坡、欧美等地的资本竞相进入中国房地产业,它们的目标大多直指中国房地产金融。从他们进入中国的历程中很容易发现海外基金本土化的新办法。以 ING 进入中国为例,ING 和首创合作成立了中国房地产开发基金,但落实到具体项目上,大家所看到的 LOGO 不是"中国房地产开发基金"而是"太平洋城房地产"。随着投资项目的展开和设立更多的项目公司,那时基金管理人的作用就会更突出,投资者的身份将会更明确。作为上海住宅开发商中唯一的非亚洲区发展商,有澳大利亚最大投行麦格理银行背景的第一中国房地产发展集团有限公司成功开发了高档住宅小区"澳丽花苑",概括国外开发投资基金与国内公司合作的典型结构就是:国外的投资载体进入中国,一般会带来 75%~95% 的资金,合作伙伴即当地公司以各种方式出资 5%~25% 共同成立项目公司,然后一起开发地块。

为什么海外基金进入中国就要改变游戏规则?在欧美成熟市场上,地产相关法规成熟且完善,而在中国则比较特殊,市场经营不规范、法律不完善是国外投资者很容易就判断出来的结论,因此海外基金宁愿与中国当地强力开发商进行合作,控股并直接参与操盘以降低风险。从市场角度说,在欧美市场地产基金主要投入于成熟的租赁物业,有专门的物业公司为其打理不需要亲自动手,而中国还缺乏这些成熟物业供投资者选择。公司对住宅开发进行全权管理,包括确定地块、施工管理到市场分析和产品服务。可以认为,没有好的项目就不要采取行动。作为全球性的投资银行,证券公司不担当中间人的角色,并在考虑全球投资环境的同时入乡随俗,尽量做到本地化。

有鉴于国内房地产市场尚欠规范,而且企业数量巨大,统计数据显示仅住宅产业的相关企业就有几十万家,其中,房地产开发企业达 3 万余家。对于不熟悉国内情况的外国投资商来说,如何与国内企业开展合作是其普遍面临的一个难题。

第九节　私募基金公司发展情况

一、情况总览

根据中国基金业协会数据,截至 2016 年底,在协会备案的私募基金数已经达到 26,000 余家,而在 10 年前,这个数字不到 1000。十年间私募基金数量增加了二十多倍,平均每年增速超过 40%。随后,中国基金业协会对私募基金做了一些清理工作。截至 2017 年 3 月 30 日,中国基金业协会登记私募基金管理人 18,454 家,备案私募基金 60,936 只,私募基金从业人员 300,578 人,外包服务机构中登记 37 家、估值核算 40 家、信息技术 5 家。

在私募基金高速发展的期间,以 2014 年和 2015 年的新增数量最为惊人,2014 年新成立私募基金六千余家,2015 年新设私募基金公司超过一万家。

考虑到阳光私募行业投资策略众多,私募机构管理规模从几千万元到上百亿元,把不同策略、不同管理规模的基金放在一起统一排名有失科学性,因此,格上理财研究中心针对中国阳光私募行业的发展现状,对阳光私募基金和私募机构进行了科学的分类,在分类的基础上进行排名。

二、格上理财——2013 年度中国阳光私募基金排行榜

2013 年，股票类阳光私募基金的平均收益率为 12.24%，超越沪深 300 指数 19.89%。期货类基金收益最高（铖功程序化基金 2013 年收益 528.18%），业绩分化也最大（首尾相差 591.20%）。债券类基金收益最低，业绩分化也最小。

各类基金收益比较，如表 7－1 所示。

表 7－1　各类基金收益表

	股票类	债券类	期货类	市场中性	宏观对冲	TOT
平均收益（%）	12.24	1.12	45.89	5.56	30.00	15.55
最高收益（%）	125.55	9.09	528.18	22.41	77.75	37.14
最低收益（%）	－62.26	－9.00	－63.02	－14.68	－3.20	－16.15
首尾收益差（%）	187.81	18.09	591.20	37.09	80.95	53.29

数据来源：格上理财网。

为了更加客观地比较各阳光私募基金 2013 年度的业绩表现，格上理财将按照不同投资策略、资产管理规模进行多维度收益排名。

（一）按投资策略分类

表 7－2　2013 年度收益前十（股票类策略）

排名	私募基金	基金公司	基金经理	成立日期	最新净值（元）	复权净值（元）	2013 年收益率（%）
1	创势翔 1 号	创势翔投资	黄　平	2012 年 5 月 20 日	1.8328	1.8328	125.55
2	鸿逸 1 号	鸿逸投资	张云逸	2010 年 12 月 16 日	0.9544	0.9544	94.26
3	泽熙 3 期	泽熙投资	徐　翔	2010 年 7 月 7 日	1.2512	2.7665	90.22
4	龙鼎 3 号	龙鼎投资	冯为民	2010 年 8 月 2 日	133.44	133.44	85.18
5	恒复趋势 1 号	恒复投资	刘　强	2009 年 1 月 20 日	1.3177	1.5507	77.18
6	泽熙 1 期	泽熙投资	徐　翔	2010 年 3 月 5 日	1.1457	3.2736	70.41
7	金河新价值成长 1 期	金河投资	金贤昌	2010 年 11 月 19 日	0.7692	0.7756	62.09
8	证研 1 期	证研投资	宋晓辉	2009 年 7 月 3 日	0.9581	0.9581	61.21
9	聚富 2 号伞形分组 11	泽龙投资	杨振邦	2012 年 9 月 10 日	1.5694	1.5694	59.98
10	理成风景 2 号	理成资产	杨玉山	2009 年 9 月 15 日	166.07	166.07	58.98

注：本排名仅统计最新净值日晚于 2013 年 12 月 15 日的非结构化股票类基金。

数据来源：格上理财网。

表7-3　2013年度收益前十(债券类策略)

排名	私募基金	基金公司	基金经理	成立日期	单位净值(元)	复权净值(元)	2013年收益率(%)
1	乐瑞强债1号	乐瑞资产	王笑冬	2012年6月14日	1.0604	1.1865	8.68
2	季享红利1号	佑瑞持投资	王　林	2012年5月14日	1.0099	1.09	5.48
3	汇鑫6号(银叶2期)	银叶投资	单吉军	2012年3月19日	1.1275	1.1275	3.20
4	佑瑞持债券投资第9期	佑瑞持投资	王　林	2012年12月7日	1.0049	1.0284	2.54
5	恒基浦业1期	恒基浦业资产		2012年12月28日	1.0162	1.0162	1.60
6	乐瑞2期	乐瑞资产	张　煜	2012年12月21日	1.0122	1.0122	1.52
7	汇银6号	银叶投资	单吉军	2012年12月20日	1.025	1.025	1.28
8	长安稳健2号	乐瑞资产	唐毅亭	2011年6月24日	1.0632	1.0632	0.76
9	鹏扬4期	鹏扬投资	杨爱斌	2012年12月10日	0.9969	0.9969	0.44
10	鹏扬5期	鹏扬投资	杨爱斌	2012年11月1日	1.0143	1.0143	0.26

注:本排名仅统计有明确投资顾问、最新净值日晚于2013年12月15日的债券类基金。

数据来源:格上理财网。

表7-4　2013年度收益前十(期货类策略)

排名	私募基金	基金经理	基金公司	成立日期	最新净值(元)	2013年收益率(%)
1	铖功程序化	刘增铖	银闰投资	2012年8月15日	5.8842	528.185
2	黑天鹅2号	孟庆华	百仕旺	2012年7月6日	6.9999	367.69
3	康腾1号	邓文杰	康腾投资	2012年6月20日	4.3675	153.60
4	柒福2号	叶　刚	柒福投资	2011年8月1日	1.6058	94.85
5	白石组合1号	王智宏	白石资产	2012年4月11日	2.7204	80.82
6	坚果1号	刘海涛	坚果理财	2012年7月6日	2.2469	77.10
7	南昌稳健	周卫兵	稳赢理财	2008年1月7日	6.4654	33.07
8	觉慧基金	范文财	觉慧投资	2012年12月13日	1.2148	27.22
9	双隆量化套利基金2号	孔为民	双隆投资	2012年6月21日	1.4211	17.47
10	颉昂3期	周亚东	颉昂投资	2012年11月8日	1.0526	16.71

数据来源:格上理财网。

表 7-5 2013 年度收益冠军(市场中性策略)

私夏基金	基金经理	基金公司	成立日期	最新净值(元)	2013 年收益率(%)
锝金 1 号	任思泓	金锝资产	2012 年 5 月 25 日	1.3236	22.41

数据来源:格上理财网。

表 7-6 2013 年度收益冠军(宏观对冲策略)

私募基金	基金经理	基金公司	成立日期	最新净值(元)	2013 年收益率(%)
梵基 1 号	张 巍	梵基投资	2011 年 4 月 1 日	1.4053	77.75

数据来源:格上理财网。

(二)按资产管理规模分类

资产管理规模对基金业绩的影响不可忽视。大规模基金对资金运作能力、行业配置要求较高,基金经理的精力消耗较大。大规模基金的基金经理多具备较深的投资经验,在行业中地位较高,其管理资产的高规模也正体现出投资者对其投资能力的认可。小规模基金则相对灵活,流动性风险较低。由于资金体量小,基金业绩与所持个股的相关性更高,对个股调研能力要求也更高,倘若其公司投研团队实力尚浅,可能面临较大的投资风险。格上理财将阳光私募公司的资产管理规模分为三类:大规模(30 亿元以上)、中规模(10 亿~30 亿元)、小规模(10 亿元以下),并分类进行基金的年度业绩比较。

表 7-7 2013 年度收益前十(大规模公司)

排名	私募基金	基金经理	基金公司	成立日期	最新净值(元)	复权净值(元)	2013 年收益率(%)
1	泽熙 3 期	徐 翔	泽熙投资	2010 年 7 月 7 日	1.2512	2.7665	90.22
2	重阳 5 期	陈 心、裘国根	重阳投资	2009 年 12 月 11 日	1.4276	1.4276	46.30
3	融惠优选 1 期(2 号投资组合)	蔡 明	民森投资	2012 年 7 月 23 日	148.24	148.24	43.20
4	景林稳健 2 号	蒋 彤	景林投资	2010 年 2 月 10 日	1.0497	1.2081	38.13
5	尚雅 16 期	石 波、常 昊	尚雅投资	2010 年 12 月 2 日	0.9227	0.9227	35.35
6	展博 3 期	陈 锋、易晓明	展博投资	2011 年 4 月 27 日	1.454	1.454	33.73
7	证大金龙 3 号	朱南松	证大投资	2011 年 8 月 18 日	1.0646	1.0646	31.59
8	从容医疗 1 期	吕 俊、涂 畅	从容投资	2010 年 6 月 30 日	1.3004	1.3004	29.10

续表

排名	私募基金	基金经理	基金公司	成立日期	最新净值（元）	复权净值（元）	2013年收益率（%）
9	金狮181号	许友胜	凯石益正	2010年1月12日	0.851	0.851	26.92
10	淡水泉成长1期	赵　军	淡水泉投资	2007年9月6日	222.02	222.02	24.86

注：每家阳光私募基金公司仅保留一只收益最高的基金。

数据来源：格上理财网。

表7-8　2013年度收益前十（中规模公司）

排名	私募基金	基金经理	基金公司	成立日期	最新净值（元）	复权净值（元）	2013年收益率（%）
1	理成风景2号	杨玉山	理成资产	2009年9月15日	166.07	166.07	58.98
2	博颐稳健1期	徐大成	博颐投资	2009年9月30日	160.95	160.95	56.07
3	世诚扬子3号	陈家琳	世诚投资	2010年12月30日	1.535	1.535	51.75
4	博弘基金（A类）	刘　宏	博弘数君	2010年11月24日	1.4965	1.4965	51.30
5	投资精英（汇利A）	何　震	汇利资产	2009年10月26日	132.55	132.55	47.31
6	新价值15期	罗伟广	新价值投资	2010年9月2日	1.2513	1.2513	43.86
7	明曜1期	曾昭雄	明曜投资	2010年4月2日	134.43	134.43	42.84
8	泓湖重域	梁文涛、李　蓓	泓湖投资	2011年9月29日	1.7333	1.7333	34.36
9	中欧瑞博3期	吴伟志	中欧瑞博投资	2012年4月1日	116.15	116.15	32.76
10	浦江之星28号	任云鹤	彤源投资	2010年2月4日	1.4491	1.9597	31.66

注：每家阳光私募基金公司仅保留一只收益最高的基金。

数据来源：格上理财网。

表7-9　2013年度收益前十（小规模公司）

排名	私募基金	基金经理	基金公司	成立日期	最新净值（元）	复权净值（元）	净值日期	2013年收益率（%）
1	铖功程序化	刘增铖	银闰投资	2012年8月15日	5.8842	5.8842	2013年12月20日	528.18
2	创势翔1号	黄　平	创势翔投资	2012年5月20日	1.8328	1.8328	2013年12月20日	125.55
3	晟乾优势	程　毅	晟乾投资	2012年12月27日	2.1631	2.1631	2013年12月20日	116.33
4	值复趋势1号	刘　强	恒复投资	2009年1月20日	1.3177	1.5507	2013年12月31日	110.18

续表

排名	私募基金	基金经理	基金公司	成立日期	最新净值(元)	复权净值(元)	净值日期	2013年收益率(%)
5	鸿逸1号	张云逸	鸿逸投资	2010年12月16日	0.9709	0.9709	2013年12月27日	97.62
6	龙鼎3号	冯为民	龙鼎投资	2010年8月2日	133.44	133.44	2013年12月27日	85.18
7	梵基1号	张　巍、李正锴	梵基投资	2011年4月1日	1.4053	1.4053	2013年12月20日	77.75
8	坚果1号	刘海涛	坚果理财	2012年7月6日	2.2469	2.2469	2013年12月20日	77.10
9	盛世景3号	路志刚	盛世景投资	2012年11月20日	1.4761	1.4761	2013年12月27日	62.73
10	金河新价值成长1期	金贤昌	金河投资	2010年11月19日	0.7692	0.7756	2013年12月18日	62.09

注：每家阳光私募基金公司仅保留一只收益最高的基金。

数据来源：格上理财网。

三、2016上半年私募基金行业发展情况(数据截至2016年6月30日)

(一)私募基金管理人

1.按登记时间统计

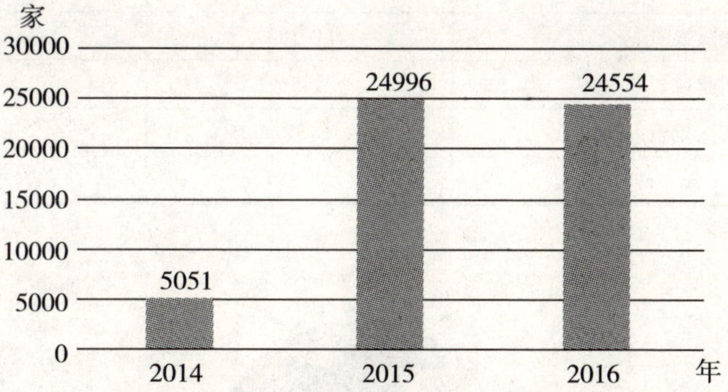

图7-1　私募基金管理人数量(年度)

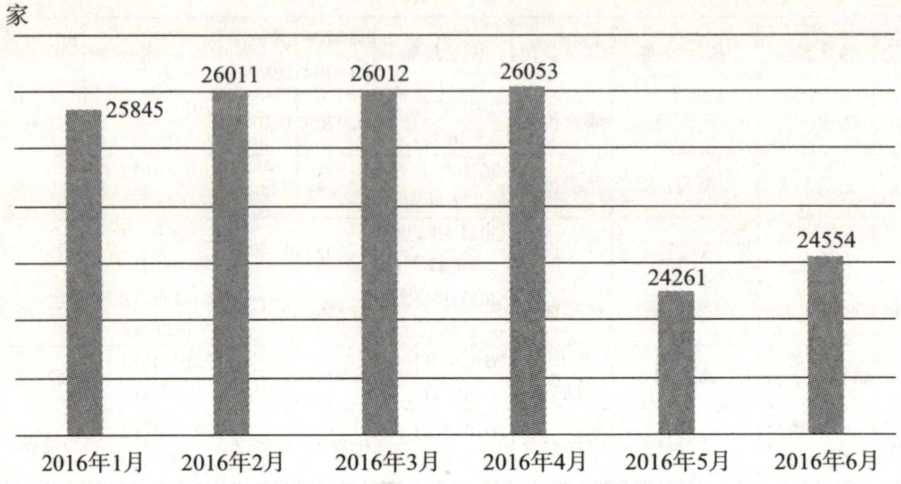

图 7－2　私募基金管理人数量(月度)

2. 按管理类别统计

表 7－10

管理基金主要类别	数量(家)	占比(%)
证券投资基金	10, 953	44.61
股权投资基金	11, 388	46.38
创业投资基金	1456	5.93
其他投资基金	757	3.08
合　计	24, 554	100

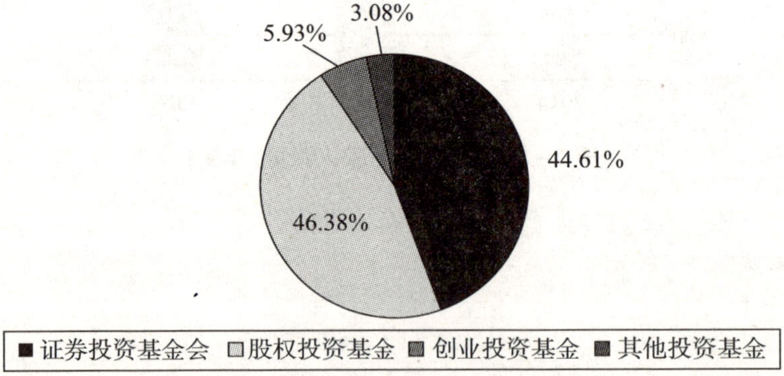

图 7－3　管理基金类别占比

3. 按企业性质统计

表 7-11

企业性质	数量(家)	占比(%)
内资企业	24,319	99.04
中外合作企业	102	0.42
外商独资企业	125	0.51
其他性质企业	8	0.03
合计	24,554	100

4. 按地域分布统计

表 7-12

地域分布(注册地址口径)	数量(家)	占比(%)
北京	5380	21.91
上海	5214	21.23
深圳	5000	20.36
浙江	1422	5.79
广东	1112	4.53
江苏	1100	4.48
天津	476	1.94
其他	4850	19.75
合计	24,554	100.00

地域分布(办公地址口径)	数量(家)	占比(%)
北京	6072	24.72
上海	5259	21.42
深圳	4027	16.40
浙江	1400	5.70
广东	1393	5.68
江苏	1038	4.23
四川	476	1.94
其他	4889	19.91
合计	24,554	100.00

5. 按管理规模统计

(1)私募证券基金(自主发行)管理规模分布

表7-13 私募证券基金(自主发行)管理规模

私募证券基金(自主发行)	数量(家)	占比(%)
50亿元以上	33	0.70
20亿~50亿元	73	1.54
10亿~20亿元	98	2.07
1亿~10亿元	950	20.07
0~1亿元	3579	75.62
合计	4733	100.00

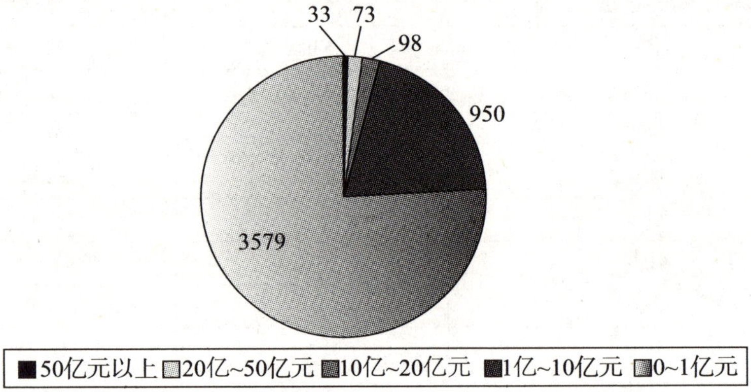

图7-4 私募证券基金(自主发行)管理规模分布

(2)私募证券基金(顾问管理)管理规模分布

表7-14 私募证券基金(顾问管理)管理规模

私募证券基金(顾问管理)	数量(家)	占比(%)
50亿元以上	35	2.84
20亿~50亿元	56	4.55
10亿~20亿元	75	6.10
1亿~10亿元	455	36.96
0~1亿元	610	49.55
合计	1231	100.00

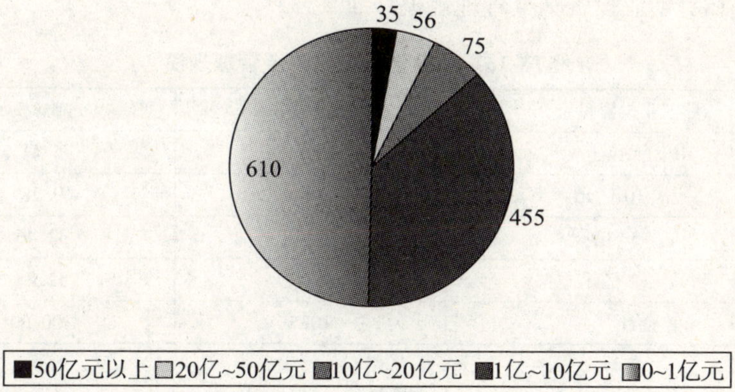

图 7－5　私募证券基金（顾问管理）管理规模分布

（3）私募股权基金管理规模分布

表 7－15　私募股权基金管理规模

私募股权基金	数量（家）	占比（%）
100 亿元以上	60	1.47
50 亿～100 亿元	82	2.00
20 亿～50 亿元	204	4.99
0～20 亿元	3745	91.54
合计	4091	100.00

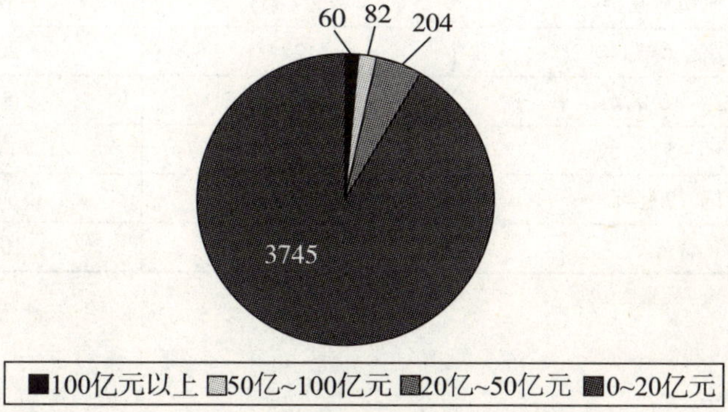

图 7－6　私募股权基金管理规模分布

(4)私募创业投资基金管理规模分布

表7－16　私募创业投资基金管理规模

私募创业投资基金	数量(家)	占比(%)
10亿元以上	56	5.41
5亿～10亿元	96	9.28
2亿～5亿元	336	32.46
1亿～2亿元	547	52.85
合计	1035	100.00

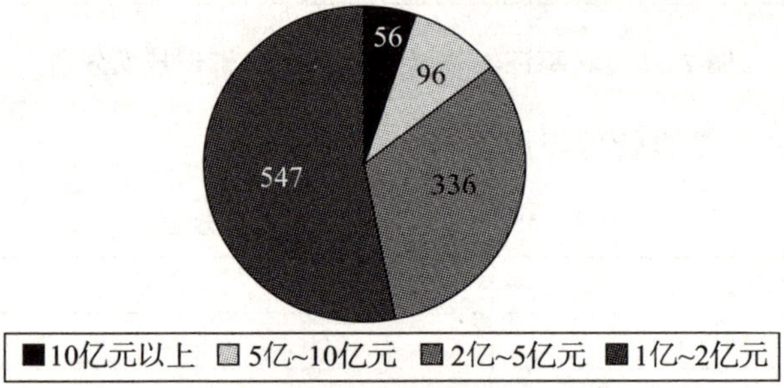

图7－7　私募创业投资基金管理规模分布

(5)其他私募基金管理规模分布

表7－17　其他私募基金管理规模

其他私募基金	数量(家)	占比(%)
10亿元以上	127	20.22
5亿～10亿元	51	8.12
2亿～5亿元	89	14.17
1亿～2亿元	361	57.48
合计	628	100.00

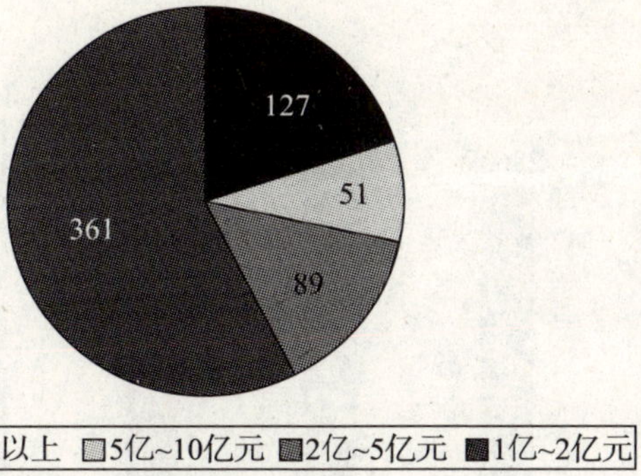

图 7－8　其他私募基金管理规模分布

6. 专项统计

表 7－18

统计项目	数量(家)	占　比(家)
管理类别是证券投资基金	10, 926	100.00
1. 登记满一年以上	5436	48.93
2. 至少已备案一只产品	5177	47.38
3. 实缴资本 100 万元以上	8981	82.20
4. 实缴资本/注册占比比例不少于 25%	7800	71.39
5. 至少两名高级管理人员	10, 392	95.11
6. 设置合规风控高级管理人员	7724	70.79
7. 同时满足以上 6 项	2465	22.65

(二) 私募基金

1. 按登记时间统计

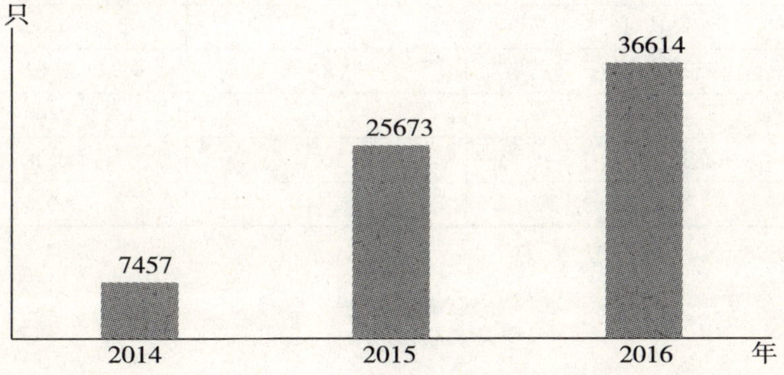

图 7－9　私募基金数量(年度)

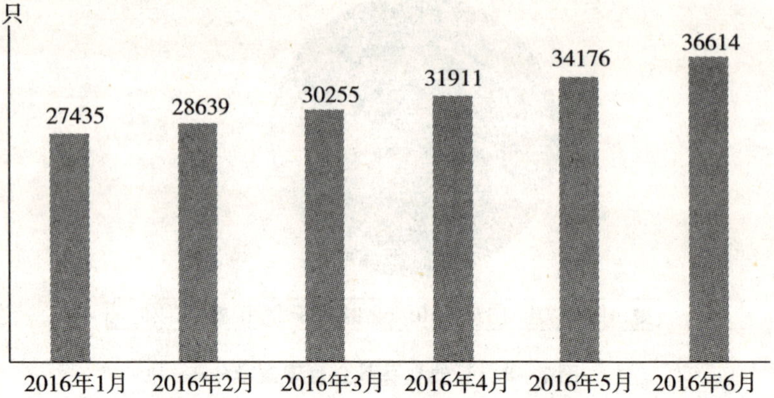

图 7－10　私募基金数量(月度)

2. 按登记类型统计

表 7－19

基金类型	数量(只)	占比(%)
证券投资基金	16,341	44.96
股权投资基金	9619	26.47
创业投资基金	1479	4.07
其他投资基金	3101	8.53
基金专户	1773	4.88
基金子公司	677	1.87
证券公司及其子公司资产管理计划	235	0.65
期货公司及其子公司资产管理计划	433	1.19
保险公司及其子公司资产管理计划	18	0.05
信托计划	2556	7.00
银行理财产品	8	0.02
QFII	1	0.00
其他投资基金	103	0.28
合计	36,344	100.00

3. 按管理类型统计

表 7－20

管理类型	数量(只)	占比(%)
受托管理	30,098	82.20
顾问管理	5812	15.88
自我管理	704	1.92
合计	36,614	100.00

4. 按是否托管统计

表 7－21

是否托管	数量(只)	占比(%)
有托管	22,345	61.03
不适用托管	9264	25.30
待定	5005	13.67
合计	36,614	100.00

5. 按运作状态统计

表 7－22

运作状态	数量(只)	占比(%)
正在运作	32,161	87.84
正常清盘	1073	2.93
提前清盘	2090	5.71
延期清盘	442	1.20
待定	848	2.32
合计	36,614	100.00

(三)私募基金托管人

1. 按托管人属性统计

表 7－23

托管人属性	数量(只)	占比(%)
商业银行	28	66.67
证券公司	14	33.33
其他金融机构	0	0.00
合计	42	100.00

2. 按托管基金数量统计

表 7－24

托管基金数量	数量（只）	占比(%)
商业银行	9178	41.07
证券公司	13, 167	58.93
其他金融机构	0	0.00
合计	22, 345	100.00

(四) 私募从业人员分布统计(数据截至 2016 年 6 月 30 日)

表 7－25

从业人员	数量（只）	占比(%)
法定代表人	24, 554	5.53
高管	70, 538	15.89
员工	348, 728	78.58
从业人员	443, 820	100.00

来源:银河证券基金研究中心。

第八章　证券公司资产管理业务风控体系

第一节　概　　述

证券资产管理需求产生于投资者渴望获益但又畏惧风险的矛盾心理。委托人将自有资产托付给资产管理人的过程实际上也就是将控制风险的职责转移给资产管理人的过程，因此说证券公司在开展证券资产管理中如何进行有效的风险控制就显得格为重要。经历了二十多年的发展和规范，我国的证券法规和证券公司的规章制度已确定了一套科学合理的“事先防范、事中控制、事后补偿”的风险控制体系。资产管理的风险控制也已经纳入到这一体系中。

证券资产管理的发展建立在完善的风险控制制度之上。不断完善各项管理制度，努力把风险控制在最低限度，促进证券资产管理健康、有序的发展，主要体现在以下几个方面：

1. 保证证券资产管理与自营投资业务、经纪业务等相互独立运作，确保证券资产管理独立核算。

2. 每笔证券资产管理严格按业务授权进行审核批准，客户委托资金的投资策略、投资品种等均严格按授权和合同规定办理。

3. 随时评估和监控每笔受托资金的管理效益，有效避免各项受托资金的重大损失，坚决防止证券资产管理的不道德行为。

4. 建立有效的风险补偿制度。从证券资产管理的业务收入中提取证券资产管理风险准备金，以应对意外风险的发生。

证券公司资产管理风险有效管理的基础在于必须构建一个高效、完整的风险控制体系，为风险控制战略的确定和实施提供可靠的保障。

风险控制体系的目的在于确定合理的风险控制战略，构建具有明确的风险控制目标、职责分明的风险控制组织体系、包括风险辨识、测量、监控和报告等过程的风险控制功能体系以及为风险控制提供支持的信息管理系统。

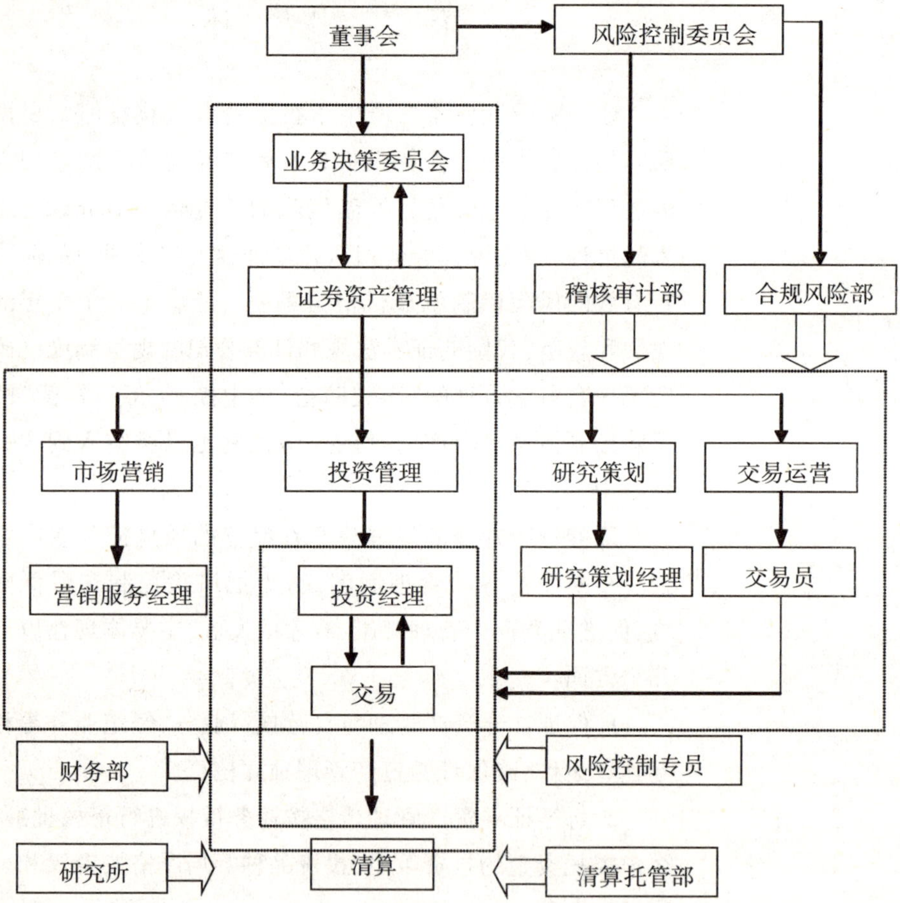

图 8－1　证券资产管理部门组织架构和业务决策

第二节　证券资产管理风险控制的组织系统

完善的组织系统是证券公司实施有效的风险控制的基础。公司的风险控制系统必定与公司的组织结构、业务实践以及风险偏好相符。虽然风险控制系统因公司业务的规模与复杂程度的不同而不同，但都有一些基本的要求：一个全面的风险控制与控制战略、完成这一战略的政策与程序、风险度量与控制方法、战略实施的监督与报告系统以及战略、政策与程序的有效性本身的实时评估与反馈系统。这些基本要求都需要有效的组织结构作为支撑，否则再好的风险控制战略也无法得到有效实施。

证券公司资产管理风险控制的组织体系分为两个层次：一是总公司层次的风险控制组织体系；二是资产管理子公司或资产管理部门内部的风险控制组织体系。

表8－1　证券公司信息需求概览

管理层次	综合程度	信息特征
风险控制委员会、总经理	对整个公司风险的综合评价	集中于风险概览
		高度综合的评估
		只列示最重要的风险战略和最大的风险位置
		趋势报告
		条形图、饼图以及综合性表格
		每周、月度、季度报告
部门负责人	业务部门层次的风险综合	高度综合的风险评估，同时深入了解风险产生的具体来源和细节
		每天、每周和月度报告
业务单位负责人	业务单位内部的风险综合	详细的总结性表格
		往往集中于某一类风险
		实时报告和每日报告
投资经理	个人状况和风险暴露	个人风险情况
		详细具体的风险信息
		主要表格
		实时报告和每日报告

一、公司层次的风险控制组织体系

1. 董事会是风险控制体系中的最高机构,并为公司承担的风险承担最终责任。董事会必须基于全局的角度综合考察证券公司整体的风险暴露情况,必须规划公司的各项业务发展战略以及相应的风险控制与控制战略,通过风险控制制度和计量体系的建立确保公司资产管理的稳健发展。

主要职责包括:

(1)全面识别公司风险暴露状况,明确公司对风险的偏好及资产管理部门风险控制的目标;

(2)确定证券公司所能接受的风险水平;

(3)审批风险控制委员会提交的风险控制规划;

(4)制定进行风险控制所必需的风险控制文化和激励机制。

2. 风险控制委员会隶属于董事会并直接对其负责,董事会将风险控制的日常决策权和风险控制资格授予执行委员会。根据监管重点不同,执行委员会下设三个部门:一是风险政策部门;二是合规性审计部门;三是风险控制执行部门。

风险控制委员会应当由一定比例(如30%)的外部董事构成,其主要职责是负责考虑整个企业的风险控制理念及战略问题,集行政检查监督、业务稽核审计和内部管理于一身,直接对董事会和总经理负责。具体包括:

(1)委员会向董事会提交独立风险报告;

(2)委员会有权审阅所有的日常交易记录,听取风险控制经理、风险政策负责人的汇报,形成风险控制建议;

(3)向董事会提出风险控制建议、分工和责任制度;

(4)雇佣有经验的专业人员和设立适当的业务操作系统;

(5)建立独立的风险控制部门来度量、控制和报告风险;

(6)建立稽核检查制度和稽核处罚制度;

(7)督促各项内部管理措施和规章制度的贯彻实施,保证独立地履行监督反馈职能;

(8)定期检查风险程度;

(9)经常重新评估审视"风险控制政策";(10)法律、税收、会计等事项的安排。

3. 风险政策部门主要根据公司发展和市场情况,确定公司的风险政策,并确保风险控制战略的有效实施。风险政策部门主要职责是制定风险政策（该政策必须通过执行委员会向董事会汇报并得到董事会的认可）。

4. 合规部门主要负责审计公司业务过程中的合规性，不对业务的风险大小进行评估和判断。合规部门主要职责：

（1）审计公司业务过程的合规性；

（2）定期向风险委员会提供报告。

5. 风险控制执行部门。风险控制执行部门下设两个部门：一是业务风险控制部；二是资金风险控制部。业务风险控制部主要是针对各个具体业务的风险进行评估和综合。资金风险控制部主要是对公司整体资金运营情况进行评估。风险控制执行部门由相应的高层管理人员或风险控制专业人员组成。其主要职责为：

（1）颁布各种风险控制的标准和程序，建立合理的风险度量机制；

（2）建立合理的风险限额分配制度，以控制业务部门的风险；

（3）进行风险测量、监控和评估；

（4）及时向风险控制委员会报告风险控制的必要信息，报告风险暴露情况；

（5）就存在的问题与各业务部门或子公司的风险控制部进行联系。

证券公司的各业务风险控制采取如图 8－2 所示的组织结构。

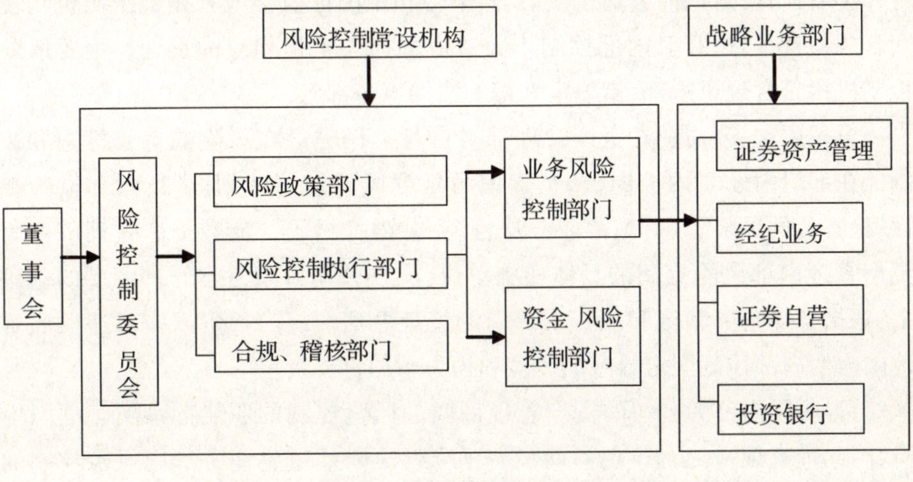

图 8－2　证券公司各业务风险控制的组织框架

二、证券资产管理部门内部的风险控制组织体系

证券公司以“风险控制委员会”为核心，在证券资产管理部门设立风险控制部。

风险控制部的主要职责为：1. 测量、监督和评估资产管理部门的风险暴露情况，并定期向风险委员会及其下属的风险控制部门提交报告；2. 提出针对风险来源的具体控制办法；3. 拟定本部门或公司风险控制的各项制度，作为高层的风险参谋，策划风险控制的各项工作，如部门及交易员风险限额、风险计量方法等；4. 提出风险控制的改进办法；5. 建立有效的事后补救机制。

资产管理子公司或资产管理部门的风险控制部是风险控制委员会的直接支持者。风险控制的报告路线必须独立于公司资产管理部门或其他战略业务部门的管理层，独立向风险控制部门汇报，再由风险控制委员会独立向董事会汇报。

证券资产管理风险控制组织体系包括三个层次：

第一层次：公司董事会对证券资产管理的各类风险进行预防和控制，主要管理机构是董事会下设的风险控制委员会及董事会审计。

第二层次：公司管理层对证券资产管理运作风险进行预防和控制，合规总监负责对证券资产管理部经营管理行为的合规合法性进行事前审查、事中监督和事后检查，定期向公司董事会、监事会和中国证监会或者相关派出机构提交合规检查报告，并对内部控制不力造成的损失承担相应的责任。主要风险控制机构是合规风险部、稽核审计部和法律事务部等。

第三层次：公司证券资产管理部对自身工作中潜在风险的自我检查和控制。在部门内设立内控岗位，负责编写年度风险控制计划，进行内部风险测评，检查各类风险隐患，规范业务流程，完善内控措施。证券资产管理部作为资产管理内部风险控制的具体实施单位，应在公司各项基本管理制度的基础上，根据具体情况制定和执行本部门的管理办法。部门负责人应对违反职责范围内的内部控制规定导致的风险和损失承担首要责任。

目前，国内证券公司的资产管理部门的风险控制的职能都隶属于部门本身，因此带有很强的自律色彩而没有独立性。因此重整业务部门风险控制的组织结构和报告路线、遵守一致的风险控制政策、运用科学的测量和监控方法显得尤为必要。

在风险管理的框架下，负责业务风险控制的证券资产管理工作小组承担起了对证券资产管理风险控制的责任。该工作小组对资产管理子公司或证券资产管理部门的风险进行日常监控和管理，并将有关风险的报告上传至风险控制执行部门，再由风险控制执行部门将其与其他业务部门风险报告汇总报告至董事会。该工作小组不再隶属于公司证券资产管理部，体现了证券资产管理风险控制的独立性。

三、资产管理风险控制的信息传递系统

有效的风险控制依赖于信息的准确传递。从公司管理层到普通的交易员，都需要及时得到所需的风险信息，但对不同的人，所需的风险信息是不一样的。因此，最理想的情况是，风险信息通过一个整体的组织框架进行传递，并且在此组织框架下，风险信息按不同的层次进行揭示。

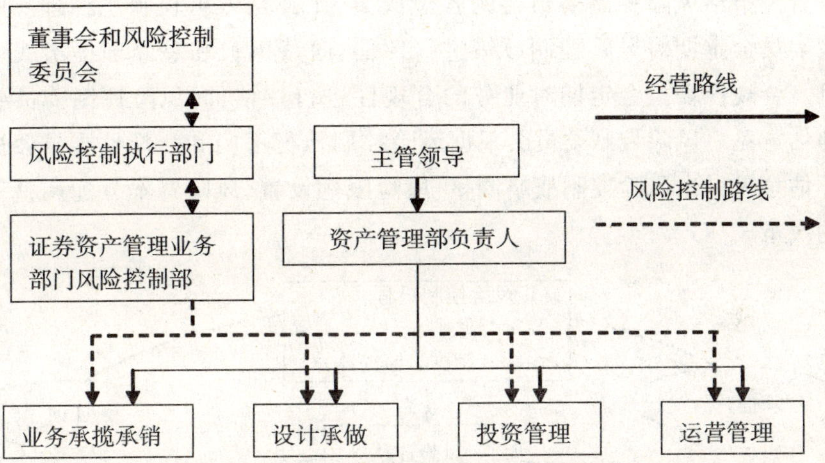

图 8－3　资产管理部门风险控制组织

风险信息在证券公司的组织体系内的传递路线如图 8－3 所示

1. 风险控制信息的传递过程

风险控制委员会及其下属的风险政策部门做出风险控制决策信息，其是以风险控制政策的形式传递给风险控制执行部门。再由风险控制执行部门根据风险控制决策信息，并同时考虑资产管理子公司或资产管理部门风险控制部收集的具体风险信息和交易信息，将这些决策信息进一步转化为具体的风险控制信息，其是以各种风险控制的标准和程序、合理的风险限额分配等形式传递给资产管理子公司或资产管理部门。

2. 风险信息的传递过程

资产管理子公司或资产管理部门的风险控制部每日下班之前将他们直接收集到的有关资产管理的风险信息和对风险情况的评价向业务风险控制部、本部门领导分别报告。风险控制执行部门把各子公司和业务部门的风险控制部的上报结果进行进一步的汇总整理，即对风险信息进行定期核实和汇总分析，包括使用风险控制指标模型和极值分析对风险信息进行综合和调整，同时对风险信息和风险资本信息进行分析和评价，风险控制执行部门将这些经过调整和扩充的信息进行分类并通过各种形式上报到上一级风险控制部门。

在正常情况下，风险控制执行部门应该把每周总结报告、月度报告和季度报告汇报给风险控制委员会的各位成员，尤其是董事长和总经理。风险政策委员会定期对风险控制政策进行评估，向董事长和总经理提出战略性意见。合规性委员会定期对业务的合规性进行评估，向风险控制委员会提出评估意见。风险控制委员会根据风险控制执行部门和合规性委员会提出的评估意见做出风险控制战略调整、风险限额设置、风险资本分配调整等方面的决策。

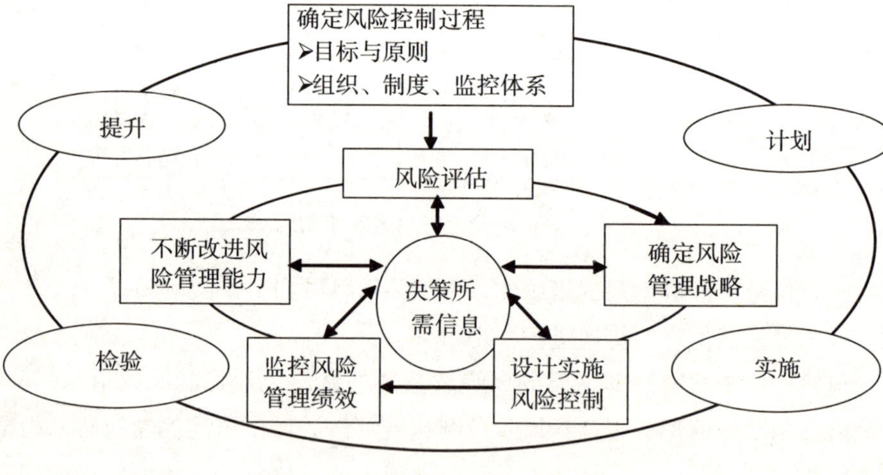

图 8－4　风险控制体系的信息流程

第三节 证券公司资产管理风险控制的功能系统

证券公司资产管理风险控制的功能系统可分为风险控制战略的制定、风险控制技术(风险测量、控制和报告)及风险控制层次三部分。

一、风险控制战略

证券公司风险控制战略主要包括风险控制的目标、方向以及公司的风险承受度。董事会是风险的最终承担者,因此,其拥有风险控制战略的最终决策权,其权力由其设立风险控制委员会来行使。管理委员会通过从下级风险控制部门获得必要的业务和风险控制信息,从而全面和专业地了解公司的风险状况和业务状况,进而在此基础上拟定风险控制战略,确定风险控制战略实施的完整政策、程序及内部控制制度。证券公司资产管理风险控制战略只是其中的一部分。

二、风险控制技术

风险控制战略的有效实施有赖于科学的风险控制技术。风险控制技术包括四方面内容,即风险测量、风险监控、风险限额和绩效评估,其通过建立风险控制模型和程序,测量和评价证券公司资产管理风险暴露情况,监督资产管理部门风险限额的制定和实施。

1. 风险测量和风险监控

风险测量和监控是资产管理子公司或资产管理部门的风险控制部汇总本部门的风险,并监控和比较本部门的风险限额的合规性,对超出风险限额的部分通过风险控制执行部门上报给风险控制委员会以采取相应的协调措施。

2. 风险限额

风险限额建立在机构、业务部门、小组和交易员等不同层次上,体现董事会和执行委员会对资本配置的决定。风险限额包括基于风险控制指标的风险资本限额和基于灵敏度的风险限额。风险控制指标限额是对包含多个市场因子的风险的总体限额,灵敏度限额是对单个市场因子风险的控制。执行委员会应根据风险控制执行部门和资产管理子公司或资产管理部门的风险控制部提出的建议,并考虑相关风险的影响,定期制定和调整资产管理的风险限额,以保证风险限额与绩效和总体风险资本限额相协调。

3. 绩效评估

绩效评估的目的在于根据业务部门的风险/收益状况为执行委员会在各业务部门之间有效配置资本提供依据。绩效评估的常用方法是风险调整的绩效测量方法，如风险调整的资本回报方法（RAROC）。

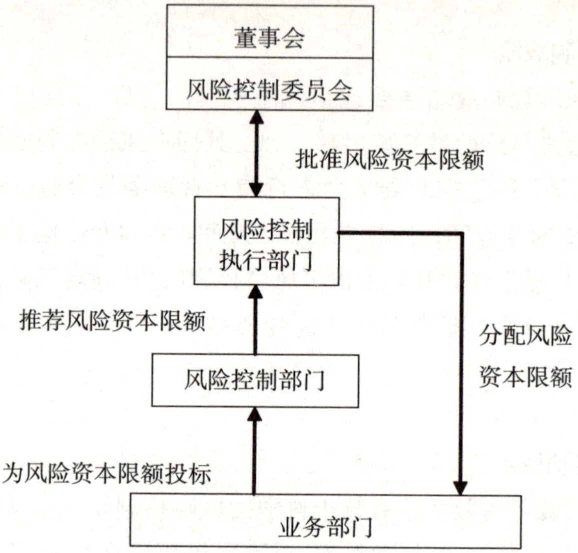

图 8－5　风险资本配置过程

三、风险的控制层次

控制是风险战略得以实现的重要保障，其与风险控制的组织体系是相对应的。

在资产管理部门，交易员主要进行金融工具的交易，其风险控制的重点应是通过风险规避、分散和转移的方法来控制风险暴露，主要的控制方法是对冲技术，而在进行对冲时应掌握相关金融工具对市场因子的敏感度。因此，在业务部门进行风险控制的主要方法是灵敏度方法，它提供了对交易风险更准确的分析与测量。交易员必须实时了解交易头寸对市场因子的灵敏度，分析可能的交易、可能的市场因子的变动对灵敏度的影响，以使交易风险控制在获准的风险限额内。

在资产管理子公司或资产管理部门的风险控制部，其风险控制的核心在于必须对资产管理各种类型和特征的独立交易风险进行综合性测量，并将其在资产管理部门层次进行集成，以确定资产管理部门的风险暴露情况是否在风险限额内。

在风险控制委员会和风险控制执行部门层次，风险控制的重点在于根据资产管理子公司或资产管理部门的风险控制部门所提供的风险信息对资产管理的风险控制政策做最后的决策和调整，以提高资产管理风险控制策略的有效性，主要包括风险资本限额的确定、分配和调整，以及风险调整的绩效评估。

第四节　证券资产管理业务的政策监管

一、目前的监管环境趋于严厉

2014 年底，随着央行降息通道的打开及改革预期的提升，市场资金面逐步趋于宽松，牛市行情逐步开启。2015 年场内及场外杠杆的共同作用，促使“慢牛”行情转变为“疯牛”行情，上证指数及创业板指数年内涨幅高达 66% 和 175%。“疯牛”推动 A 股从年初的 1464 点升至 5178 点，终于在 6 月见顶。2015 年年中股市异常波动，A 股市场经历了多次断崖式下跌。在去杠杆效应之下，此番杠杆资金推动的牛市由于杠杆资金的平仓直接导致股市连环下跌。为了防止场外配资的卷土重来，2015 年 7 月 12 日，中国证监会紧急颁布《关于清理整顿违法从事证券业务活动的意见》，严格规范证券账户实名制，清理开立虚拟证券账户、借用他人账户或出借本人证券账户、代理客户证券等行为。2015 年 11 月 27 日中国证监会下发的《关于规范证券期货经营机构涉嫌配资的私募资管产品相关工作的通知》（以下简称《通知》），旨在进一步做好清理场外配资工作，此次整顿主要针对证券期货公司管理的涉嫌从事配资等违法活动的私募资产管理产品。目前场外配资的形式主要有两种：一是传统的线下配资，主体主要是银行和信托公司。在这种方式下，资金批发商和银行等金融机构直接对接，将筹得的资金分配给各投资人。二是基于互联网的线上配资。线上配资的兴起得益于软件平台的大力发展。2011 年之前，已经有许多软件公司针对线上配资业务开发相应软件，此时配资仅限于股票质押融资业务。2012 年，恒生 HOMS 及上海铭顺等公司为满足日益增长的信托杠杆化需要，开始致力于标准化配资软件的开发。配资公司通过 HOMS 等系统，完成子账户的分拆,设立平仓线及预警线等风控功能。以 HOMS 系统为例,配资公司通过此系统,将母账户分拆为多个二级虚拟子账户。

由于子账户在理论上可以无限分割,投资者门槛得以大大降低,在场外配资及软件的催生下,私募资产管理产品名下的子账户数量大幅增加。另外,部分资产管理机构还设立包含优先级、劣后级(及夹层)的资产管理产品,优先级(及夹层)享有固定收益,劣后级获得剩余收益;整体资产管理计划由劣后方以投资顾问形式直接执行投资指令。此类资产管理产品为劣后方放杠杆提供了条件。

《通知》的颁布,主要对三类开展配资的私募资产管理产品进行了约束:第一,下设分账户、子账户、虚拟账户的资产管理产品;第二,伞形资产管理产品下设不同的投资管理人,这些子伞形资产管理产品共用同一个证券账户;第三,投资于股票市场,优先级享有固定收益,劣后方以投资顾问形式直接执行投资决策的资产管理产品。场外配资一直游走在监管的灰色地带,《通知》针对场外配资下的私募资产管理产品,进行了进一步的规范。同时,也是继《关于清理整顿违法从事证券业务活动的意见》之后,有关部门对于场外配资监管的进一步细化与重申,对于稳定市场、规范证券行业经营业态,有着举足轻重的意义。

2014 年 11 月 21 日,中国证监会正式发布《证券公司及基金管理公司子公司资产证券化业务管理规定》及相关配套规则,这是中国资产证券化市场的标志性事件,意义较大。新修订的《管理规定》允许证券公司和子公司等开展资产证券化业务,有助于扩大资产证券化产品的受众群体和降低发行综合成本。而取消了证监会审批的环节,改为采用备案制将会大大提高发行效率,带来资产证券化市场的扩容。2015 年底,证券公司资产管理规模超过 11 万亿元,较上年增长 38%。根据基金业协会公布的数据,2015 年受监管措施的影响,以资产证券化(ABS)为主的专项业务发展迅速,规模 1793 亿元,比 2014 年增长 239. 17%。而占资产管理总规模九成的以通道业务为主的定向资产管理计划增幅仅为 40. 02%。据 Wind 统计,2015 年证券公司共发行了 204 只资产证券化产品,发行面额达到 1969 亿元,几乎为过去九年发行面额总和 781 亿元的三倍。由此可见,受益于政策影响,2015 年资产证券化迎来了爆发元年。

2015 年 3 月 5 日,中国证券投资基金业协会发布了《证券期货经营机构落实资产管理业务“八条底线”禁止行为细则》(以下简称《禁止行为细则》),旨在落实2014年9月“郑州会议”精神，进一步明确和细化“八条底线”监管内容，加强对证券期货经营机构私募资产管理业务的自律管理。《禁止行为细则》自发布之日起实施。基金业协会明确表示，《禁止行为细则》适用于证券期货经营机构开展的私募资产管理业务，不适用于证券公司、基金管理公司子公司按照规定开展的资产证券化业务。《禁止行为细则》发布之日前存在的与《禁止行为细则》规定不符的资产管理计划应当及时进行整改，整改后仍不符合《禁止行为细则》要求的，应当到期终止，不得展期。基金业协会将依据相关法律、法规及自律规则对《禁止行为细则》执行情况进行检查，并对违反《禁止行为细则》规定的证券期货经营机构采取相应自律管理措施。涉嫌违反法律法规或监管规定的，基金业协会将移交中国证监会处理。此外，基金业协会将根据证券期货经营机构私募资产管理业务实际情况不断调整和完善《禁止行为细则》相关内容。

2015年11月27日，为了进一步做好清理整顿违法从事证券业务的工作，中国证监会向证监局下发《关于规范证券期货经营机构私募资产管理产品配资的通知》(以下简称《通知》)，进一步全面排查证券期货经营机构涉嫌配资的私募资产管理产品情况，继续按照“摸清底数、突出重点、疏堵结合、稳妥处置”的原则，有序推进清理整顿工作，促进资本市场长期稳定运行。该《通知》部署了从四个方面对配资类型的私募资产管理产品展开后期的清理工作：一是各证监局在中国证券投资基金业协会前期摸排数据的基础上，督促辖区证券期货经营机构进一步甄别、确认涉嫌配资的相关私募资产管理产品；二是明确了需规范的三类私募资产管理产品范围及标准，相关数据核实与后续清理规范应按该既定标准进行；三是分类推进清理规范工作，坚决清理私募资产管理产品中下设子账户、分账户、虚拟账户等情形，有序规范涉嫌配资的优先级委托人享受固定收益、劣后级委托人以投资顾问等形式直接执行投资指令参与股票投资的私募资产管理产品；四是持续关注利用“一人多户”、线上转线下等新型场外配资及其风险，督促各证券期货经营机构建立健全识别、监测、防范场外配资活动的工作制度和流程。

二、严控政策密集出台

目前，中国证监会对资产管理行业总体监管的整体原则为“兴利除弊、回归本质”，引导资产管理业务回归本源，“强化底线、稳中求进”，平稳有序地化解风险。同时,根据资产管理业务定位,分类处理现有多类业务,即明确禁止产品刚性兑付和结构化配资业务,禁止资金池;限制通道类业务和非标融资业务;加大对投资顾问产品和结构化产品的规范力度;鼓励有能力的机构拓展主动投资管理类业务。证监会、基金业协会等多次强调并要求资产管理业务"减少监管套利,脱虚向实、坚守主业,围绕并服务于实体经济",并指出"通道业务不是资产管理业务重点,早晚要消亡",要求资产管理机构应在有效控制风险的前提下,回归主业,围绕自身资源禀赋,审慎开展资产管理业务。从2017年一季度中国证监会监管通报来看,对行业违法违规处罚力度明显加大,处罚尺度、金额均按照最严格的标准执行。

证监会针对资产管理行业先后推出多个监管规定,总体监管思路由"鼓励创新"转为"防风险、降杠杆、守底线、回本源",具体体现在:

中国证监会发布的《证券投资基金管理公司子公司管理暂行规定》(已失效)、《基金管理公司特定客户资产管理子公司风险控制指标指引》(已失效),将基金子公司资产管理业务纳入净资本监控体系,对基金公司子公司提高资本约束,加强风险管理,严控通道业务。

2016年6月,中国证监会修订《证券公司风险控制指标管理办法》及其配套规则,对净资本、风险资本准备计算公式及杠杆率等指标进行改进,构建更加合理有效的风控指标体系,其中大幅提高了通道类、非标类、分级类资产管理业务风险资本准备计提比例,鼓励证券公司资产管理向主动管理业务转型。

2016年7月,中国证监会发布实施《证券期货经营机构私募资产管理业务运作管理暂行规定》,明确资产管理业务开展必须遵循的"新八条底线",其中将风险较高的股票类、混合类产品杠杆倍数上限由10倍下调至1倍,明确了固定收益类结构化资产管理计划的杠杆倍数不得超过3倍,其他类结构化资产管理计划的杠杆数不得超过2倍。同时明确结构化资产管理计划的总资产占净资产的比例不得超过140%,非结构化集合("一对多")资产管理计划的总资产占净资产的比例不得超过200%。除此之外,中国证券投资基金业协会在此基础上加强产品备案管理,陆续出台4个产品备案规范文件,对现存的资产管理业务模式、产品结构产生非常大的冲击,结构化产品名存实亡,行业涉及房地产融资的资产管理业务基本停滞,符合要求的投资顾问机构非常稀缺。

与此同时,中国人民银行、中国证监会、中国基金业协会等多次强调并要求资产管理业务"减少监管套利,脱虚向实、坚守主业,围绕并服务于实体经济”。2016年7月，中国证监会副主席李超在《证券公司风险控制指标管理办法》培训会上提到，部分资产管理行业创新跑偏方向，通道业务不是资产管理业务重点，早晚要消亡，证券公司资产管理业务需要回归主业，大力发展主动管理业务。

2017年2月21日，中国人民银行起草《关于规范金融机构资产管理业务的指导意见》，对金融机构资产管理业务进行规范。对证券公司资产管理业务的影响主要体现在限制通道类业务和非标业务。

《关于规范金融机构资产管理业务的指导意见》(征求意见稿)出台，这是央行最新发布的统一资管监管标准的新规，被认为是未来相当长时间内对大资管市场产生影响的纲领性文件。除杠杆比例限制、投资集中度限制、风险准备金要求外，其他相关内容都需要进一步明确细化。人民银行、中国银监会、中国证监会、中国保监会、外汇局之间已经在统一资产管理业务标准和规制等许多问题上初步达成了一致，金融监管协调机制将消除目前普遍存在的监管套利和政策通道现象。

三、违规处罚力度进一步加大

2016年以来，证监会(局)、基金业协会加大资产管理行业检查执法力度，多家证券公司资管、基金公司及其子公司面临暂停备案(相当于停业整改)的处罚，其中民生加银资产管理有限公司因“资金池”业务被证监会暂停备案3个月、被基金业协会暂停备案6个月，合并执行相当于停业9个月；中信信诚资产管理有限公司因“资金池”业务被暂停备案6个月；鑫沅资管因“资金池业务”被上海证监局采取行政监管措施，责令其进行为期3个月的整改并暂停业务备案；爱建证券、中航证券因所管理资产管理计划“透支”分别被上海证监局、江西证监局处罚；另有多家证券公司、基金子公司及私募管理人因违规关联交易、利益输送、违规销售推广、杠杆比例超标、备案违规、参与场外配资等问题遭到处罚。

2017年开市不到两个月，中国证监会已经给出33份行政处罚！业内人士表示，这节奏大有超越2016全年218份处罚决定书总量的架势。多家大证券公司“受罚”，从处罚对象来看，大部分都是规模较大的上市证券公司，包括华泰证券、兴业证券、东方证券、广发证券、海通证券、国信证券等。而从涉及的部门来看，涵盖了营业部、投行部、研究所，甚至公司高管。

证券公司迎来强监管年！

四、监管标准趋同，同业竞争趋于白热化

目前资产管理行业拼图格局中，银行、保险、信托、基金及子公司、证券公司资产管理、期货资产管理、私募基金、P2P呈现“百花齐放、百家争鸣”的景象，各资产管理主体之间的差异正逐步缩小，适用的监管规则正逐步趋同，造成各机构之间的竞争进一步加剧。具体而言，银行理财(除私人银行产品外)、公募基金得益于投资起点低，客户群体较广，且单只产品不受人数限制，在募集推广时具有较大优势，但投资限制较多。私人银行理财产品、信托、基金专户及基金子公司资产管理计划、证券公司资产管理计划、期货资产管理计划、私募基金等属于私募产品范畴，在合格投资者认定、产品投资范围等方面具有更大灵活性，证券公司资产管理计划相对较严格，不得投资于非标资产。

随着《基金管理公司特定客户资产管理子公司风险控制指标管理暂行规定》的实施，基金子公司原享受的不受净资本约束的政策红利消失，且“新八条底线”实施后，证监会监管下的私募产品监管规则进一步趋同，监管套利机会将逐步减少。下一步，证监会将研究推出针对证券公司资管、基金子公司、期货资产管理统一的业务管理办法，届时证监会监管下的私募资产管理业务机构遵循的业务规则将基本一致。

2017年2月，中国人民银行牵头中国银监会、中国证监会、中国保监会制定《关于规范金融机构资产管理业务的指导意见》(以下简称《指导意见》)，统一资产管理业务的标准和规则，禁止资产管理产品嵌套，相当于将目前存量规模最大的通道类业务变相叫停，严管“资金空转”，引导资金“脱虚向实”。《指导意见》实施后，靠纯粹的冲规模、博收益的模式将明显受到挑战，政策红利消失，未来资产管理行业的收益更多靠精细化的资产定价和负债管理能力；同时提出限制非标资产投资，明确禁止资产管理产品直接或间接投资于非标准化商业银行信贷资产及其收益权、非金融机构发行的资产管理产品或者管理的金融资产及法律法规和国家政策禁止进行债权或者股权投资的行业和领域，实施限额管理，禁止期限错配，控制并逐步缩减非标资产规模。

在目前中国金融格局下，银行仍然一支独大，在客户、资产等方面具有天然优势，许多银行逐步避开“分业经营”的枷锁，通过股权设计向金融控股集团转型，逐步实现“混业经营”，具有相关背景的资产管理机构则受益匪浅，比较典型的案例包括民生加银(依托民生银行)、招商财富(依托招商银行)、平安大

华(依托平安银行)、鑫元基金、鑫沅资产(依托南京银行)、浦银安盛(依托浦发银行)、中信系下的中信证券、中信建投、中信信诚、兴业银行下的兴业基金、兴业财富等,均通过集团化优势在短期内实现了业务规模的快速增长。

随着业务规则的趋同,各类型资产管理机构在争夺客户资源、资产、人才等方面的竞争进一步加剧,主要体现在管理费率的下行、"资产荒"的延续、人才的流失、"金融控股集团"的出现。

以通道业务为例,在2012年证券公司行业创新大会召开之前,信托公司开展通道类业务费率平均在0.15%~0.2%。2012年之后,随着资产管理业务"一法两则"的修订,资产管理实现"松绑",大量证券公司通过"低费率"加强与银行的合作抢占信托市场份额,通道费率降为0.1%左右。到2013年,随着大量基金子公司的设立,得益于投资范围较广且不受净资本约束,基金子公司通道业务规模迅猛发展,相应的通道费率降至0.03%~0.05%,个别甚至降至0.01%或以下,而行业内不断爆出通道业务案例,造成风险收益不匹配。

与此同时是"资产荒"的进一步延续。以股票质押式回购业务为例,融资利率已经从年初的6.5%左右急剧下滑至目前的5%左右,银行及部分自有资金充裕的证券公司融资利率已经低于5%,但随着竞争加剧,股票质押业务标准一再降低,此类业务积累的风险也在不断增加。随着资产管理经营主体的增多、管理规模的增大,受托管理资金投向趋于一致,造成优质资产越来越稀缺,资产收益水平一路下行。在此背景下,通过放松标准追求高收益的方式已不可取,反向倒逼资产管理机构改变思路,提高投资研究能力、客户服务水平,即通过制度设计、激励机制创新吸引优秀人才,利用自身资源禀赋,通过软实力的提升及差异化在行业中占有一席之地。

第五节　案例分析

一、万家基金子公司项目陷兑付危机

从2012年11月第一家基金子公司获批以来,通道业务助力其资产管理规模直抵10万亿元,而在这10万亿元的背后,却是近两年曝出的五花八门的违约事件。

有投资者反映其在2014年初通过钜派投资了万家基金管理有限公司旗下子公司万家共赢资产管理公司发行的一款万家共赢安阳德宝二期专项资产管

理计划。

万家共赢安阳德宝一对多专项资产管理计划的推介书内容显示，资金将被用于新开发项目“安阳国贸中心”和“德宝国际名城”的后期工程建设，认购资金在100万～300万元之间的，委托人预期年化收益率在10.7%，金额在300万元以上的，预期年化收益率将达到11.5%。按季分配收益，到期一次性分配本金及收益。

据上述投资人反馈，自2014年1月购买理财产品之后，他只拿到过4次利息，2015年1月拿到最后一次收益之后，产品便出现了明显的兑付困境。2015年4月，利息没有如期到账，上述投资者及其他几位投资者于是便上门询问，来自钜派的回答是“没有什么大问题，延迟兑付而已”。

而基金业协会的备案信息显示，万家共赢安阳德宝专项资产管理计划、万家共赢安阳德宝二期专项资产管理计划和万家共赢安阳德宝三期专项资产管理计划分别于2013年11月25日、2014年1月24日和2014年3月19日在基金业协会备案，募集资金分别为0.477亿元、1.41亿元和1.028亿元，共计2.915亿元，期限均为18个月。多位投资人表示，三期产品已于2015年下半年先后到期，至今为止，到期本息尚未兑付。

从法院公开信息披露渠道了解到，2015年10月19日，北京市第四中级人民法院已经裁定冻结安阳德宝置业有限公司（以下简称安阳德宝）及其法定代表人王太敬的银行存款人民币1.123亿元，存款不足部分查封、扣押、冻结被申请人其他相应价值的财产。

根据投资者回忆称，此后对投资人而言，资产处置并无任何进展。“2014年7月产品到期以后，就每三个月挂一次延期公告，到现在，都没有任何的解决方案。几次找到万家共赢和钜派都没有得到正面回应，有一种遥遥无期的感觉。”

而万家共赢方面回应称，由于资产处置的流程十分复杂，法院需要准备大量的前期工作，因此，资产处置的进度未达部分投资者的预期。另外，根据法院的相关要求，“诉讼和资产处置的细节无法过多披露，若资产处置取得重大进展，我公司会以公告的形式通知全体安阳德宝项目投资人”。

据悉，该项目的二期、三期安阳德宝将资产抵押给了担保方河北融投。但由于2015年河北融投担保风险暴露，无法履行偿付责任，同时抵押资产被冻结，资产无法处置引发了本次兑付风险。

根据了解,这并不是基金子公司的第一次兑付危机事件。2015 年 4 月,金元顺安基金旗下的基金子公司——金元百利资产管理有限公司(以下简称金元百利)资产管理计划违约。

据金元百利向投资者发布的一份临时公告称,其河北唐山福乐药业医药产业二期专项资产管理计划无法在分配期届满的 1 月 29 日完成其 A 类份额本金、收益分配,而其分配日需要延期至资产管理账户财产变现为止。这意味着,本应于 1 月 29 日到期的医药产业计划二期计划正式宣告违约。

“受河北融投担保集团暂停履行代偿责任引发的区域性金融风险事件影响,本资产管理计划项下委托财产尚未变现。”上述公告称。不过金元百利方面也透露,目前,在河北省政府领导下,河北融投“正在积极化解风险,但需要一定的时间”。

据接近金元百利人士透露,该涉事项目产品期限为 18 个月,总规模 1 亿元,实际融资方为河北三鑫实业集团有限公司,还款来源是三鑫集团的日常经营收入。其结构为“假股真债”,即受让福乐药业 16.5% 股权收益权,并由河北融投提供担保。

据一位投资者透露,目前该项目三期也未能如期兑付,违约的直接原因则是由于银行抽贷,引发融资方无法偿还。

早在 2014 年时,名称还是“金元惠理资产管理有限公司”的金元百利一度卷入“吾思基金城中村及棚户区改造系列专项资产管理计划”的基金资产挪用案。

2014 年 6 月,万家基金旗下子公司万家共赢资产管理公司发现其旗下产品资金遭遇挪用,进而引发兑付问题,其中部分资金出现在了金元百利旗下的资产管理产品账户上,事后该事件也被公安机关介入。后来,监管层也对此事展开了相应的处置措施。基金业协会撤销了涉事私募基金管理人“深圳吾思基金管理有限公司”的备案登记,并对相关责任人处以公开谴责和列入黑名单,不过彼时涉事的万家共赢和金元百利均未被做出处理安排,而此次违约事件中金元百利会承担何种责任,尚不得而知。

此外,还有金鹰基金子公司前海金鹰也被卷入过河北融投风波,其发行的“前海金鹰 · 融投流动资产质押贷款专项资产管理计划”仅在分配两期利息后就宣告陷入兑付危机,其中失兑规模达 3 亿元。

有业内人士表示,无论是金元百利或是前海金鹰,还是万家基金,可能都只是踩雷河北融投资管机构的冰山一角。数据显示,截至2014年三季度末,共有14家证券公司、基金子公司的54只资产管理计划涉及河北融投,规模合计达62.24亿元。

二、处罚

2015年8月4日至8日,中国证监会组织相关证监局、中国证券投资基金业协会对6家证券公司、8家基金子公司的资产管理业务进行了专项现场检查。在检查中发现部分公司存在委托不具有基金销售资格机构销售资产管理产品、在其管理的不同资产管理产品之间进行违规交易等问题,中国证监会对其分别作出处理。

检查发现,部分公司存在委托不具有基金销售资格机构销售资产管理产品、在其管理的不同资产管理产品之间进行违规交易等问题,有些公司的分级资产管理产品还涉嫌利益输送、内幕交易等违法行为。这些行为违反了证券公司、基金子公司资产管理业务的相关法规,损害了投资者利益。

为严肃法纪、进一步规范资产管理业务,证监会对这些违法行为分别作出处理:对分级资产管理产品涉嫌利益输送、内幕交易等违法行为的,依法移送中国证监会稽查部门查处;对存在委托不具有基金销售资格机构销售资产管理产品、进行有失公允的关联交易、重要信息未及时向投资人披露等违规行为的万家共赢资产管理有限公司、金元百利资产管理有限公司、深圳华宸未来资产管理有限公司等3家基金子公司采取责令整改、暂不受理公司业务备案的监管措施,同时暂停管理失责的母公司的业务申请,并对母子公司的相关责任人员采取了认定不适当人选、出示警示函等监管措施;对1家基金子公司及2家证券公司采取责令整改的监管措施;对1家证券公司资产管理部门多名从业人员不具备证券执业资格的问题,由中国证券业协会采取责令改正等自律惩戒措施。同时,对上述存在违法违规问题的机构,基金业协会决定暂停受理3家基金子公司及其母公司的资产管理产品备案申请,对2家证券公司和3家基金子公司进行书面警示、要求产品备案前事先沟通,对4家证券公司进行谈话提醒。

2017年2月25日,曾经涉案2014年6月万家基金子公司万家共赢旗下一只产品的巨额资金遭到恶意挪用的嫌疑人被上海市第二中级人民法院一审宣判:两名被告深圳吾思基金负责人李志刚、云南楚雄地产开发商李锐锋因犯涉案金额高达近10亿元的合同诈骗罪，分别被判处无期徒刑和十年有期徒刑及高额罚金。

从量刑标准上来看，私募基金管理人李志刚受到了“顶格”刑罚。

2012年12月，李志刚管理的吾思基金，为李锐锋发行了吾思一、二、三期有限合伙基金，募集2.8亿元，用于楚雄“中央公园”地方项目开发。项目委托贷款由中国银行楚雄分行发放给润泰置业。2013年7月，李志刚与金元百利成立有限合伙基金“吾思十八期”，募集4.9亿元，通过中国银行深圳上步支行委托贷款给李锐锋控制的项目公司丰华鸿业（佳泰地产子公司），后者具体运作位于昆明的“宝华寺城中村改造”项目。

据财新报道，李锐锋前期投入丰华鸿业宝华寺项目的5亿元就是从小贷公司和个人筹措的。即便通过李志刚融资，成本也高得惊人。吾思二三期募集的资金，支付给李志刚的顾问费用近4000万元，2亿元用于归还各类借款本息，实际投入中央公园项目的不到1亿元。吾思十八期的4.9亿元到账之后，又以各种名目支付给李志刚近7000万元，支付前期借款本息3.4亿元，实际投入宝华寺项目的不到1亿元。

不仅项目开发高度依赖于资金杠杆，项目销售中本应该由客户承担的按揭贷款，也需要由开发商先行背负，以此促进销售。

根据法院判决文书，2013年底云南省内各家商业银行个人房贷额度紧张，开发商无法获得银行发放给个人购房者的按揭贷款，进而造成中央公园项目销售不达预期，吾思一、二、三期即将在2014年6月到期的产品可能无法按期兑付。

为借新还旧“堵窟窿”，李志刚和李锐锋由此商议决定成立基金公司，再募集资金接盘，景泰一期、景泰二期应运而生。2014年3月中下旬，经李志刚联系，景泰一期与云南中行签订了“健力宝”合作协议，这是一项关于房地产开发商贷款授予权转让协议。换句话说，二李设计骗局使用的过桥贷款项目最初就来自中行云南省分行，并且二李还与该行有更多的关联。李志刚的吾思一、二、三期资金在销售中得到中行深圳某支行工作人员的帮助，又通过该行楚雄分行委托贷款给李锐锋的公司。当这些产品可能遭遇兑付困难时，该行云南和深圳的工作人员，陪同李志刚与受害人诺亚财富和万家共赢方面的尽职调查人员会面。这些做法，客观上帮助了二李轻易获得来自基金子公司的融资。

2014年5月，李志刚找到第三方财富管理机构诺亚财富，后者将这单业务介绍给自己参股的基金子公司万家共赢（诺亚财富是仅次于万家基金的二股东）。最终诺亚财富实际募集资金，而万家共赢作为放款的通道，成立专项资产管理计划用于向深圳景泰投资。

2014年5月下旬，李志刚隐瞒真实用途，以与银行签订了“健力宝”项目为诱饵，终于成功与万家共赢达成了合作意向，由万家共赢新增入伙景泰一期，双方约定资金用途为房地产开发商部分授予权转让项目，闲置资金可投资货币基金等低风险高流动性产品。

2014年三、四月间，“健力宝”项目曝出风险。同年6月中国银行总行要求云南中行对该产品结构、风险进行说明。6月10日，云南中行遂决定暂停该项目。但李志刚和李锐锋却在明知该项目已经暂停的情况下，仍然催促万家共赢划款，偿还自己的前期债务。

2014年6月13日~18日，万家共赢将约9.7亿元划转至景泰一期账户。在确认资金全部到账，并将款项分笔划入包括金元百利在内的吾思十八期、润泰置业等账户后，李志刚才将项目暂停情况告知万家共赢。

第九章　证券资产管理的创新发展

第一节　证券资产管理业务能力分析

一、基本情况

中国证券业协会对证券公司2016年经营数据进行了统计。证券公司未经审计财务报表显示，129家证券公司全年实现营业收入3279.94亿元，各主营业务收入分别为代理买卖证券业务净收入（含席位租赁）1052.95亿元、证券承销与保荐业务净收入519.99亿元、财务顾问业务净收入164.16亿元、投资咨询业务净收入50.54亿元、资产管理业务净收入296.46亿元、证券投资收益（含公允价值变动）568.47亿元、利息净收入381.79亿元，实现净利润1234.45亿元，124家公司实现盈利。

根据统计，截至2016年12月31日，129家证券公司总资产为5.79万亿元，净资产为1.64万亿元，净资本为1.47万亿元，客户交易结算资金余额（含信用交易资金）1.44万亿元，托管证券市值33.77万亿元，资产管理业务受托资金总额17.82万亿元。其中主动管理规模约10%，90%是通道业务，说明证券公司资产管理基本沦落为“影子银行”的平台。

显然，通道业务多寡并不能说明证券公司真实的“资产管理能力”，它更多地反映了证券公司资产管理的业务能力。于是，同业相轻的话语就会出现：“虽然他们规模大,但都是通道业务,不怎么赚钱。”

除了不赚钱,通道业务也面临着其他问题。比如监管,银监会多次发文要求商业银行业务回表;比如风险,由于客户和资产都在外,证券公司并不了解产品风险,已经有证券公司因此被处罚;比如竞争,基金子公司、信托、金融交易所等都在从事通道业务。

作为资产管理子公司或者部门,证券资产管理最本质的还是其资产管理能力——这是立足长远发展的核心竞争力。

基于此,在考察证券公司资产管理业务竞争力时,应当主要考察其主动管理能力——相信这就是证券公司资产管理的未来。

资产管理的江湖从来不缺逆袭的故事。2007 年的基金、2008 年的银行理财、2009 年的私募、2010 年的信托、2011 年的创投、2012 年的 P2P、2013 年的定向通道业务、2015 年的量化投资等,证券公司资产管理可谓是资产管理行业中的逆袭明星。

证券公司资产管理业务管理的规模超越了基金行业,成为银行理财、信托、保险之下的第四大资产管理机构。其中集合资产管理计划规模同比增长超过 8 倍。

自 2005 年开始,证券公司大整顿重新涉足资产管理业务之后,在相当长的时间里不温不火。2012 年,证券公司创新大会鼓舞了证券公司资产管理,2013 年之后证券公司的发展速度可谓是一步登天。

然而,相比基金、银行理财等相对成熟的资产管理产品,一些投资风险的暴露也表明证券公司资产管理鱼龙混杂,证券资产管理的透明性要求逐步提高。

过去,证券资产管理几乎就等同于股票投资,现如今,证券资产管理的投资标的日益丰富。如何增强证券公司资产管理的管理能力,一直以来都是证券公司资产管理高度关注的问题。

在金融产品大创新的时代,创新能力也是证券公司资产管理竞争力的体现。因此证券公司的资产管理创新能力可以作为加分项。

二、产品能力

监管层对证券公司资产管理业务层层松绑后,证券公司资产管理的规模激增,产品发行也高歌猛进。根据 Wind 数据,2011 年、2012 年、2013 年证券公司集合理财产品新发行数量分别为108只、236只和1945只，发展速度惊人。

将截至2013年12月31日，证券公司集合理财产品的发行数量按公司进行归总，作为“证券公司资产管理产品能力”的评分指标之一，并赋予较高的权重系数，来考察各家证券公司资产管理的产品设计、发行、运营能力。

数据统计显示，海通证券、华融证券、国泰君安证券2013年集合理财产品数量位于行业前列，产品发行数量分别为131只、125只和101只。而在2012年同期，上述三家证券公司发行的集合理财产品数量仅为8只、1只和15只。

尽管2012年证券公司资产管理集合理财产品发行出现了“井喷”，但仍有部分证券公司的产品发行在“慢车道”运行。统计发现，2012年全年证券公司集合理财产品发行数量在10只以下的证券公司有32家。其中西部证券、金元证券等证券公司产品发行数量在5只以下，而德邦证券、南京证券等证券公司2012年仅发行一只集合资产管理计划。

三、管理资产规模水平

统计显示，证券公司集合理财产品的发行规模按规模排行位居前三的为华融证券、恒泰证券、申银万国证券，规模依次为163.91亿份、140.96亿份、140.19亿份；相比之下，德邦证券、联讯证券和中邮证券，产品规模分别为0.9亿元、0.33亿元和0.24亿元，排名靠后。

华融分级固利4号是华融证券旗下成立初期的规模最大的产品，为24.38亿份，其次是华融定向增发1号12.01亿份、华融分级固利39号A5.33亿份，此外，该证券公司旗下有45只产品没有公布产品的成立规模。

华融分级固利4号限额特定资产管理计划相关报告显示，该产品以投资国内证券交易所上市的A股股票的非公开发行股票(定向增发)为主，闲置资金也可投资于固定收益类金融资产。

据了解，该集合计划认为酒钢宏兴价值被明显低估，估值优势显著，所以在成立初期以3.71元每股的价格认购酒钢集团宏兴钢铁股份有限公司非公开发行的651,600,000股股份，认购资金241,743.6万元。然而，数据统计显示，截至2012年底，其重仓股票酒钢宏兴近三个月涨跌幅度为-18.80%。

而恒泰稳健增利是恒泰证券旗下规模最大的产品，成立规模为24.99亿元。根据恒泰稳健增利集合资产管理计划2013年第4季度资产管理报告显示,该产品是以债权为主要投资对象,通过科学合理的资产配置和券种选择、长期性规划与信用分析,为投资者提供债权投资增值服务,在以资产安全性为优先考虑的前提下,获取风险控制下更高的稳健收益。

值得一提的是,该产品曾以截至2013年9月30日的可分配收益为基准,对计划份额持有人进行了第一次收益分配,每10份计划份额派发红利0.25元。其重仓债权12蓉新城、12太科园近三个月的涨跌为2.57%和2.48%。

申银万国旗下的产品工行专享申银万国灵通丰利90天2号,对证券公司资产管理集合理财产品的规模贡献最大,该产品成立的规模为11亿元。

该产品的计划说明书显示该集合计划的投资范围包括银行存款、债券回购、债券(包括但不限于国债、金融债、企业债、公司债、可转债、中小企业私募债等)、央行票据、短期融资券、中期票据、资产支持证券、债券型基金、货币市场基金、证券公司专项资产管理计划、商业银行理财计划、集合资金信托计划等金融监管部门批准或备案发行的金融产品以及中国证监会认可的其他投资品种。

德邦债券旗下的德邦碟彩1号为混合型产品,成立于2013年4月1日,自成立到2013年12月31日,该集合取得了56.07%的收益。该投资主办人蔡培培认为利率高企抑制了A股整体估值,预计未来仍以结构性市场机会为主,具体配置方面,重点配置具有并购价值的上市公司,并适时参与新股申购。

联讯证券的旗下集合理财产品联讯新经济1号同为混合型产品,不过发现,截至2012年底,其重仓股伊利股份、中国太保、招商证券等近三个月跌幅均大于10%。

中邮债券的中邮金凰珠宝为FOF型产品,集合计划募集的资金投资于长安信托金凰珠宝贷款集合资金信托计划以及银行存款。值得一提的是,该产品成立之际曾经延长了该集合计划推广日期。

四、公司制的胜利

综合来看资产管理业务竞争力,排名前三位的分别是国泰君安资产管理子公司、东方证券资产管理子公司、海通证券资产管理子公司。

它们的共同点都是证券公司专门为资产管理成立的子公司。此外,即便遭受到了"乌龙指"的影响,光大证券资产管理子公司的综合排名也位列前列。

这应该不是巧合，或许能够说明证券公司资产管理公司制的胜利。

2009年，国泰君安、东方证券等证券公司开始谋划成立资产管理子公司，次年两家机构都如愿拿到了牌照。

证券公司资产管理业务从一个部门到一个子公司，其主动性大大加强。子公司会组建自己的产品、研究、营销等团队，而不是受制于母公司。比如省去了从前预报一个项目需要层层审批的繁琐程序。效率和灵活性都有很大的提高。

中国证监会数据显示，齐鲁证券于2014年3月6日递交的资管子公司申请已于3月13日获得证监会受理，整个流程仅耗时6个工作日。齐鲁证券（上海）资产管理有限公司于2014年11月18日正式成立。

反观综合排名后位的，没有一家设立子公司或者上报了子公司申请。而排名最后几位的除了资产管理业务发展不好，还多被管理层开了罚单，包括上海证券、联讯证券、华福证券等。

第二节　国外金融海啸的教训

中国已经深深地融入全球化进程，是世界经济体系的一个组成部分，面对金融海啸，证券公司应该吸取教训，深刻反思。

第一，我国资本市场应继续扩大金融创新，同时要注意创新有度。华尔街在这些年来的创新过于贪婪逐利、纷繁复杂，已经走向了一条与金融创新相反的路，走向了金融创新的异化。与此相反的是，我国长期以来债券市场发展滞后，创业板新开，产品不丰富，投资者结构不合理，限制了资本市场规模、层次、品种和发展空间的拓展，影响了资本市场资源配置功能的有效发挥，金融创新迫在眉睫。

在金融机构产品创新的过程中，要发展，就应当创新为先，但应当有度。所谓度，就是"可控、可测、可承受"，金融产品创新的"可控性、可测性"放在第一位。此外，金融机构要以客户为中心，不是以自我服务为中心。

第二，金融机构要管理风险，而不是冒险。管理风险不等于冒险。

2007年，美国五大投行杠杆率都是在28倍到33倍之间，如果加上一些表外的，可达到60多倍甚至于上百倍。而雷曼、高盛的主要盈利来源是交易、投资、资本金业务，而非传统的投行业务。高杠杆、业务高度集中有巨大的风险,而华尔街的管理风险逐步演变成冒险,这是值得我国在金融创新过程中借鉴的。

第三,证券公司等金融机构是金融服务商,而不是投机商。

证券公司应以客户服务为中心,其风险比商业银行低很多。后者是间接金融,做资本的运用,而前者在传统上并不靠资本金或者资金运用来盈利。在前几年,高盛90%以上的业务都是非传统的投资银行业务。这种做法很有风险。

第四,我国资本市场的激励机制应该重在鼓励追求长远利益。我国资本市场要形成一种让证券公司、商业银行有所追求也有所畏惧的激励约束机制,且以追求长期目标为基础。

第五,金融监管化解系统性风险很重要。

对这次金融危机,要引以为戒,但是不要因噎废食。此次金融危机我国的监管制度对于化解资本市场风险非常有效,这是值得总结的经验。

第六,在目前金融创新条件下,非银行金融机构的风险,包括投资银行在内,需引起高度重视。

第七,我国应该继续扩大资本市场的直接融资比重,强化投资银行的功能,优化中国资本市场结构。

证券公司需要完善监控、监管体系,提高监管水平,但是更需要健全创新体制,增强创新活力。

1. 证券公司资产管理产品开发和创新要有整体规划

产品开发与创新的时候,选择专一化策略,还是多样化策略?可以认为,对规模较小的证券公司而言,由于财力、人力有限,品牌优势和资金优势较小,可以考虑选择专一化策略,把某类产品做大,比如基金公司里面天同基金选择的就是成为中国最优秀的指数基金管理公司。而对于规模较大的证券公司来说,多样化、为客户提供丰富的可供选择的产品以及为客户量身定做产品是其必然的选择。

那么,对于选择专一化策略的证券公司而言,选择何种产品作为自己的方向是一个非常重要的问题。而对于多样化产品的证券公司而言,产品线怎么规划、什么时候推出什么样的产品是其必须考虑的问题。在产品线的规划上,要有非常清晰的网络。而这是建立在对市场的了解和对未来的把握的基础之上的。

2. 不应过度利用杠杆效应

风险在初期一般比较小，通过杠杆产品会放大，如果在风险可控的情况下不利用杠杆效应去过度打包放大，则完全可以避免金融海啸的发生。因此，产品创新应该在风险可控和可以防范的情况下，适度放大，而不应经过二、三级的打包再去放大，导致不可控风险的聚集。

3. “金融创新”要与金融监管同步

世界金融业过去10年间的高增长率主要由两部发动机驱使：廉价信贷和金融创新。“金融创新”一直是美国的长项。“次级贷款打包”、“次级债券”等都是美国的发明。在美国政府主权信用的担保下，全世界投资者都卷入了美国通过金融创新设立的次级债市场，为美国房市提供了繁荣的动力。“金融创新”是一把“双刃剑”，既孕育着机会，又意味着超高风险与之共存。华尔街金融海啸给证券公司的教训和警示是金融衍生品是国际金融界的大规模杀伤性武器，不能为了金融创新而创新，盲目照抄照搬西方的创新产品，更不能仅仅是为了满足大金融机构的赢利需要而创新，创新要更多地考虑中小投资者可接受、可操作、可控风险的需要。在发明、运用新的金融衍生产品之后，金融监管应立即跟上。

4. 不要为创新而创新

产品创新不能偏离市场，有的产品可能思想很好，但是实际意义不大，可能市场容量和规模非常小。在证券公司开展集合资产管理的初期可能并不是很好的选择，而是市场细分到一定程度时候的选择。证券公司要让有限的资源发挥最大的效用，不要为了刻意标新立异而忽视了最普通的市场。

发展是第一要义，没有各种伟大的金融创新，金融市场的明天不会比今天更加强大。证券公司需要的是勇于创新、允许失败、彻底反思、不断探索的精神。

第三节　国外资产管理的创新情况

一、国外证券资产管理的创新运作模式

在主要欧美国家，单个账户资产管理的运作模式与投资基金并不存在本质的区别，对有关业务主体也没有十分清晰的界定，从事单个账户资产管理的公司可能同时管理投资基金或经营其他金融业务，或是混业经营的大金融

集团的子公司。

国外资产管理产品已经历三个层次的创新。一是基于投资品种完善和丰富的创新,美国借助发展多层次资本市场体系将权益类资产品种从普通股票扩充到优先股、权证,将固定收益类产品扩充到包含国债、市政债、抵押债、ABS和CLO在内的20余种债券,同时相继推出了CDS、外汇期货、股指期货、欧元美元期货期权等金融衍生品,将另类投资范围扩充到私募股权、杠杆收购、Reits、艺术品及气候型衍生品;二是基于投资区域扩大的创新,伴随新兴市场的迅速壮大,以Franklin Templeton Investments和高盛资产管理为代表的资产管理机构纷纷开始全球布局并相继推出了"金砖四国基金"等产品;三是基于交易结构的创新,共同基金、ETF、结构化基金、生命周期基金、FOF、MOM不断发展,截至2015年底全球共同基金规模达到37万亿美元,美国FOF基金规模达到约2万亿美元的水平。

近年来,多策略成为国外资产管理产品创新的重要方向,这具体包括大类资产配置、主动被动投资等策略。

二、国外证券公司资产管理代表性产品

表9-1　美林证券资产管理结构一览表

Asset management and portfolio service fees	资产和投资组合管理
Including: Assets management fees	其中:代客管理资产的收益
Portfolio service fees	代客进行投资组合服务的收益
Account fees	代客管理流动资产的收益
Working capital Management account	代客管理营运资本的收益
Cash management counts	代客管理现金的收益
Other fees	其他

美国资产管理代表性产品主要有MMF(Money Market Fund)、CMA(Cash Management Account)和包揽账户(Wrap Account)。

1. MMF(货币市场基金)

MMF的原型是1971年美国开发的MMMF(Money Market Mutual Fund,货币市场共同基金),是一种以短期公司债券为主要投资对象的基金,其特点

是在获得短期金融市场收益分配的同时,还可以进行自由流通。MMF 开始畅销的背景是 1969 ~ 1970 年美国发生信贷危机。信贷危机由金融机构的惜贷而引起,并造成市场利率急剧上升。而当时银行存款利率的上限规定为 4.5%,存款利息收入受到限制,于是银行存款流向其他投资。MMF 因其收益高和流动性强而受到投资者的欢迎。

2. CMA(现金管理账户)

CMA 是 1977 年由美林证券与地方银行 BOC 合作开发的金融商品,其核心部分是 MMF,通过综合账户管理,将证券投资、清算、借款、余额通知等内容融为一体,为顾客提供综合性金融服务如图 9－1 所示。

在观察了如图 9－1 所示的运作模式后可以发现,这是一种银行活期存款和集合资产管理产品相结合所产生的金融产品。很明显综合账户中的资金规模是不固定的。客户会随时按照自己的意愿来提取资金或进行消费。这符合活期存款和集合资产管理产品"进退自由"的特点。而管理人投资方式则采取了基金直接投资的形式,而非银行的间接投资。

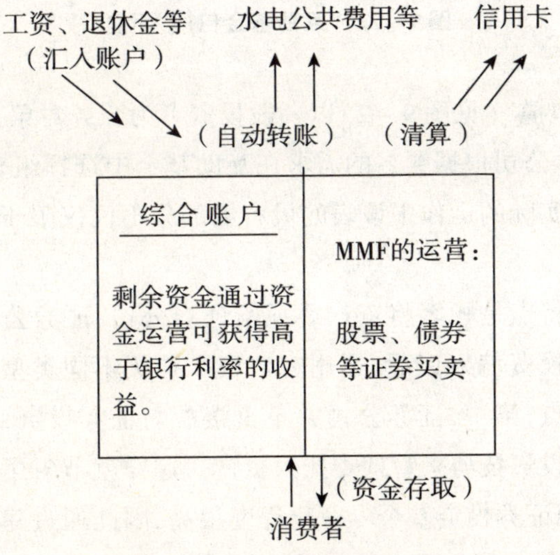

图 9－1 CMA 的综合账户管理

3. 包揽账户

包揽账户在美国颇受投资者欢迎,分为"顾问包揽"与"互助基金包揽"两种。"顾问包揽"以富裕阶层为主要服务对象,个人投资者将一定数额(10 万美元以上)的资金委托给证券公司,每年只要支付约资产余额2%的手续费,便可得到投资顾问、证券买卖、证券保管等综合性服务。这种模式类似于我国证券公司现有的一对一形式的资产管理。

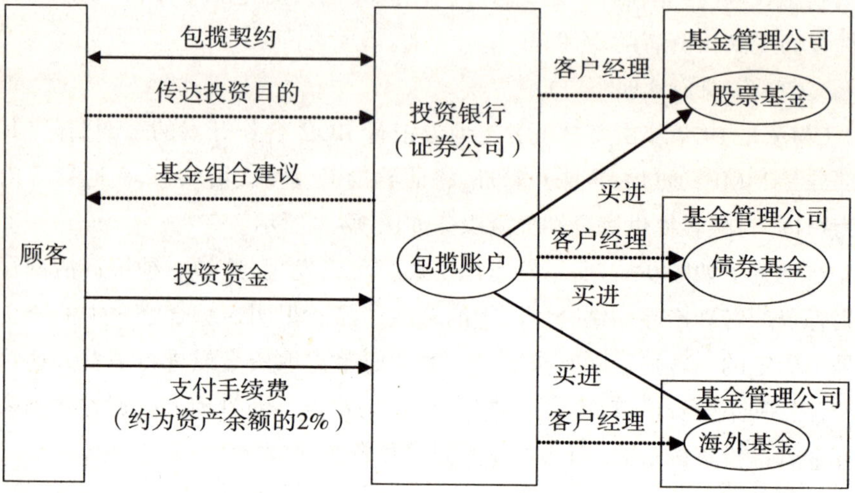

图9-2 "互助基金包揽"示意

"互助基金包揽"(见图9-2)以一般投资者为服务对象,顾客将资金委托给证券公司,证券公司根据顾客的需求在互助基金中选择组合,并提供相应综合服务。当然在实际的运作中该表的最右侧部分不仅仅限于这三种类型的基金。

包揽账户的特点是顾客将资产委托给证券公司,证券公司在充分了解委托人投资目标和投资偏好以后,运用客户资产购买不同类型基金。互助基金包揽具有较多优点:第一,证券公司并不直接参与证券投资,而是借助于众多基金管理公司的投资技巧来管理委托人资产。这样就节省了证券公司大量的精力。第二,美国证券投资基金专业化程度很高,因此通过建立各种基金的投资组合可以满足委托人个性化的投资需求。第三,管理手续费按资产余额的比率计算,与期间证券买卖的次数无关,因而可避免顾客对证券公司有意造成多次买卖从中赚取手续费的怀疑,而证券公司也可以获取稳定的收益。

长期以来,资产管理一直是美国证券公司和资产管理公司的重点业务。但近些年来业内机构不得不面对保险公司及银行大力拓展资产管理的压力。

这就迫使资产管理公司采取强强联合的策略,不断地推陈出新,适时推出新品种来满足客户不断变化的需求。

三、国外证券公司资产管理的创新经验

1. 利用持续的产品创新来扩大证券资产管理的业务和客户范围

美林证券的现金管理账户(CMA),通过为顾客提供综合性金融服务,把客户银行账户的盈余资金投资证券市场,实现客户资金最大程度的保值增值。国内证券公司也可通过创新产品把银行存款、保险资金连接起来,建立宽广深厚的资产管理。长江证券的"银证超越理财计划"与此类似。同时,美林还推出了货币市场基金(MMF),以短期公司债券为主要投资对象,在获得短期金融市场收益的同时,还可以进行自由流通。财务基金(financial foundation)作为美林的新产品将保险推销员、银行、律师或注册会计师所完成的服务综合在一起,免费向客户提供理财咨询建议。

2. 管理型账户

管理型账户的目标客户是那些拥有丰厚个人资产的投资者。根据这些客户的不同需求,为其提供资产管理所需要的各项服务,如独具特色的投资计划、组合选择、风险评估与绩效衡量等,并依据资产规模大小而制定佣金比例。因而,投资管理可以完全按照客户个人喜好来进行,也令投资者对自己的账户拥有更多的控制权。

3. 组合投资计划

这是指投资者通过经纪人或者投资顾问的账户,在一次交易中就能购买到事先打包好了的股票组合。这种事先打包好的股票组合具有以下特点:

(1)股票组合是经过专业人员利用专业管理技术进行股票种类、仓位及其权重的组合设计,并且按照组合投资目标的不同,适时进行调整,以反映市场和经济情况的变化;

(2)投资者是以资金量的形式购买组合的,而不是以往以购买股票份额的形式参与投资组合;

(3)投资者可以要求为自己量身定做一个股票组合,还可以根据自己的需要要求组合的设计者定期替换股票,调整权重;

(4)组合投资计划的在线服务一般收取年费或者季费,由于组合投资计划非常便利,投资者只需要点击几下鼠标就可以得到自己偏好的组合,所以,这

种创新产品大有掀起投资工具新浪潮之势。

4. 丰富产品设计

风险管理和产品定价是资产管理产品设计的两大基础。国外成熟市场拥有丰富的金融衍生品体系,国外机构通常有期权期货、风险缓释工具、第三方担保或提供抵押品以及资产证券化等多种类风险对冲与管理工具,此外,国外拥有发达的场外市场,为风险管理工具提供充分的流动性。在资产管理业务最发达的美国和欧洲地区都拥有成熟的场外市场体系,尤其在衍生品及非标准化产品的交易上,场外市场的交易占比明显较高。

国外资产管理在基础资产投向方面面临较少的管制。国外资产管理机构基本实现了基础资产投资的全覆盖。尽管国外金融机构的种类异常丰富,有全能型资产管理、精品资产管理,也有各类小型差异化的资产管理机构,但其基本都实现了基础资产投资的全覆盖。可投资基础资产种类覆盖了货币市场、股票市场、债券市场、商品市场、外汇市场、金融衍生品、不动产以及其他另类投资市场;基础资产的品种从标准化的股债产品到金融衍生品、结构化产品以及各种另类投资产品;基础资产覆盖的区域从美洲到欧洲、亚洲及全球市场。广泛的基础资产投向使得国外资产管理机构能够灵活地根据客户需求和市场特征进行产品设计和风险对冲,极大地丰富了资产管理产品的种类。

5. 资产管理资金来源多元化

从国外资产管理机构资金端的客户分类来看,机构客户是资金端重要的来源。根据统计,2015 年全球管理资产规模前 100 的机构,其中 90% 机构的主要资金来源都是机构投资者,其中以 Aberdeen、AXA 和 Great-westlifeco 为代表的机构,其资金来源全部为机构投资者。即使在零售业务占据大头的大型跨国银行和保险公司,机构投资者的资金来源占比也接近 50%,其中机构投资者资金占比比较低的 Ameriprise 公司机构投资者占比也高达 35%。

国外不同类型资产管理机构资金来源存在较大差异。根据资产管理机构支柱业务的差异,证券公司将全球资产管理机构分为独立的第三方资产管理机构(包括全能资产管理和精品资产管理)、保险系资产管理机构、投行系资产管理机构、银行系资产管理机构以及 PE 类资产管理机构。独立的第三方资产管理机构(包括全能资产管理和精品资产管理)根据其自身业务的差异,资金来源也有所不同,其中以 BlackRock 为代表的全能资产管理,其 ishare 高端产品贡献的资产管理规模就超过 20%,以 Aberdeen 为代表的资产管理机构,保险和养老金是其最重要的机构客户；保险系资产管理机构的资金来源差异较大，例如 Northwest Mutual 以机构投资者为主（占比 74%），而 Ameriprise 则以个人投资者为主（占比 56%），而 Prudential 则呈现出个人投资者与机构投资者均分的特征；大型银行集团中个人投资者的资金占比相对较大，这主要是缘于其零售业务和私人银行业务的发展，其中 JPMorganChase 零售和高净值客户的资金占比约 52%，瑞士信贷高净值客户的资金占比约 56%；投行类资产管理机构中全权委托类的资金规模占比比较高，其中高盛和摩根士丹利全权委托类的资金占比超过 30%；PE 类资产管理机构的资金来源几乎全为机构客户。

高净值个人客户是国外资产管理机构重要的资金来源之一。近年来国外资产管理机构资金端呈现出一个新特征，即高净值个人客户的资金占比日渐提升，成为重要的资金来源之一。在银行系资产管理机构和投行系资产管理机构中，这点表现得尤为突出。2015 年底瑞信公司资产管理规模中 56% 来自于高净值个人客户；高盛和摩根士丹利等投行资产管理中也有近 30% 的资金来自于高净值个人客户。受这种趋势的影响，证券公司发现近年来越来越多的资产管理机构开始改变过去单一的机构投资者结构，开始主动服务个人客户，尤其是高净值个人客户。毋庸置疑，对高净值个人客户的争夺将成为未来全球资产管理机构核心的竞争点之一。

总结国外资产管理的创新经验，提供个性化服务是资产管理创新的根本所在。以美国为例，实际上美国各证券公司的投资产品目录基本上都是相同的。一种产品在一家证券公司推出后，如果比较成功，马上会吸引其他证券公司跟进。唯一的区别就是研究实力和优化能力的不同，证券公司的研究实力和动态的优化能力难以被其他证券公司模仿，研究实力和优化能力的差异决定了各证券公司在资产管理中的竞争能力。

第四节 证券公司资产管理模式创新

借鉴国外成熟的资产管理模式，证券公司在大规模拓展资产管理的过程中，应该进行业务与资源的整合和金融产品的创新。首先是研究部门建设的问题。其次是证券资产管理人员的问题。再次是证券资产管理部门与其他部门业务资源共享的问题。最后，也是目前最为重要的一个问题是加强金融产品的研究和开发。

证券资产管理正在成为证券公司最有潜力的利润来源之一。为了应对目前证券公司经营模式的单一和盈利模式的趋同化,形成新的利润增长点,为了将证券公司做大做强,进行可持续发展,证券公司就必须对证券资产管理进行创新。首先在制度上创新,发展相对独立的资产管理公司,进行业务模式的创新和管理方式的完善。其次在投资模式上创新,未来证券公司证券资产管理的投资模式应进一步创新,要逐步改变完全依赖证券市场的状况,比如可以包括货币市场(以短期公司债为投资对象)、期货市场(包括商品期货、金融期货特别是股指期货市场)、股权投资、项目投资或直接投资等。

1. 合作模式创新

证券公司可以和银行或者信托公司两两组成合作伙伴,或者三方组成合作关系,以形成风险利益共同体。

由于证券公司证券资产管理计划受证监会的监管,而信托和银行属银监会监管,其许多产品发行存在监管套利的机会,因此,证券公司经常借道信托公司,介入资金市场。证券公司、银行和信托公司三方的合作是目前应用最为广泛的一种方式。这种方式分为三个环节,首先信托公司发行资金信托计划,该信托计划投资目标为当前证券市场的相关投资品种;其次银行发行银行理财产品,该银行理财产品的投资目标为信托公司发行的资金信托计划;证券公司可以通过定向资产管理计划将资金串起来。

2. 投资模式创新

现阶段证券公司资产管理的主动管理包括两方面,一方面是主动投资,主要包括权益类投资(包含量化和对冲)、固定收益投资,另一方面是主动融资,主要包括股票质押、通过证券信托合作投资非标资产。我国证券市场的市场活跃、波动较大,风险难以把握,可以通过有效的股票、基金品种组合和采用量化策略及对冲手法控制资产管理风险。另外,证券公司可以更多地关注国债、企业债、可转债和私募债等固定收益类品种,同时努力发现类似定向增发的盈利模式。

3. 组织模式创新

资产管理业务将立足于人才、团队、系统、机制、渠道、客户、产品线等相关基础资源,完备各项业务资格,形成较强投融资能力,围绕客户需求,引导客户需求开展产品创新,为客户提供多样化、差异化的产品选择。通过特色化、定制化的“一揽子”服务,逐步形成普通客户集合化、高端客户定向化、私人银行客户资产配置化的服务层级，最终实现“产品系列化、服务定制化、管理平台化、机制市场化”。

通过与证券公司各业务部门和分支机构的联动，形成“资管+投行”、“资管+经纪”、“资管+研究”业务框架，搭建“全能型”业务链。

针对这种情况，有人提出设立资产管理业务管理委员会，负责公司资产管理业务的指导、协调与决策。资产管理业务管理委员会下设以下一级部门：资管业务管理部、金融同业部、权益资管部、固收资管部、企业融资一部……企业融资N部。

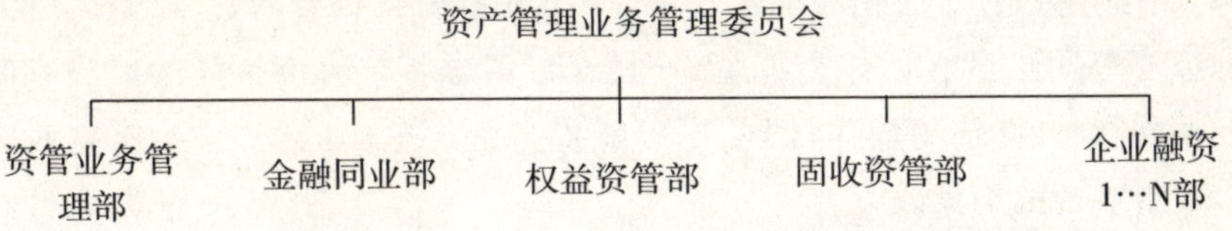

图9－3

（1）资管业务管理部：负责产品设计、合规与风险管理（质量控制）、运营维护、综合事务等；

（2）金融同业部：负责与金融同业的业务对接；

（3）权益资管部：负责权益类投资；

（4）固收资管部：负责固定收益类投资；

（5）企业融资部：负责企业客户的资产管理及融资业务。

当然，开展证券资产管理的最高级别是设立专门的证券资产管理公司。

相对于证券公司内部的资产管理部门，具有独立法人资格的资产管理公司可以在独立性方面重树市场形象，由于资产管理公司在资产运作方面完全独立，在业务开展过程中就不会受到来自于自营、投行等业务的影响，这样就相对容易获得资产委托人的信任，为公司的资产管理拓展奠定基础。另一方面，由于资产管理公司在资金、人员、财务方面都完全独立，所以，可以将风险与证券公司适度隔离，有利于降低委托资产管理带给证券公司经营的风险。

证监会对设立从事委托资产管理子公司的门槛要求较高（最低注册资本5亿元），目前已经有16家证券公司成立资产管理子公司。

4. 运作模式创新

由于资产管理开展的时间较短，加之开始之初适逢牛市，造成国内证券公司在业务扩张上急功近利，过于追求业务规模的扩大，而较少考虑成本和风险，从而造成资产管理在2001年下半年以来的市场大跌中损失惨重。风险的暴露使证券公司开始考虑新的运作模式。

根据新运作模式思路，第一，证券公司逐步认识到不能简单地依靠对高回报和分担风险的承诺来吸引客户，而要充分发挥自身品牌和信誉的吸引力；第二，将尽量避免先通过高保底收益承诺改变受托人在签订契约前的不利地位，然后忽视契约签订后的约束力造成资产受托人信誉下降的问题；第三，通过签订一定的有特定运作要求的客户来逐步形成自己在资产管理领域某一方面的优势，如债券投资、金融衍生品运作等，从而逐步树立自身的管理风格。同时，部分证券公司尝试在运作委托资产时，充分考虑客户可能接受的风险和收益水平，据此制订详细的操作计划，尽可能提高资产运作的安全性，树立对客户资产认真负责的形象。

5. 营销模式创新

证券资产管理要求营销模式进行创新。

(1)在营销目标客户群上。在分业的监管政策和证券市场结构性调整之前的市场环境下，证券公司传统经纪业务的目标客户，主要而且只能集中于追求高回报的激进型的个人和机构客户。这些新政策的出台将会极大地拓展证券公司新的营销目标客户群，主要是追求低风险和稳定收益的稳健的个人和机构客户，这个市场无论在规模还是在稳定性方面，均远远超过传统的目标客户。

(2)在营销可提供的金融产品上。证券公司传统的经纪业务实际上更多的是给客户提供通道层次的服务(或通道产品)。相关规定出台后，证券公司将可以给客户提供多层次、多元化的金融产品，使真正意义上的客户理财服务成为可能，这为证券公司营销的金融产品注入了充沛动力。

(3)在营销渠道上。根据相关规定，证券资产管理产品可以通过证券公司进行直销，也可以通过银行渠道进行分销。这意味着，证券公司在直销的同时，还可以把营销的力量放在银行渠道的拓展和服务方面，证券公司可以自己或配合银行在营销网点有条件地向"私人理财中心"的模式发展，瞄准高端私人客户群体进行重点营销。

(4)在营销推广方式上。证券公司要根据金融产品的不同目标客户群、渠道和产品特点确定不同的营销模式。面对这一形势，证券公司要在稳定和巩固传统经纪业务的同时，快速积极地通过各种营销模式发展新的集合产品客户群体和“一对一”的资产管理客户群体。

不断出台的法规无疑将会不断把证券公司带入新的时代，这对众多证券公司来说是一次又一次的良好的机遇，同时也是一次又一次严峻的挑战。如果能抓住这些机遇，积极进行内部组织结构和人力资源的变革，适应新的理财模式的需要，特别是满足对金融产品营销新发展的需要，则证券公司能不断发展壮大，否则，将逐渐丧失竞争能力。许多证券公司纷纷进行产品开发、营销计划、销售制度建设、销售动员及客户服务体系的建设，争取在第一时间内推出有自己特色的理财产品。

6. 服务模式创新

(1)丰富产品结构，提供个性化的理财服务。

产品创新的首要任务是设计规模适度的组合投资，控制理财风险。证券公司在为机构投资者提供个性化服务的同时，可提供具有特定风险收益结构、风格不同的产品给中小投资者选择，投资者既可以根据自身的风险偏好选择一种进行投资，也可在不同风格的基金之间进行组合投资。

证券公司目前代客管理的资产主要是以现金形态表现的资产，证券公司应尝试管理以证券形态表现的资产，且客户在这方面的需求相当大。可以认为，在定向资产管理方面，证券公司可以更多地借鉴国外管理账户发展的经验，发掘出客户的一些特殊需求，其产品的竞争力将大大增加。对于企业年金，考虑到企业年金参加者的年龄结构与资产流动性不同，负债特性不同，其所对应的投资产品及其组合也有所不同。不同的企业年金计划根据需求在各种风险、收益偏好的投资组合产品中分配投资，形成不同的投资组合。

国外资产管理公司的收入基本都是管理费和业绩提成收入，这也是目前全球通行的资产管理的盈利模式。尽管在国内证券公司与客户签订的证券资产管理协议中也约定，在实现保底承诺的基础上，可以按比例收取服务费用，因为保底难以做到，实际上这形同虚设。从“保底承诺”转为收取管理服务费，现在已经是普遍现象。

事实上，自 2003 年至今，特别是 2012 年末集合和定向资产管理业务的放开，国内证券公司已经做出很多产品创新尝试，在扩大资金、收购资产和提高业务收益等方面成效卓著。

(2)拓展证券资产管理覆盖范围。

目前国内证券公司对降低资产管理资金成本都有迫切性需求，而要降低资金成本首先就要拓展市场营销渠道,拓宽委托资金来源。

个人投资资金应该成为今后证券公司资产管理资金来源的重点争取对象。证券公司可以与其他金融机构联手推出交叉金融产品。2003 年招商证券推出“金葵花”集合资产管理产品后,国内一些证券公司纷纷通过与银行、信托联盟,针对广大社会公众,也推出类似的理财产品,在拓宽业务渠道、降低经营成本方面做出了尝试。

(3)建立客户营销体系,树立专家理财形象。

目前,通行的证券资产管理产品销售模式有四类:

①明星制,以推荐证券资产管理产品投资经理的投资能力为主,重点是推荐该证券资产管理产品以往的投资业绩,向中小投资者推荐以这种方法为主。

②被动投资型,以拷贝指数为主,其推荐亮点为管理费便宜。

③过程驱动型,这种销售模式的核心是突出证券公司整体的研究能力和投资管理能力,推荐重点是机构投资人,这是国外主流的金融产品销售模式。

④顾问式营销,是以投资顾问的方式,引导投资者选择证券资产管理产品的品种、数量、频率和时机。证券资产管理产品本身具备相当的复杂性和收益性特征,这就要求证券资产管理产品营销可以贴近客户,取得客户信任是营销成功的关键。

从国外发展经验来看,顾问式营销已经成为金融产品的主要销售渠道,值得证券公司借鉴。证券公司应当根据证券公司产品的业绩来灵活掌握和运用其他的一种或几种销售模式作为辅助。

7. 产品设计创新

(1)资产管理产品设计个性化。

证券资产管理中的创新产品应该具有费用低廉、产品个性化设计、流通性较好等特征,在满足客户需求外,产品还必须重视自身的风险控制,不能做出保本或保底承诺。针对客户的风险、收益特征,设计出个性化的投资产品,同时在组织结构上,打破原有的业务部门各自为政的格局,重新整合资产管理、经纪业务、研究等部门,走“大资产管理”之路。

产品创新反映的是证券公司资产管理部门的投资策略与投资管理模式的创新。在产品创新方面,证券公司应该一方面不断扩大客户范围,发掘不同资产类别的潜力,另一方面采用理财专户、私募基金等多种形式,以丰富产品类别适应市场竞争与监管要求。

按照证券公司面向对象的方式,其资产管理可分为两类,即集合类资产管理和非集合类的资产管理。前者是一对多的管理服务方式,后者是一对一的方式。以下按照这样的分类进行产品创新的论述。

(2)形式多样的资产管理产品。

证券公司作为管理人,以独立账户募集和管理委托资金,投资于证券市场股票、基金、债券、期货等金融工具的组合,实现委托资金收益优化的中介业务形式上的多样化。证券公司的资产管理已经从原来单纯的股票市场扩展到国债与其他债券、国债回购市场,甚至关注到期货市场、货币市场、黄金市场、H股市场。从投资的策略来看,也不仅仅是获取差价收入,而是留心各种不同市场、不同板块和不同品种之间的套利,如不同类型的基金品之间、指数与股票之间、同一市场的不同板块之间、股票和可转债之间,都是大有空间,大有文章可做。

8. 证券公司转型“投资银行资产管理”+“全业务链”模式

近年来,我国经济经历转型期,加之货币市场的持续宽松,造成了资产端与资金端的不匹配现象。另外,随着中国经济步入新常态,经济增长从高速转为中高速,不应当再依赖需求端的刺激解决中国经济增速换档问题,而应当通过供给侧改革引领中国经济转型升级。发展供给侧改革,依赖企业并购重组,可以将多余产能转换为有效资产。新一轮国企改革需借力于资本市场,完善多层次资本市场,降低企业融资中的信贷比例,通过提高直接融资比例来改善金融结构,降低融资成本,同时为创新产业解决融资问题。因此,在发展供给侧改革引导经济转型升级的过程中,资本市场将发挥至关重要的作用。

在金融脱媒的大环境下,证券公司作为直接融资的中介,在资本市场的优势愈发明显。在资金端,证券公司已通过财富管理和经纪业务积累了大量风险偏好相对较高的理财客户,加之近年来我国居民家庭可支配收入大幅增长,保险、银行等资产管理机构管理规模逐年攀升,数万亿元资金亟需对接优质金融产品。在资产端,证券公司投资银行已积累了大量并购重组资源,并直接接触实体企业的融资需求。产品端连接资金端与资产端,在中间发挥桥梁作用。

证券公司转型“投资银行资产管理”,即加强投资银行与资产管理业务的协同效应。“投资银行资产管理”模式下,证券公司通过资产管理的买方视角掌握投资需求,凭借自身投研实力,主动创设金融产品,对接实体企业的融资需求。这样既解决了证券公司被动接受市场产品、无高收益产品可投的窘境,又通过创设金融产品，开辟业务空间，支持了实体经济的发展。对于证券公司来说，投资银行与资产管理业务的协同联动发展，结合了其在产品端和资产端的双重优势，强强联合夯实证券公司的核心竞争力。

从证券公司转型角度来看，从资金端到产品端，再到资产端，“全业务链”模式将证券公司的经纪业务、资产管理业务、投资银行业务、研究业务有机地结合在一起。未来证券公司财富管理、投资银行业务、资产管理业务的界限将逐渐模糊，证券公司凭借自身投研能力服务经纪业务积累的用户，推动财富管理转型。同时增强客户黏性，扩容资金端。资金通过资产管理投资于各类金融产品，或协同投资银行投资于资产证券化、新三板、定向增发等主动管理型产品，在去通道化的模式下不断增强证券公司主动管理能力。综上，打造“投资银行资产管理”及“全业务链”模式不仅对于推动证券公司业务转型意义重大，也有助于证券公司在大资产管理行业占有一席之地。

第五节　资产管理业务突破引领

一、资产管理业务是提升证券行业服务实体经济能力的重要载体

经济“新常态”需要加速中国货币资本化的进程。自 2014 年我国经济发展进入新常态以来，经济“新常态”已经成为中国经济向更高发展水平跃升的必经阶段。经济“新常态”要求我国经济增长方式从要素驱动向创新驱动转型，当前阶段我国要素配置效率较低，传统劳动力、土地等要素红利逐渐消失，而作为最高层次的生产要素——资本，其配置效率也面临多重阻力。

推动我国经济增长方式从要素驱动向创新驱动转变的关键在于资本配置效率的提升，一方面当资本要素实现最佳配置时，全社会的要素配置效率最高。另一方面资本配置效率的提升能直接推动创新创业企业的发展，为创新驱动提供有效的资本支持。当前阶段，提升我国资本配置效率的核心在于金融改革，要充分发挥资本市场的核心作用。如果说过去十年全球量化宽松的货币环境推动了中国货币化的进程，那么，未来十年我国一定要借助资本市场的发展来推动货币资本化的进程，为我国经济增长向创新驱动型转变提供坚实的资本支持。

资产管理业务有利于实现多样化的资源配置模式。从资源配置的模式来看，过去我国资本层面的要素配置多依靠交易所等标准市场来实现，这种场内

的、标准化的资源对接方式更多只能满足成熟产业的资本需求，对新兴产业和创新创业型企业的支持相对不足。未来我国资源配置效率的提升需要借助发展多层次市场和多样化模式来实现，这一方面需要大力推进多层次标准化场内市场的建设，另一方面需要大力发展非标准化的资源配置模式来满足差异化的需求。资产管理业务作为一个非标准化的资源配置模式，其通过产品来对接资金和资产，可以更加灵活地满足资金和资产双方的收益和风险管理需求，有利于在整体上扩大资源配置渠道，提升市场资源配置的效率。

资产管理业务的发展有利于推动储蓄转化为投资。中国货币资本化过程的核心就是要推动储蓄转化成投资。资产管理业务借助完善的产品线，成为将储蓄转变为投资的最佳渠道。过去，我国资本化的过程更多表现为居民通过自身参与证券市场投资来实现储蓄向投资的转化，这一方面使得我国资本市场个人投资者占比较高，市场整体的成熟水平不高，另一方面使得我国整体上资本化规模有限，过程较长，过去10年我国平均证券化率约为53.9%，远低于成熟市场的水平。未来借助资产管理业务的快速发展，我国能够更快、更多、更好地为居民储蓄提供多样化的专业服务，让更多个人储蓄转化为资产管理机构投资，推进储蓄向投资的转化，这不仅能加速中国资本化的进程，也有利于推进资本市场投资者结构的改善和持续健康发展。

二、资产管理业务对传统证券行业盈利模式的重构

通过资产管理业务可以打通证券公司业务链。目前实行的《证券公司客户资产管理业务管理办法》对推动证券行业创新意义重大，最关键的是给予了证券公司自主的产品创设权，为多样化资源配置渠道提供了可能，将原来证券公司完全割裂的各块业务通过资产管理形成一个完整的业务链，进而为推动证券公司从原有的、以通道类业务为主导的盈利模式向业务链整合的盈利模式转型提供了可能。

资产管理已成为全球金融危机后国外投行的转型方向。2008年全球金融危机后国外投行加快了降杠杆的过程，大力推进业务结构从重资本向轻资本转型，具备较强抗周期能力的资产管理业务成为国外大行转型发展的重要方向。从现状来看，目前财富和资产管理业务已经成为国外投行的支柱业务。除瑞银集团这种本身以财富管理业务为核心的机构之外，以瑞信和摩根士丹利为代表的国外投行也将财富和资产管理业务打造成支柱业务。瑞信的财富管理业务收入占比从危机前不足35%上升至目前约45%的水平。摩根士丹利公司2015年全球财富与资产管理业务收入高达172亿美元,收入占比高达49%,成为其第二大支柱性业务。

资产管理业务有利于加快提升证券公司核心竞争力。一方面,从证券公司核心竞争力的构成要素来看,可以认为资产定价和产品设计能力是证券公司区别于其他金融机构的核心竞争力所在,而资产管理业务的发展主要就依赖于这两大能力,因此,资产管理业务的大发展能在一定程度上倒逼证券公司提升资产定价和产品设计能力,推进证券公司核心竞争力的提升。另一方面,从资产管理业务链来看,资产管理业务发展能推进行业盈利模式的重构,能够显著提升证券公司的综合金融服务能力,这也将有利于证券公司核心竞争力和市场影响力的提升。

三、资产管理的业务链构建将带动证券行业传统业务转型

与市场上一般认识不同,证券公司理解的资产管理是广义概念,其不仅包含银行理财、私人银行、证券公司、信托、保险以及公募基金等资产管理机构,更包含整个资产管理业务链。资产管理业务存在明显的业务链特征,资金、产品、资产是业务链中最重要的三个环节,其中财富管理是资金端最重要的业务形式,投资银行占据最重要的资产资源,而资产管理的全产品线则是连接资金与资产的重要桥梁。对证券公司而言,证券公司界定的资产管理不仅包含证券公司资产管理业务,也包括直接投资业务、期货资产管理等大资产管理概念。

资产管理可以带动传统经纪业务转型。财富管理是资产管理资金端的重要业务形式。从资金来源的机构属性来看,资金端聚集的机构主要包括证券公司财富管理业务部门、银行、保险、信托以及独立第三方理财机构等。推进证券公司经纪业务向财富管理转型现已成为行业共同的口号,但向财富管理业务的转型并非依靠营业网点提升服务就可以实现,其实质是要提升证券公司在集聚资金端资源方面的竞争力,核心是要依靠产品的竞争力。

资产管理可以加速推动投行业务转型。投资银行业务主要服务于企业,集聚了最重要的资产端资源。传统投资银行业务主要做承销保荐通道业务,聚焦处于企业生命周期中的成熟企业或资产,业务受政策性影响较大。投行业务转型的实质是要提升证券公司在集聚资产端资源方面的竞争力。从国外投行发展经验来看,以非上市股权投资为核心的另类投资是资产管理获得优质资产资源的重要途径之一,其考验的是获取优质资产的投资银行业务能力。证券公司资产管理业务链的打通一方面能有效带动投行服务的企业(资产)类别在企业生命周期中的前移,从而扩大投行业务客户范围,释放投资银行的业务收入实现潜力。另一方面将提升投行多样化的融资业务能力,从而扩大投行业务收入来源。

四、资金端是渠道为王

1. 当前我国资产管理资金端发展呈现三大特征

一是资金端资金规模增长迅速。近年来伴随我国居民财富快速增长,城镇居民家庭可支配收入从 2000 年约 6280 元的水平直线增长至 2015 年底约 31,200 元的水平,实现复合年均 11.5% 的增速。从资金结构来看,银行理财和私人银行集聚了最多的资金来源。同时受中国人口老龄化的影响,保险资金已经成为我国资产管理资金端最重要的来源之一。

二是资金端以个人投资者资金为主。从投资者类型来看,目前我国资金端呈现出以个人投资者为主的特征。银行理财资金是我国资产管理资金端最主要来源,截至 2015 年底银行理财产品余额规模为 23.5 万亿元,其中个人客户合计约 13.3 万亿元,占比高达 56.6% 。从资本市场投资者结构来看,尽管近年来我国机构投资者队伍有所壮大,个人投资者持股市值有所下降,但整体上我国个人投资者持股市值占比还是维持在 45% ~50% 的水平。个人投资者主导的资金端结构也从侧面说明我国专业财富管理机构发展不够成熟,没有较好地实现个人投资机构化的转变。

三是资金端存在刚性兑付风险。这是目前资产管理资金端面临的最大挑战之一。尽管我国金融监管部门大多要求金融产品发行不能承诺保本保收益,但隐性刚兑仍然存在。2015 年信托行业共爆发风险事件 25 件,其中 15 起事件以完成兑付、拍卖抵押物、执行担保财产等形式实现了刚性兑付,仅有 8 起事件目前无处理方案,可能会面临打破刚性兑付的风险。债券市场的利率水平是我国理财市场定价的基础,引致资金端刚性兑付风险的根源在于中国债券市场的刚性兑付没有打破。

2. 我国资产管理资金端发展趋势

银行是最重要的资金来源。我国资产管理资金端呈现出以银行为主的特征。从国内各类资产管理机构或产品的资金来源来看,发现证券公司、基金公司专户及基金子公司的资金绝大多数都来自于银行,其中证券公司定向与专项资产管理计划中来自银行的资金比例更是超过90%。即使在信托和保险行业,来自银行的资金占比也超过20%,从资金端角度来看,我国资产管理在一定程度上就是银行主导的资产管理,其优势在于渠道和融资成本。

互联网金融的快速发展助推线上线下渠道的融合。我国个人客户为主的市场特征促使近年来互联网金融快速发展。以余额宝为代表的互联网机构正在挑战传统财富管理机构,截至2016年6月底,余额宝规模超过7000亿元,用户数量达1.2亿人,超过了过去20余年证券公司累计的客户数量。近年来我国金融机构的互联网化和互联网机构的金融化都呈现快速发展态势,以BAT(百度、阿里巴巴、腾讯)为代表的互联网机构快速切入金融领域,银行、保险、证券等传统金融机构也加快建设线上服务平台,提升客户体验,线上线下的渠道呈现融合的态势。

第三方专业财富管理机构存在一定发展空间。我国拥有庞大的高净值人群,需要一对一的专业服务。伴随我国居民财富的快速积累,近年来高净值人群数量及可投资资产规模都直线增长,截至2015年底我国可投资资产超过1000万元的高净值人群数量达到126万人,可投资资产规模达到32.7万亿元,高净值人士成为我国资产管理市场上重要的资金来源之一。BCG年度财富管理专题报告显示,产品定制服务、投资组合和财富规划、卓越的投资产品、更优先的服务是高净值人士更偏好的服务。这为以专业化、精细化和高端化为特征的独立第三方专业财富管理机构带来一定的发展空间。

五、产品端突出产品设计的核心竞争力

1.当前资产管理业务产品端的发展特征

截至2015年底,泛资产管理累计存续发行的产品规模达到72万亿元。从产品种类来看,各类资产管理机构发行的产品种类也日渐丰富。除了传统的现金类、固定收益类、权益类产品外,衍生类资产管理产品也日渐丰富。银行推出了挂钩汇率、大宗商品等指数标的的理财产品;信托公司有相应的黄金、房地产等投资信托;证券公司有期货资产管理等产品;基金公司推出了ETF、分级基金及杠杆基金等创新产品;互联网金融机构在已有账户基础上推出了宝宝类现金管理产品。资产管理产品端种类日渐丰富,产品形式日渐多元化。

金融机构间通道类产品贡献了主要的产品规模。基金业协会的数据统计显示,2015 年底证券公司、基金公司专户、基金子公司专户以及信托机构通道业务的占比较高,其中证券公司通道资产管理的规模超过 10 万亿元,占比超过 85%,基金子公司专户通道类规模超过 6 万亿元,占比约 70%,信托公司通道类规模约 6 万亿元,占比约为 36%。金融机构间通道类产品快速发展的原因在于我国各类金融机构产品投资范围的差异或限制,具备全牌照的机构在很大程度上为银行资金出表或资金实现跨界投资提供了便利的通道。

产品之间差异化特征开始逐步显现。除了金融机构间的通道类产品之外,各类资产管理机构的产品创新也层出不穷。银行理财产品在产品期限、挂钩标的资产的选择、预期收益率设置上持续创新;证券公司在各类资产管理产品以及 ABS 产品上不断创新,ABS 覆盖的基础资产的种类从应收账款扩充到融资租赁、收益权、集合小贷、航空客票、公益小贷、互联网个人消费类应收款等多项资产;基金公司在基金产品结构、可投资区域等方面不断创新,相继推出了 QDII 基金、分级基金以及 ETF 等,截至 2016 年中期,我国累计发行分级基金 176 只,产品规模 1200 亿元,发行 QDII 基金 151 只,产品规模约 1000 亿元,发行黄金 ETF 基金 4 只,产品规模约 24 亿元;保险公司在投连险、万能险等方面有所创新;信托公司在跨境信托、家族信托等方面积极试水。

2. 我国资产管理业务产品端发展趋势展望

规模效应越来越明显。国际成熟市场的发展经验表明,规模效应将有助于资产管理机构不断积累项目经验与业务资源,并最终导致行业集中度的提升。从全球范围来看,资产管理行业的行业集中度逐年提升,前 20 大机构管理资产规模市场份额的合计值在 2010 年为 40%,2013 年为 42%,2015 年为 45%。在美国,2014 年前 10 大共同基金贡献了美国共同基金市场整体增量的 121%(除前十大机构以外的其他机构增量合计为负数),而这一数字在 2013 年只有 73%。在我国资产管理市场,“赢者通吃”的现象也开始逐步显现。我国前二十大公募基金的资产规模占比从 2013 年 50% 的水平已上升至 2015 年约 69% 的水平;前十大证券公司资产管理规模占比从 2014 年 48% 的水平提升至 2015 年 53% 的水平;前十大银行理财产品余额合计市场份额占比约 60%,规模效应显著。

产品投向多元化。金融监管体系的改革为资产管理产品多元化投资奠定基础。当前我国受制于分业机构监管体系,资产管理机构投资范围相对受限。

未来随着我国金融监管体系的改革以及功能监管体系的实施,对资产管理机构统一监管标准势在必行。在产品投向上,所有资产管理机构可投资基础资产的种类也会日渐放开和统一,这为产品投向多元化奠定了坚实基础。

产品投资多策略化。与国外市场相同,近年来国内资产管理机构也加快推进多策略产品创新。BCG 财富报告的数据显示,2013 年至 2015 年我国被动管理型和另类投资产品发展持续提速,ETFs 及其他被动型基金的年均复合增速达到 56%。未来被动管理型产品以及大类资产配置产品将成为创新的焦点。除此之外,基于交易策略的差异化设计,资产管理产品也将进一步丰富。例如,针对同样的基础资产可以通过股权与债权结合的投资方式进行投贷联动,在收益率下行的阶段,分享潜在优质项目的超额回报。也可以借助与上市公司合作,发起设立并购基金,从市值管理、项目筛选、投后管理、项目退出等方面协同行动。

六、资产端在于选择匹配的优良资产

1. 我国资产管理资产端面临"资产荒"

资产荒是经济下行的必然结果。所谓资产荒,并不是没有资产,而是大量资金找不到相应匹配的风险收益的投资资产,进而呈现出的一种配置错乱的局面。从国际经验来看,美国、日本在经济转型期都先后出现了一段时间的资产荒。从资产端看,实体经济回报率下降是资产荒的根本原因。实体经济需求下降,房地产与地方基建等高利率的融资主体减少,优质项目资源稀缺,投资回报率开始持续下行。2010 年以来,实体经济的整体投资回报率由最高时的 8. 5% 降低到 2015 年底约 5. 5% 的水平。

资产泡沫普遍存在。与资产荒相对应的是,我国金融市场普遍存在资产泡沫。引致资产泡沫的原因在于经济处于下行期,为刺激经济增长,我国实施宽松的货币政策和财政政策,在资产稀缺的情况下,过多资金流向某一些资产领域,形成了局部的资产泡沫。宽松的货币和信贷环境使得 2015 年以来我国股市、债市、房地产市场、商品期货市场轮番被资金炒作,资产价格泡沫现象严重。

资产估值体系存在扭曲。资产估值体系的扭曲一方面表现为利率没有完全市场化,尽管目前我国已经完全放开存贷款基准利率,但利率传导机制等都还未市场化,资金价格就无法完全市场化,这使得我国货币供应量维持在 100

多万亿元的天量水平,但实际的资金利率却一直很高,据估算我国银行实际贷款利率长期保持在7%以上的水平,远超国际市场水平。资产估值体系扭曲另一方面表现为无风险收益率长期处于历史高位,我国债券市场的刚性兑付问题使得我国无风险收益率一直维持在相对高位水平,这使得社会整体的融资成本居高不下,融资难、融资贵等问题突出。

2. 与国外市场相比,我国资产管理资产端配置面临三大挑战

资产配置种类相对单一。与国外市场相比,目前国内资产管理资产端可配置资产种类相对单一。在大类资产上,国内资产端以股、债为主,权益类以普通股为主,优先股数量极少,权证等衍生品欠缺,即使普通股的数量也相对稀缺。债权类近年来品种逐步扩充到公司债、企业债、中小企业私募债以及ABS等产品,但整体的品种仍然偏少。在另类资产配置上,近年来我国在资产端加大对黄金、大宗商品等资产的配置,但整体的占比仍然很低。

资产配置结构相对集中。与国外市场均衡配置和差异化配置的结构不同,国内资产管理机构在资产端的配置相对集中,股、债和非标资产是最核心的配置品种。截至2015年底,银行理财、信托、证券公司定向资产管理、基金子公司以及保险配置非标资产的比重分别为15.7%、44.3%、86%、84.3%和28.6%,在一定程度上非标资产成为国内资产端最重要的配置品种。从非标资产的种类来看,其包括收益权、信托贷款、委托贷款、交易所委托债权、信贷资产转让、私募股权、票据、信用证以及其他非标准化债权类资产,其中资产管理机构配置比例较高的非标资产是收益权、信托贷款以及委托贷款三类。导致我国资产管理资产端集中配置非标资产的根源在于我国资产端可投资资产还没有完全市场化和标准化。

资产配置以境内资产为主。目前国内资产管理机构在资产端的配置都集中在国内,仅有少数的QDII基金进行了国外配置,其中国外配资也多以香港市场为主。以BCG统计的全球个人金融资产的国外投资数据来看,目前我国资产端国外配置比例远低于其他国家,95%以上都集中在国内资产,国外资产配置比例不足5%。而欧洲一些发达国家如瑞士、英国,居民资产40%以上都配置在国外资产上,境内资产配置的比例不足60%。

3. 另类资产和跨境资产是重要投资方向

另类资产将成为重要配置方向。近年来我国资产管理资产端在另类资产配置上比例有所上升。过去我国资产端的另类配置主要以房地产和黄金为

主,未来随着我国基础资产种类的进一步丰富,Reits、私募股权、对冲基金、PPP基金、艺术品以及气候型产品都将成为另类资产配置的重要方向。以保险公司资产配置为例,近年来另类投资占保险资金运用余额的比重越来越高,另类投资占比由2013年末的17%提升至2015年末的29%,已经成为保险资金资产配置的重要组成部分。

国外资产配置比例将提升。从资产管理机构国外配置来看,近年来大多数资产管理机构都加速了国际化布局,积极申请QDII等额度,部分基金公司发行了QDII产品,部分PE类机构积极探索QDLP、QDIE等国外投资渠道。在人民币推进国际化的过程中,全球经营、全球配置已经成为资产管理机构的必然选择。

第六节　证券公司发展资产管理业务的战略选择

一、业务定位:发展成为专业资产管理机构

资产管理业务大发展的过程就是推进我国居民储蓄向投资转变的资本化过程。从资产管理业务链来看,资金、产品和资产是三个重要的环节,不同类型的金融机构在三个环节上的资源禀赋和竞争力有显著差异,其中银行和保险在资金端享有显著竞争优势,是最重要的资金来源;基金公司和证券公司在产品端享有一定的比较优势,主动资产管理和资产配置能力较强;信托公司在资产端的资源储备相对丰富。从业务发展定位来看,证券公司经纪业务作为客户资金最重要的来源渠道,应积极向财富管理转型。证券公司资产管理业务可以定位成专业资产管理机构,应积极推进现有资产管理业务去通道,提升主动管理能力。

二、战略选择:全能资产管理和精品资产管理

在具体的发展战略选择上,证券公司可根据自身资源禀赋的差异来确定相应的业务发展战略。对于大型证券公司,其在客户资源、产品设计以及资产项目储备上都相对充足,具备打造全能型资产管理机构的前提条件。未来大型证券公司要积极推进经纪业务向财富管理的转型,不断提升客户资产规模;在产品端要不断提升产品设计和风险定价能力,构建全覆盖的产品线,以系统化的产品体系而不是单一明星产品去赢得市场影响力;在资产端,加快推进证券公司国际化

和多元金融布局，丰富国外资产资源以及非上市股权资源，提升全球资产配置能力。

对于中小型证券公司，可根据自身的业务比较优势选择差异化的定位，积极打造精品资产管理机构。中小型证券公司的客户资源相对较少，在财富管理业务上难以与银行、保险、第三方理财等机构竞争。但部分中小证券公司在特定项目资源储备上有比较优势，可以发展成某些特定区域或特定行业内的资产管理专家，如证券公司在江苏区域的资源储备十分丰富，可以发展专注长三角区域的精品资产管理机构，又如第一创业证券在固定收益领域的资产管理能力突出，可以发展成以固定收益为核心的精品资产管理机构。

三、从产业链三环节推进证券公司资产管理业务发展

1. 资金端

银行和保险客户是重点。在吸引银行资金上，证券公司可加大与银行委外资金的对接，在债券、票据、权益类以及其他资产投资上寻求积极合作，大力发展 FOF（Fund of Fund，基金中的基金）和 MOM（Manager of Mangers，管理人的管理人基金）的主动管理能力，在权益投资等自身具备比较优势的领域与银行委外资金直接对接。在吸引保险资金上，证券公司可以与保险公司进行全方位的战略合作，帮助保险公司在所投资项目的上市、兼并重组、退出以及公司治理等方面发挥积极作用；与保险公司在项目与资金的对接上积极合作，打通 PE 业务链；与保险公司在资产管理产品设计及结构创新上积极探索，抓住保险机构这一重要的资金来源。

2. 产品端

完善产品线，提升主动管理能力。从国外投行发展经验来看，决定资产管理业务市场竞争力的核心不是单只产品的收益率而是全产品线。以高盛为例，高盛传统股票产品收益率跑赢基准水平的占比仅为 50%，在有些年份高盛部分资产管理产品也出现大幅亏损，但完善的产品线是助力高盛资产管理业务近年来高速发展的重要原因之一。目前高盛已构建了覆盖股票、非上市公司股权、债券、外汇、商品期货、期权互换、房地产等所有资产的全产品线，部分结构性产品满足了投资者差异化需求。未来我国证券公司可在现有股票投资的基础上，大力推进量化投资产品、另类投资产品、金融衍生品、结构化产品、投资组合综合解决方案、独特解决方案等多样化产品发展，实现资产管理产品

投资领域全覆盖，以完善、广覆盖的产品体系来提升市场影响力。

3. 资产端

搭建"投行+资产管理+直投+国外"的大资产平台。资产端核心考验的是投行能力，在"资产荒"背景下，投行能力对资产管理业务的发展至关重要。一方面搭建"投行+资产管理+直投+国外"的大资产平台，有利于丰富资产资源和项目储备，将可投资资产范围从传统的股债扩充到非上市股权以及国外资产，短期内实现境内一、二级市场的全覆盖、国外重点资产类别的部分覆盖，长期内实现全球可投资资产的全覆盖。另一方面快应速提升资产配置能力，构建全球大类资产配置的研究框架，积极捕捉全球投资机遇，根据客户风险收益偏好，为客户提供全球化、差异化和定制化的资产配置服务。

第十章 结束语

证券行业资产管理存在着巨大的发展潜力和开拓空间,而且随着规模的不断扩大,证券资产管理已经成为证券公司业绩稳定器。证券资产管理业务应当全方位地开展,全牌照开拓客户,无论是投资还是融资、主动还是量化,应当打造全方位综合性资产管理业务,这些离不开证券公司其他业务部门的协同合作和大力支持,包括投资银行业务、固定收益业务、经纪业务、场外市场、网络金融等业务部门。同时,证券公司在发展业务的同时,也要重视风险的控制。

证券资产管理日益重要,其风险控制的地位也日渐突出,国际投资大师巴菲特有句名言:“成功的秘诀有三条:第一,尽量避免风险,保住本金;第二,尽量避免风险,保住本金;第三,坚决牢记第一、第二条。”由此可见风险控制的重要性。

业务要发展必然要进行创新,但创新的同时也要注重风险控制,这两者的平衡发展缺一不可。

参考文献

[1]马瑾、俞洁芳:《证券公司委托资产管理业务研究》,载《证券时报》2003 年 4 月 15 日。

[2]夏斌:《中国私募基金市场研究报告》中国人民银行非银行金融机构监管司 2016 年 4 月。

[3]王春峰:《金融投资风险控制》,天津大学出版社 2003 年版。

[4]吴万华、焦志常:《证券公司集合资产管理产品分析报告》。

[5]吴万华:《构建证券公司证券资产管理的风险控制体系》,载《南昌航空工业学院学报》(社会科学版)2007 年第 1 期。

[6]罗秋菊、周培胜:《美国证券公司资产管理业务研究及对我国的启示》2002 年 9 月。

[7]蒋健蓉:《资产管理业务是证券行业转型重要突破口》,载《中国证券报》2016 年 11 月 14 日“前沿视点”专栏。

图书在版编目(CIP)数据

证券公司资产管理业务操作实务 / 吴万华编著. --
北京：法律出版社，2017(2018.7 重印)
ISBN 978-7-5197-1028-6

Ⅰ.①证… Ⅱ.①吴… Ⅲ.①证券公司－资产管理－证券法－研究－中国 Ⅳ.①D922.287.4

中国版本图书馆 CIP 数据核字(2017)第 151529 号

证券公司资产管理业务操作实务
ZHENGQUAN GONGSI ZICHAN GUANLI YEWU CAOZUO SHIWU

吴万华 编著

策划编辑 郑 导
责任编辑 郑 导
装帧设计 鲍龙卉

出版 法律出版社
总发行 中国法律图书有限公司
经销 新华书店
印刷 天津嘉恒印务有限公司
责任校对 郭艳萍
责任印制 张建伟

编辑统筹 独立项目策划部
开本 710 毫米×1000 毫米 1/16
印张 22
字数 340 千
版本 2017 年 7 月第 1 版
印次 2018 年 7 月第 2 次印刷

法律出版社/北京市丰台区莲花池西里 7 号(100073)
网址/www.lawpress.com.cn
投稿邮箱/info@lawpress.com.cn
举报维权邮箱/jbwq@lawpress.com.cn
销售热线/010-63939792
咨询电话/010-63939796

中国法律图书有限公司/北京市丰台区莲花池西里 7 号(100073)
全国各地中法图分、子公司销售电话：
统一销售客服/400-660-6393
第一法律书店/010-63939781/9782
西安分公司/029-85330678
重庆分公司/023-67453036
上海分公司/021-62071639/1636
深圳分公司/0755-83072995

书号：ISBN 978-7-5197-1028-6
定价：66.00 元
(如有缺页或倒装，中国法律图书有限公司负责退换)